本书是江苏高校哲学社会科学研究重大项目"习近平关于劳动教育的重要论述研究"（项目编号：2020SJZDA148）最终研究成果

立德树人视域下
新时代劳动教育的理论与实践

程德慧　著

东南大学出版社
SOUTHEAST UNIVERSITY PRESS

·南京·

内 容 简 介

劳动教育作为培养德智体美劳全面发展的人才的重要一环,其基础性、战略性、全局性地位不断凸显,强化劳动教育的重要性不言而喻。本书在立德树人视域下加强对劳动教育的理论研究与实践探索,先以马克思主义劳动观和新时代中国共产党劳动教育思想为理论基础,从实践层面对高职院校劳动教育进行实证研究及归因探索,然后从国家层面、社会层面和个人层面分析了新时代劳动教育的价值意蕴,最后从劳动教育的系统推进、劳动教育的协同育人机制构建、劳动文化的重塑三个方面提出新时代全面推进劳动教育的具体理路。

本书可供高等院校劳动教育管理人员和专兼职教师阅读研究,也可供高等院校辅导员及思想政治教育研究人员参考。

图书在版编目(CIP)数据

立德树人视域下新时代劳动教育的理论与实践 / 程德慧著. -- 南京：东南大学出版社, 2024.8. -- ISBN 978-7-5766-1530-2

Ⅰ. G40-015

中国国家版本馆 CIP 数据核字第 2024LQ3445 号

责任编辑:吉雄飞　　责任校对:子雪莲　　封面设计:顾晓阳　　责任印制:周荣虎

立德树人视域下新时代劳动教育的理论与实践

Lide Shuren Shiyu Xia Xinshidai Laodong Jiaoyu De Lilun Yu Shijian

著　　者	程德慧
出版发行	东南大学出版社
社　　址	南京市四牌楼 2 号(邮编:210096)
出 版 人	白云飞
经　　销	全国各地新华书店
印　　刷	广东虎彩云印刷有限公司
开　　本	700 mm×1000 mm　1/16
印　　张	14.25
字　　数	279 千字
版　　次	2024 年 8 月第 1 版
印　　次	2024 年 8 月第 1 次印刷
书　　号	ISBN 978-7-5766-1530-2
定　　价	58.80 元

本社图书若有印装质量问题,请直接与营销部联系,电话:025-83791830。

序言
Preface

　　劳动和劳动教育是近几年来新兴的研究热点,其原因有两点:一是新科技革命的浪潮不仅改变了人们的生活方式,也改变了劳动的结构和形态。什么是劳动?如何理解现代劳动的困惑提出来了,而传统的劳动理论难以解释新的劳动现象,需要有新的理论去解释现代社会的劳动。二是新科技革命带来了全面的现代化,现代化不再局限于某一些领域,而是在人们生产生活的各个方面呈现出现代化的魅力。在生产领域,机械化、自动化、网络化不仅在城镇的工厂里全面实现,在农村的田野上也全面展现;在生活领域,人们的生活消费、娱乐、交往等靠一部智能手机即能完成。但随之而来的是人们沉溺在现代化中,不仅模糊了劳动与生活的关系,也模糊了劳动价值,劳动的意义被忽略,劳动意识逐渐淡薄甚至迷失。这是劳动教育被重新提起的现实背景。

　　劳动对于人类来说意义重大。劳动不仅促使人脱离了动物世界,造就了独特的人类世界,而且也是人类社会发展到今日如此辉煌之源泉。劳动对于人类的重要性只要是心智正常的人都能认识和接受,毕竟任何人都需要劳动提供的物质财富,但是认识到劳动的重要性是一回事,尊重和喜爱劳动则是另外一回事。对人而言,劳动并不是人的天性。我们可以说爱美、游玩是人的天性,因为人们总是乐于追求美的事物,乐于外出旅游,而这些也就是被哲学家们称为欲望对象的东西。但是劳动绝对不是人的天性,劳动一般不被认为是欲望对象,而是人的体力和脑力的支出,其过程充满着艰难甚至痛苦。正因如此,劳动还被作为惩罚人的手段,如古代的奴隶、苦囚犯等,他们需要付出辛勤的劳动。按照爱尔维修的人性理论——人的本性是"趋乐避苦",劳动绝对不是使人快乐并被人所喜欢的活动,但劳动是人类生存的基本条件,是人类不得不从事的活动,于是知晓劳动必要性的劳动教育就产生了。但是,最初的劳动教育与那些出于兴趣发展的知识和观念的教育有所不同,黑格尔称其为劳动实践教育,它只是一种养成勤劳习惯和技能习惯的教育,并不包括劳动价值观的教育。最早的劳动教育是在家庭中进行的,言传身教是普遍的教育形式。社会性的劳动教育产生于西方国家工业化之后的近现代,其基本沿袭着技能习惯的劳动教育传统。随着现代化的进展,劳动的价值获得了关注,经济学界提出劳动的财富价值,在此基础上德国思想家韦伯提出了劳动的信仰价值——"天职"精神,并将其美化为一种资本主义精神。

马克思颠覆了传统的劳动观念,深刻阐释了劳动的本质,揭示了资本主义社会劳动痛苦的根源,提出了通过改革社会的性质来解脱劳动者受剥削的精神痛苦和通过提高科技生产力来减轻劳动者劳力负担的思想。特别重要的是,马克思将劳动创造与人的发展结合起来,提出了劳动引发兴趣和在兴趣下从事劳动的思想,使劳动成为快乐的事情,由此提升了劳动的伦理价值。中国马克思主义思想家继承了马克思的劳动理论,并结合中华优秀传统文化中的劳动观念,提出了劳动最伟大、劳动最崇高、劳动最光荣、劳动最美丽的劳动价值观;同时,将新时代的劳动教育提到了培养时代新人的高度,要求将劳动教育作为"立德树人"的重要组成部分,构建"德智体美劳"五育并举的育人体系。这不仅开拓了新时代中国劳动教育的新视野,还提出了新时代中国劳动教育的研究课题。

程德慧教授的专著成果《立德树人视域下新时代劳动教育的理论与实践》一书,将"新时代劳动教育"研究立足于"立德树人"的教育目标,将劳动教育与人的发展结合为一体,突出了劳动教育的育人功能,既坚持了马克思主义的劳动观和劳动教育观,也将新时代党和国家关于劳动育人(协同德智体美的全面教育)的战略思想贯彻于课题的研究之中。

本书从理论与实践两个维度来研究新时代的劳动教育。在理论维度上,本书深入探讨了马克思主义劳动观的科学内涵、本质特点和时代价值,提出新时代劳动教育应以马克思主义劳动观作为理论指导;提出劳动观念(价值观)是劳动教育的核心的观点,认为"新时代劳动教育要把树立正确的劳动价值观作为劳动教育的基本目标和核心要义"(这一观点抓住了劳动教育的根本点,具有深刻性)。本书还在劳动教育价值论的基础上论证了劳动教育与"德智体美"四育的关系,认为劳动教育具有"以劳树德、以劳增智、以劳强体、以劳育美"的价值,摒弃了劳动教育单一性的思维,提升了劳动教育多样性的功能,从而深化了劳动教育的理论。

在实践维度上,本书以高职院校劳动教育作为研究的主要对象,根据我国高职院校人才培养的要求和特点,深入研究高职院校人才培养中的劳动教育问题,努力探索高职院校劳动教育良好效果的实践路向。对于如何更加有效地开展高职院校的劳动教育,研究运用了实证的方法,对全国13所高职院校实施劳动教育的现状进行问卷调查。在第一手数据的基础上,找出当下高职院校劳动教育中存在的问题,并对问题产生的缘由包括对劳动教育的认识偏差、传统落后劳动观念的影响以及现代化发展中来自外部环境的冲击等方面进行了全面分析;还对一些模糊的观点进行甄别,分辨真伪,澄清误解。其中,某些问题剖析深刻,直中要害。例如,关于"教育与生产劳动相结合",有的将其理解为教育与体力劳动相结合,这样就把脑力劳动排除在劳动的范畴之外,显然这种传统劳动观念是不全面的;还有的把参加劳动等同于劳动教育,这不仅混淆了概念,还缩窄了劳动教育的内涵,忽略了劳动知识和劳动观念的教育,与新时代劳动教育的目标相去甚远。值得称道的是,上述问题的分析结果对新时代劳动教育具有反思和启迪意义,也是劳动教育实践考察中的理论亮点。

本书最后是作者对高职院校劳动教育良性推进路径的思考,从劳动教育的原则、劳动教育落实立德树人的任务、劳动教育大中小一体化、劳动教育协同育人机制的构建,到新时代劳动文化的重塑,路径设计比较全面。尤其将劳动文化的现代重塑看作是劳动教育发展的方向,这点提得非常高明,值得点赞。

当今人类已进入以信息化、数字化和人工智能为标志的新科技时代,劳动结构和形态都发生了重大变化。劳动是什么、如何看待劳动、如何参加劳动,这些是新时代劳动教育必须回答的新问题。同样,新时代的劳动教育究竟是一种什么样的教育、如何在新时代开展劳动教育,这些也是劳动教育专家学者需要研究的新问题。真挚期待程德慧教授在本书的基础上继续探讨,产生新的研究成果。

余玉花

2024 年 5 月

目 录
Contents

导论　问题的提出、研究现状和研究意义 …………………………… 001
 第一节　劳动教育：新时代全面发展教育的时代课题 …………… 001
 第二节　研究现状分析 …………………………………………… 004
  一、劳动教育的基本问题：劳动教育的内涵、特点及价值 …… 004
  二、教育与生产劳动相结合 …………………………………… 006
  三、劳动教育与人的全面发展 ………………………………… 008
  四、对国外劳动教育思想的研究 ……………………………… 010
 第三节　本课题的研究意义 ……………………………………… 013
  一、理论意义 …………………………………………………… 013
  二、实践意义 …………………………………………………… 014

第一章　立德树人与新时代劳动教育 ………………………………… 016
 第一节　立德树人：新时代学校教育的根本任务 ……………… 016
  一、立德与树人的内涵意蕴 …………………………………… 017
  二、立德树人的实践探索 ……………………………………… 020
  三、新时代立德树人的内涵意蕴 ……………………………… 022
  四、新时代立德树人的时代意蕴 ……………………………… 025
  五、新时代学校教育与立德树人 ……………………………… 027
 第二节　劳动教育：新时代全面发展教育体系的重要组成部分 … 029
  一、劳动、社会主义生产劳动的本质及新时代劳动的特点 … 029
  二、新时代劳动教育的概念、内涵及特点 …………………… 036
 第三节　劳动教育：新时代落实立德树人根本任务的应有之义 … 043
  一、新时代劳动教育的立德树人属性和要求 ………………… 043
  二、立德树人视域下劳动教育的功能 ………………………… 045

第二章　立德树人视域下新时代劳动教育的思想资源与理论借鉴 049
第一节　空想社会主义思想家的劳动教育思想 049
第二节　马克思恩格斯的劳动教育思想及当代启示 053
一、马克思恩格斯劳动教育思想的科学内涵 053
二、马克思恩格斯劳动教育思想的当代启示 062
第三节　列宁与苏联教育家们的劳动教育思想及当代启示 064
一、列宁劳动教育思想的科学内涵 064
二、苏联教育家们的劳动教育思想 066
三、列宁与苏联教育家们的劳动教育思想的当代启示 070

第三章　马克思主义中国化时代化的劳动教育理论成果 073
第一节　新中国成立以来中国共产党教育与生产劳动相结合思想的发轫 073
第二节　改革开放后中国共产党教育与生产劳动相结合发展的新阶段 077
一、以邓小平为代表的中国共产党劳动教育思想的新发展 077
二、以江泽民为代表的中国共产党劳动教育思想的新规定 079
三、以胡锦涛为代表的中国共产党劳动教育思想的新要求 081
第三节　新时代中国共产党劳动教育思想的理论拓新 082
一、用劳动托起中国梦 083
二、坚持体力劳动与脑力劳动的统一 084
三、用劳动创造幸福生活 084
四、弘扬积极正确的劳动价值观 085
五、构建德智体美劳全面发展的人才观 086
六、体现以人民为中心的价值立场和辩证思维方法 087
第四节　中国共产党劳动教育思想的"变"与"不变" 089
一、中国共产党劳动教育思想"变"与"不变"的辩证统一 089
二、中国共产党劳动教育思想的当代启示 092

第四章　新时代劳动教育的立德树人价值意蕴 096
第一节　新时代劳动教育对实现中华民族伟大复兴的价值意蕴 096
一、新时代劳动教育为全面提高劳动者素养和实现中华民族伟大复兴提供人才支持 097
二、新时代劳动教育为实现中华民族伟大复兴培育"时代新人" 103

三、新时代劳动教育是实现个人理想与中国梦的桥梁与纽带 …………… 111

第二节　新时代劳动教育对满足人们的美好生活需要、提升劳动者幸福感的价值意蕴 ……………………………………………………………… 113

　　一、劳动教育有利于激发劳动者的主体意识,调动广大劳动者的积极性和创造性 ………………………………………………………………… 113

　　二、劳动教育有助于孕育和谐劳动关系 …………………………………… 116

　　三、劳动教育助力社会主义核心价值观的培育和践行 …………………… 120

第三节　新时代劳动教育对促进劳动个体自由全面发展的价值意蕴 ……… 123

　　一、人的自由全面发展的时代意蕴 ………………………………………… 123

　　二、新时代劳动教育与人的自由全面发展 ………………………………… 125

　　三、新时代劳动教育是促进人的自由全面发展的必由之路 ……………… 126

第五章　新时代劳动教育现实省思及问题探源 ………………………………… 130

第一节　新时代学校劳动教育的实施现状 …………………………………… 130

　　一、选择高职院校开展劳动教育调研的缘由 ……………………………… 130

　　二、新时代高职院校劳动教育实施状况分析 ……………………………… 132

第二节　新时代学校劳动教育的现实困境 …………………………………… 142

　　一、学校劳动教育地位与其应承担的职责使命严重失配 ………………… 142

　　二、学生的劳动认知与行为选择严重分离 ………………………………… 144

　　三、劳动教育的内涵不能适应时代变化发展的现实需求 ………………… 145

　　四、劳动教育的形态与劳动教育的本质呈异化状态 ……………………… 148

第三节　新时代学校劳动教育不力的现实归因及根源探寻 ………………… 150

　　一、认知粗浅及相关概念含混不清导致劳动教育的开展差强人意 ……… 150

　　二、传统小农劳动文化和功利主义劳动文化催发劳动价值观的扭曲和错位 ………………………………………………………………………… 154

　　三、应试教育和市场经济的双重挤压导致劳动教育的虚化、弱化和边缘化 ………………………………………………………………………… 157

　　四、制度供给不足和劳动教育资源匮乏导致劳动教育实施乏力 ………… 159

第六章　新时代劳动教育落实立德树人根本任务的实践路向 ………………… 163

第一节　新时代劳动教育应坚持的统一性原则 ……………………………… 163

　　一、坚持劳动教育思想性与时代性的统一 ………………………………… 163

　　二、坚持体力劳动教育与脑力劳动教育的统一 …………………………… 164

三、坚持劳动教育内容与形式的统一 …… 166
四、坚持劳动教育工具性价值与存在性价值的统一 …… 167
五、坚持劳动教育普遍性与特殊性的统一 …… 168
六、坚持劳动教育理论性与实践性的统一 …… 169

第二节　新时代劳动教育落实立德树人根本任务的科学意蕴 …… 171
一、核心要义：推进马克思主义劳动教育思想的中国化时代化 …… 171
二、基本要求：劳动教育与德智体美四育互为一体 …… 173
三、鲜明导向：劳动教育与思想政治教育的有机结合 …… 174
四、重要选择：劳动教育与创新创业教育的相互贯通 …… 176
五、价值旨归：加强劳动精神、工匠精神和劳模精神的培育 …… 178

第三节　系统推进大中小学劳动教育的一体化 …… 180
一、系统推进大中小学劳动教育一体化的依据和缘由 …… 180
二、系统推进大中小学劳动教育一体化的价值意蕴 …… 182
三、系统推进大中小学劳动教育一体化的实施理路 …… 184

第四节　构建家校协同、校际互通、校社联动的协同育人机制 …… 188
一、构建家校协同配合劳动教育机制 …… 189
二、构建校际协同劳动教育育人机制 …… 189
三、构建校社之间的协同育人机制 …… 190

第五节　新时代劳动文化的重塑 …… 192
一、拒斥"反劳动"文化，倡导劳动幸福 …… 192
二、传承中华民族优秀的劳动文化 …… 196
三、发展社会主义先进劳动文化 …… 199

附录　新时代高职院校劳动教育调查问卷 …… 203
一、职业院校劳动教育课的开设情况 …… 203
二、劳动认知 …… 203
三、对劳动教育与未来职业和就业的关系的认识 …… 204
四、对劳动品德与职业道德的认识 …… 205
五、关于劳动实践参加状况 …… 206
六、关于劳动价值观 …… 206
七、劳动教育的实施途径 …… 207

参考文献 …… 208

后记 …… 216

导论　问题的提出、研究现状和研究意义

第一节　劳动教育：新时代全面发展教育的时代课题

任何一个问题的提出都有其出场的必然逻辑,劳动教育也不例外。当前,劳动教育无论在理论界还是在教育界都受到前所未有的关注,有其必然的时代诉求、现实条件和实践基础。

从时代逻辑来看,进入新时代以来,党和国家高度重视劳动教育,并把劳动教育与德、智、体、美"四育"并列纳为学校人才培养体系的重要内容。劳动教育与"培养什么人、怎样培养人、为谁培养人"这一教育根本问题发生内在联结,劳动教育作为培养德智体美劳全面发展的社会主义建设者和接班人的内涵要义和必要选择,其战略性、全局性地位得以凸显,党和国家关于人才培养的目标要求使全面开展劳动教育成为新时代教育的有力抓手和最强音。

当前世界正经历百年未有之大变局,我国则处于两个百年发展目标的交汇点,迎来了实现中华民族伟大复兴的重大历史机遇,在全面开启社会主义现代化建设的新征程中,各类新情况、新问题、新矛盾错综复杂、层出不穷。中国式现代化的推进内在蕴含着对教育、科技和人才的特殊诉求,教育、科技、人才是全面建设社会主义现代化国家的基础性、战略性支撑。劳动教育作为我国教育的重要组成部分,又是科教兴国和人才强国战略的基础之基础,理应在全面建设社会主义现代化国家的新征程中发挥其使命担当。因此,2018年的全国教育大会再次把劳动教育提上最高议程,强化其顶层设计,有其深刻的时代逻辑、价值逻辑和现实逻辑。

具体来讲,进入新时代以来,我国经济发展取得了历史性成就和重大突破,经济总量已位居世界第二,其他多项指标都走在了世界前列,社会主要矛盾也发生了重要变化,我国比历史上任何时期都更接近、更有信心和能力实现中华民族复兴这一伟大梦想。解决人民日益增长的美好生活需要与不平衡不充分发展之间的矛盾和实现伟大梦想既需要伟大思想理论的支持,也需要众多高素质全面发展的人才做支撑,更需要全国各族人民的辛勤劳动。正如习近平所说:"中华民族伟大复兴,

绝不是轻轻松松、敲锣打鼓就能实现的。全党必须准备付出更为艰巨、更为艰苦的努力。"①实干才能兴邦,要用劳动托起中国梦。教育是实现人才强国、科教兴国的核心工程,也是国家繁荣昌盛和民族振兴的奠基性工程,劳动教育作为德智体美劳人才培养体系中的最基础的环节,理应承担满足人民美好生活需要和实现伟大梦想的重要职责和使命。加强对新时代劳动教育的理论研究和现状分析,深刻把握新时代劳动教育的内涵要义和价值意蕴,构建劳动教育的实践理路,及时回应劳动教育的现实问题,全面提高劳动者素质和能力,是提高广大劳动者的生活水平和助推社会主义现代化强国建设的应有之义。

从现实逻辑来看,进入新时代以来,我国的改革开放和社会主义现代化建设取得前所未有的成就,社会各领域对高素质劳动者的需求呈现迅猛上升的势头,这无疑为劳动教育的全面实施提供了前所未有的发展空间。值得关注的是,改革开放推动了经济全球化发展,但经济全球化是一把双刃剑,一方面促进了市场和商品的全球化流动,另一方面也加速了我国市场经济的全球化进程。经济全球化在带来丰富多彩的商品和服务的同时,人们的思想观念、劳动价值取向、消费意识、劳动方式等都受到了全球化的冲击,劳动教育同样也遭遇到全球化的侵扰和挑战。具体表现在以下几个方面:

一是市场经济的全球化导致劳动者出现功利化心态,滋生了拜金主义等不良思想倾向。尤其随着中国经济的高速发展,消费主义的价值观全面影响和渗透到人们生活的各个方面,奢侈品消费、超前消费、享乐消费、透支性消费等非理性消费取代了传统的劳动伦理和消费伦理,人们把消费作为享受人生的主要方式之一,消费也成为一部分人实现人生价值的主要目的和手段。受拜金主义、消费主义、享乐主义的影响,这部分人的劳动观念也越来越服从、服务于商品交换和消费的游戏规则,劳动价值观发生畸变和扭曲,辛勤劳动、诚实劳动、创造劳动被消费至上、娱乐至上的劳动观所僭越,一些人崇尚不劳而获、少劳多得的生活,不再愿意依靠辛勤劳动创造美好生活,极少数人甚至已经不愿劳动、不会劳动,劳动也失去其内在的本真意义,成为辛苦、劳累和无意义的代名词。

二是随着现代科学技术的迅猛发展和计算机网络技术的全面应用,整个社会步入信息化和数字化时代,劳动形态更加复杂化、智能化,这些新变化使当前的劳动教育面临的困惑更为复杂。一方面,信息化数字化浪潮下劳动内容、劳动方式、

---

① 习近平.决胜全面建成小康社会 夺取新时代中国特色社会主义伟大胜利[M].北京:人民出版社,2017:15.

劳动形态等发生全面变化,虚拟劳动、数字劳动、创意劳动等新的劳动形态纷纷涌现,使得劳动的内涵更加丰富,劳动已经不再是单纯谋生的方式和手段,而成为满足人的多方面需求的内在诉求,是人的自由本质的体现和终极价值追求。劳动的外延也发生深刻变化,传统意义上的体力劳动和脑力劳动与物质劳动和非物质劳动、私人劳动和社会劳动等交织在一起,这使得劳动的空间范围更加广阔,劳动的对象日益广泛多样。虽然新时代劳动形态的多样化使传统的体力劳动日渐减少,劳动强度降低,但劳动的科技含量和知识含量不断增加,尤其是创新劳动的需求越来越多,需要劳动教育引领学生破解复杂的劳动世界可能遇到的各类难题,适应未来的劳动生活,而这也是当前劳动教育必须面对的新课题。另一方面,丰富多彩的网络生活使部分人沉迷其中,原本丰富多彩的现实生活则被网络虚拟生活所代替,甚至部分人把刷视频、玩游戏看作劳动的重要内容,用假想劳动取代了真实劳动。

三是受劳动价值观的功利化和劳动形态变化的影响,衍生出一批不愿劳动、不会劳动、抵触参加劳动的特殊群体,他们甚至用假想劳动、虚幻化劳动代替现实生活中的劳动,成为社会一大奇观。和巨婴、啃老族、佛系青年等,他们享受自我躺平状态,沉迷于追求今朝有酒今朝醉的无意义生活,其根本原因在于劳动理想匮乏,劳动价值观迷失,对劳动的本质意义理解变色变味。

新时代劳动价值观的功利化、劳动的假想化和虚幻化、劳动者的佛系化和躺平化等迫切需要劳动教育做出回应。一方面,劳动教育应及时加强相关问题的研究,用马克思主义劳动观和社会主义核心价值观引领广大劳动者自觉树立无产阶级劳动观,深刻领悟劳动对个人、社会和国家的意义和价值;另一方面,劳动教育应顺应数字化时代的发展要求,在教育理念、教育内容及教育方式方法上做出相应调整,突出数字劳动技术和创新能力的培养教育,提高劳动教育的针对性和时效性。

从实践逻辑来看,虽然党和国家把劳动教育纳入德智体美劳全面培养的教育体系,劳动教育的地位和意义在最高层面受到高度重视,但在实际的教育活动中,劳动教育并未获得与其使命担当相匹配的地位。尤其在应试教育的大背景下,从学校到教育行政部门仍然把考试成绩作为评判学校办学水平和评价学生等级的主要标准,受此影响,学校在制定劳动教育教学计划、设置劳动教育课程等方面貌似全面到位,实际上只是做做样子、走走形式、应付检查而已。整个社会和家长也把文化成绩视为学生的全部,甚至有的家长还把学生参与基本的家务劳动和其他正常性的劳动锻炼视为浪费时间。劳动教育陷入说起来重要、做起来不要的尴尬处境,直接导致劳动教育的弱化、软化、边缘化现象。而学生几乎把所有的时间都用在应试教育上,劳动教育被专业教育、知识教育所取代和挤压,其结果必然是学生参与劳动的积极性不高、劳动能力欠缺、创新创业意识不强、吃苦耐劳品格弱化、贪图安乐舒服的生活状态,表现出不愿劳动、不会劳动、不珍惜劳动成果的现象也就不足为奇。

新时代培养德智体美劳全面发展的社会主义建设者和接班人,劳动教育的地位和作用不可忽视。要想解决市场经济带来的劳动价值观的扭曲和困惑,就要用正确的劳动价值观加强引领,正如习近平所说:"要在学生中弘扬劳动精神,教育引导学生崇尚劳动、尊重劳动,懂得劳动最光荣、劳动最崇高、劳动最伟大、劳动最美丽的道理,长大后能够辛勤劳动、诚实劳动、创造性劳动。"[①]而要破解劳动教育地位的弱化现象,需要教育行政部门加强监督考核,自上而下合理规划、科学设计劳动教育,促进劳动教育的科学化、规范化和制度化。

鉴于劳动教育日益突出的育人地位,近年来学术界也纷纷采取行动,加强对劳动教育的理论研究和多样化实践探讨,但劳动教育的实际效果仍差强人意。如何从理论研究的视角丰富新时代劳动教育理论内涵,为新时代劳动教育提供学理性支撑;如何发挥劳动教育的综合性育人功能,落实立德树人价值意蕴,培养德智体美劳全面发展的社会主义建设者和接班人;劳动教育如何回应现实问题,加强实证分析并给出合理性方案,使当前劳动教育中的种种问题得以缓解,针对上述种种问题,本书将基于立德树人的视角,通过对新时代劳动教育的理论研究和实证分析,为劳动教育的有效开展提供更具价值的学术支持和资源。

第二节 研究现状分析

一、劳动教育的基本问题:劳动教育的内涵、特点及价值

劳动教育的内涵及特点是研究和开展劳动教育的逻辑起点,厘清这两个基本问题将为后续研究工作奠定良好的学理基础。总的来说,近年来学界围绕劳动教育的内涵及特点开展研究所获成果很多,其中具有新颖性和创新性的学术观点主要有以下几个方面:

首先是从劳动教育的价值观层面来解读劳动教育内涵及特点。相比其他学者,檀传宝的观点比较有代表性。檀传宝提出:"劳动教育是以促进学生形成劳动

[①] 习近平. 坚持中国特色社会主义教育发展道路 培养德智体美劳全面发展的社会主义建设者和接班人[N]. 人民日报,2018-09-11(1).

价值观和养成良好劳动素养为目的的教育活动。劳动教育在落实全面发展的教育方针方面具有普遍教育的特征。劳动教育具有价值教育的属性,劳动教育区别于当前社会以发展基础技术能力为核心目标的通用技术教育等概念。劳动教育具有强烈的时代特征与社会属性等。"①

其次是从劳动教育的目的观上来解读劳动教育的内涵。柳夕浪指出:"从目的宗旨上看,它是为了劳动(者)的教育,从内容要求上看,它是关于劳动的教育,从实施途径上看,它是在劳动中进行教育。"②班建武提出,作为全面发展教育的重要组成部分的劳动教育,在新时代背景下,劳动教育呈现出新的时代特点:"在立场上,充分实现劳动教育与生产劳动的'实质'而非'形式'的结合;在内容上,体现一种发展的教育观,重视闲暇教育和消费教育;在功能上,强调劳动之于个体的存在性价值,以赋予个体在劳动教育中获得自我存在的价值感和意义感;在实践上,构建一种整合、开放性的劳动实践体系。"③

再次是从劳动教育所承担的历史使命的维度来解读劳动教育的新内涵。肖绍明、扈中平认为:"新时代劳动教育肩负着建设新时代教育道路和治理劳动教育异化的历史使命。新时代劳动教育成为自主的教育活动,新时代劳动教育关系需要传统意义上的劳动教育与自由教育、对话教育、生态教育的对立转化为统一。非物质劳动和数字劳动给劳动在教育的主体、内容、形式和效用带来巨大发展机会的同时也带来挑战。"④

对劳动教育价值及意义的研究也呈现上升态势。徐海娇从劳动教育的价值危机及出路方面对新时代劳动教育进行研究,指出:"新时代劳动教育存在被弱化、淡化及形式化的价值畸变,折射出劳动教育目的的外在化、途径的去身体化、环境的去自然化以及方法的规训化等价值困境。"⑤针对劳动教育的弱化、淡化和形式化问题,徐海娇从价值层面提出当代劳动的价值指向:"劳动不仅是满足个体的生活需求和社会发展的生产手段,而且是凸显自身价值的基本途径,人通过劳动使其本质力量得到确证和肯定,这种确证和肯定在主体层面会带来一种深层的愉悦与体

---

① 檀传宝.劳动教育的概念理解——如何认识劳动教育概念的基本内涵与基本特征[J].中国教育学刊,2019(2):84.
② 柳夕浪.全面准确地把握劳动教育内涵[J].教育研究与实验,2019(4):9.
③ 班建武."新"劳动教育的内涵特征与实践路径[J].教育研究,2019(1):21.
④ 肖绍明,扈中平.新时代劳动教育何以必要和可能[J].教育研究,2019(8):42.
⑤ 徐海娇.劳动教育的价值危机及其出路探析[J].国家教育行政学院学报,2018(10):22.

验,从而使个体精神世界更加丰富和深刻"①。刘向兵等提出新时代高校劳动教育的意义是"坚持和发展中国特色社会主义的必然逻辑,是建设现代化强国和实现中华民族伟大复兴的必由之路,也是落实立德树人根本任务的内在要求,是大学生自身成长发展的必然选择"②。此外,赵建芬对新时代加强劳动教育的战略意义与推进策略作了具体研究,贺善侃对充分认识劳动教育纳入国民教育体系的战略意义进行了比较详尽的学理性分析,这些研究成果对加强劳动教育研究工作提供了丰富的学理支持。

对上述研究成果进行梳理不难发现,近年来学界关于劳动教育基本问题的研究取得了一些新的突破。一是在内涵的理解上实现了对传统教育观念的新突破,传统观念中劳动教育等同于体力劳动教育,而在新时代的劳动教育内涵研究中,厘清二者的界限是开展劳动教育研究的前提和基础;二是传统的劳动教育注重学生劳动技能的学习和掌握,新时代的劳动教育更加注重学生劳动价值观的培育;三是随着社会的发展变化,学界对劳动教育新内涵的研究更加关注,尤其伴随着新的劳动形态的出现,劳动教育内涵和外延的拓展也呈现在学界的研究视域中;四是劳动教育意义及价值也引发学界更多关注,表现在劳动教育对立德树人的价值、劳动教育对实现人的全面发展的价值、劳动教育对现代化建设和民族复兴的贡献方面呈现较多研究。

二、教育与生产劳动相结合

新中国成立以来,教育与生产劳动相结合一直作为党和国家的教育方针在各个历史时期的劳动教育中得到较好的贯彻执行。因此,学者们的研究较多集中在马克思主义教育与生产劳动相结合思想方面,取得了丰富的研究成果。早期主要研究成果包括:丁沅提出"教育与生产劳动相结合是社会生产力发展的客观要求,是大工业发展的必然趋势,是培养全面发展新人的途径"③;卢曲元则把"教育与生产劳动相结合作为社会主义与共产主义教育的一个根本原则,是教育与社会生产发展客观要求"④。此外,学者们还对列宁的教育与生产劳动相结合思想进行了探

---

① 徐海娇.意义生活的完整性:人工智能时代劳动教育何以必要与何以可为[J].国家教育行政学院学报,2019(11):91.
② 刘向兵,李珂,彭维锋.深刻理解新时代加强劳动教育的重大意义与现实针对性[J].中国高等教育,2018(21):4-5.
③ 丁沅.教育与生产劳动结合思想的根本变革——学习马克思教育学说的体会[J].南京师范大学学报:社会科学版,1983(7):32.
④ 卢曲元.论马克思的教育与生产劳动相结合思想[J].湖南师院学报:哲学社会科学版,1983(S1):145-146.

究。新中国成立后,由于新中国建设事业对人才的迫切需求,众多专家学者比较关注对毛泽东教育与生产劳动相结合思想的研究。丁沅认为,毛泽东教育与生产劳动相结合思想,"一是知识分子必须与工农结合起来;二是通过教劳结合,促进理论与实际的统一;三是从实际出发,确立教劳结合的制度、内容、组织形式;四是立足国情,重视勤工俭学。"①成有信提出:"教育和生产劳动相结合是教育这一独立社会过程与现代生产劳动这一独立社会过程的结合。"②

进入新时代,基于时代发展变化的新特点,学界对马克思主义教育与生产劳动相结合思想开展了一些有针对性的研究,形成众多理论研究成果。其中,学者陈荟、桑尔璇对教劳结合进行了可视化分析,提出:"教劳结合是培养社会主义事业建设者和接班人的主要途径。新时代的历史背景也促进了教劳结合在我国的实践与发展。"③同时提出:"新时代,面对新的问题与挑战,更应厘清内涵,准确理解教劳结合;加强学术累积,重视研究的延续性;创新实践模式,发挥其全面价值;加强跨学科研究,拓展研究领域等,以便与时代发展相结合,从而更好地发挥教劳结合的当代价值。"④学者武丽丽在对马克思主义教育同生产劳动相结合与当代大学生创新创业教育关系研究后指出,在马克思主义教育同生产劳动相结合思想指导下,新时代应该构建多元主体格局、体现主体性差异、建立大学生创业教育的介体结构、优化创业环境、构建大学生创业教育的体制机制。这些研究结果说明,随着时代的发展变化,当前教育与生产劳动相结合的研究视域不断拓宽,研究思路和研究方法更加多样化,在新的历史时期,教劳结合研究必将呈现出新的研究范式和新的特点。

虽然马克思主义教育与生产劳动相结合思想是资本主义机器大工业发展的产物,但也是我国社会主义教育所遵循的根本原则。上述研究成果表明,早期我国学界主要从消除体力劳动与脑力劳动的分工、阶级改造的视角加强研究,提出教育与生产劳动相结合的必要性和重要性。改革开放以后,教育与生产劳动相结合的研究更多突出教育与现代生产技术的研究。进入新时代,劳动教育呈现新特点和新样

---

① 丁沅.坚持和发展毛泽东教育与生产劳动相结合的思想[J].南京师范大学学报:社会科学版,1993(12):34-35.
② 成有信.简论教育与生产劳动相结合[J].河北师范大学学报:教育科学版,2003(2):26.
③ 陈荟,桑尔璇.我国教育与生产劳动相结合研究的可视化分析[J].西南大学学报:社会科学版,2021(4):157.
④ 陈荟,桑尔璇.我国教育与生产劳动相结合研究的可视化分析[J].西南大学学报:社会科学版,2021(4):151.

态,学界加强了对劳动教育的新内涵、新特点和时代价值的研究,有关教育与生产劳动相结合的研究成果则相对较少。但随着时代的发展,教育与生产劳动的结合必然表现出新的样态和实践形式,这就需要我们探索和构建新的教育与生产劳动相结合的模式,更需要学界及时跟进,加强教育与生产劳动相结合在新时代的内涵、价值和实践模式方面的研究。

三、劳动教育与人的全面发展

人的全面发展是马克思主义人学理论的基本内容,也是马克思主义劳动观的核心观点。马克思主义指出,劳动是人的自我力量的确证,劳动体现了人的类本质和自由自觉的活动特点。基于对劳动与人的关系理解和领悟的基础上,学界主要从两个方面加强了劳动教育与人的全面发展关系的研究:一是基于马克思主义劳动价值论的视角,加强劳动教育与人的全面发展的关系研究;二是基于习近平总书记在全国教育大会上的重要讲话精神,主要从"五育并举"的视角加强劳动教育在德智体美劳全面培养人才体系中的作用研究。

劳动是马克思唯物史观的逻辑起点,是人的本质性规定,是人的自由性创造活动过程。人在自由性创造活动过程中可以展现人的主体性力量,促进人的自由全面发展,"一个种的整体特性、种的类特性就在于生命活动的性质,而自由的有意识的活动恰恰就是人的类特性"①。劳动作为人的生命自由自觉的活动,是历史唯物主义的基础,人的自由而全面的发展则是马克思主义追求的根本价值目标。"教育与生产劳动相结合"是科学社会主义的重要思想观点,也是造就人的全面发展的必要手段,劳动教育与人的全面发展具有内在的、天然的联结。近年来,学界围绕劳动教育与人的全面发展的关系展开了比较全面而丰富的研究,形成了不少标志性的研究成果。程从柱基于马克思的劳动观与人的发展观的研究视角,提出:"劳动教育作为一种教育与劳动的过程性统一活动……劳动教育更为根本的价值在于全面提升每个个体的自由力量,促进人的自由全面发展。"②刘晓基于劳动实践哲学的视角对劳动教育与人的全面发展进行了深入思考,提出:"人在自由自觉的劳动基础上实现的自由解放与个性的发展,这种使人获得自由全面发展的劳动就是对

---

① 马克思.1844年经济学哲学手稿[M].北京:人民出版社,2000:57.
② 程从柱.劳动教育何以促进人的自由全面发展——基于马克思主义劳动观和人的发展观的考察[J].南京师范大学学报:社会科学版,2020(3):16.

应异化劳动的扬弃后的'理想劳动'。"①也有学者提出,当前加强劳动教育,要"以马克思主义人的全面发展为根本目标,使得学生在劳动中丰富人格,从而获得全面发展"②。陈杜鹃在对马克思主义劳动与人的全面发展理论研究后,提出:"人的全面发展理论对当前大学生劳动教育的启示,突出在培养德智体美劳全面发展的社会主义建设者和接班人过程中对大学生实施劳动教育的重要性。"③

2018年9月10日,习近平在全国教育大会上发表重要讲话,提出"培养德智体美劳全面发展的社会主义建设者和接班人"这一教育的根本目标。在此之后,学界围绕"五育并举"与人的全面发展做了众多研究。陈志强提出:"劳动教育是育人之根本,劳动涵养高尚品德,劳动增进人的智能,劳动强身健体,劳动创造美好生活,可以说,全面提升人才素质,劳动不仅承担着教育载体的作用,同时也是培养正确劳动意识、劳动习惯和劳动态度的最基本要求和保障。"④张世豪、罗建文提出:"人的全面发展应从两个方面来理解,即人的劳动素养和劳动能力的全面发展,劳动教育不仅是提升新时代受教育者劳动觉悟和劳动创造力的必要手段,也是社会主义教育本质中人的幸福力培养的重要体现。"⑤贺善侃则对"五育并举"视域下劳动教育的功能做了深入研究,提出:"劳动教育一方面有价值观教育的功能,有社会观教育功能,有时代观教育功能;另一方面劳动教育在树德、增智、强体、育美等方面具有综合育人的功能和育人实效。"⑥此外,有学者提出"五育并举"凸现劳动教育在全面培养的教育体系中的不可替代性,强调劳动教育对实现中华民族伟大复兴、形成更高水平人才体系、培育担当民族复兴大任的时代新人、促进人的全面发展等具有重大意义。德智体美劳育人体系的提出,也标志着党和国家对劳动教育的本质规律与人的全面发展关系的认识进入新的阶段、达到新的高度。

劳动教育与人的全面发展有着密切的关联性,劳动教育对促进人的全面发展的价值研究也是很多学者关注的重点。程从柱从人作为劳动存在的视角指出:"劳动教育需要从全面的、发展的劳动观出发,深入到劳动的内在价值层次上来彰显对人自身作为劳动存在的价值关怀,突出劳动在释放人的自由天性和全面发展人的

---

① 刘晓.劳动与人的自由全面发展——实践哲学视域对马克思劳动本体论的思考[J].福州大学学报:哲学社会科学版,2020(4):10.
② 梁艺超.马克思人的全面发展对大学生劳动教育的理论支撑[J].青年与社会,2020(10):180.
③ 陈杜鹃.马克思人的全面发展理论对大学生劳动教育的启示[J].劳动哲学研究,2021(1):287.
④ 陈志强.劳动与教育相结合是人的全面发展的必由之路[J].劳动哲学研究,2022(1):157.
⑤ 张世豪,罗建文.论劳动教育与新时代人的全面发展[J].思想理论教育导刊,2019(11):124.
⑥ 贺善侃.充分认识劳动教育纳入国民教育体系的战略意义[J].贵阳学院学报:社会科学版,2020(2):44.

自由性中的根本教育价值。"①张芮昕、赵春雨从功能层面揭示劳动教育对促进人的全面发展的价值，提出劳动教育"体现着人的本质力量，提升受教育者的个人素质，关照着人的生存境况，不断满足人民对美好生活的向往，促进人的全面发展"②。孙亮洁把追求休闲价值作为未来劳动教育的发展取向，认为："劳动有利于增进人对规律的认识和把握、实现和确证人的本质力量、为自由发展提供物质基础与闲暇时间、造就自由的人。"③

当前，我国正处于"两个一百年"奋斗目标的交汇点，面对世界百年未有之大变局，要想实现经济高质量发展和满足中国式现代化要求，我们必须树立战略眼光和系统思维，需要科学把握科教兴国、人才强国与当前人才培养的关系，劳动教育则应在促进人的德智体美劳全面发展和培养大批高素质劳动者中发挥突出作用。

四、对国外劳动教育思想的研究

介绍和翻译国外思想家的劳动教育思想成果是劳动教育的重要内容之一。当前学界有关国外思想家的研究主要集中在三个方面：一是对马克思、恩格斯教育与生产劳动相结合的思想的研究，这点前文已作过梳理，不再赘述；二是对空想社会主义思想家的劳动教育思想的研究；三是对苏联教育家的劳动教育思想所作的研究。

对早期空想社会主义思想家劳动教育思想的研究成果主要体现在对托马斯·莫尔、托马斯·康帕内拉和欧文的思想研究方面。朱磊重点对莫尔和康帕内拉的劳动教育思想进行了研究。莫尔在其《乌托邦》一书中已经对体力劳动与脑力劳动的结合形成自己独特的见解，提出凡公民每天都必须从事6个小时的体力劳动；但乌托邦宪法规定除了从事体力劳动之外，每个人还必须有足够多的时间选择自己的精神生活，唯有如此，人生才能快乐。④ 相比莫尔的劳动教育思想，康帕内拉的劳动教育思想更为全面和前瞻一些。在《太阳城》一书中，康帕内拉提出"劳动光荣"和"义务劳动"的思想观点，指出太阳城的人实行普遍的义务劳动制度，每人每天必须劳动4小时，并且注重体力劳动与脑力劳动的结合，还要有余暇时间用于精神生活；康帕内拉还重视教育、科学、技术与劳动的结合，高度重视利用技术发明提

---

① 程从柱.劳动教育何以促进人的自由全面发展——基于马克思主义劳动观和人的发展观的考察[J].南京师范大学学报:社会科学版,2020(3):22.
② 张芮昕,赵春雨.新时代劳动教育与人的全面发展[J].青海教育,2020(12):16.
③ 孙亮洁.论劳动如何促进人的自由而全面发展——基于马克思主义经典著作视角[J].新经济,2021(10):26.
④ 朱磊.早期空想社会主义劳动教育思想及其当代价值[J].广西师范大学学报:哲学社会科学版,2016(2):163.

高劳动效率以减轻体力劳动的强度。①空想社会主义思想家欧文则重视教育与生产劳动的结合,在其《新道德世界书》中,欧文阐述了知识教育与劳动实践结合的必要性,以此培养人的理性发展,并利用新社会制度把劳动教育的一般目的与建立新社会的任务充分结合起来;为提高劳动效率,欧文提出对劳动者进行年龄分组,使每个年龄阶段的人从事适宜他们年龄特征的劳动并接受适合他们本性的教育。②

早期空想社会主义思想家们基于他们所处的时代背景提出的一系列富有创新性的劳动教育理论,其中,体力劳动与脑力劳动的结合、闲暇劳动、教育与生产劳动相结合、劳动光荣、劳动促进人的素质发展等思想观点对当前的劳动教育仍有非常重要的启示和借鉴价值。

新中国成立后,国内学者兴起了对苏联劳动教育理论和实践的研究,成果颇为丰厚,并形成了一批介绍苏联劳动教育思想的理论刊物和宣传阵地。张俊峰重点对列宁的劳动教育思想进行了研究,指出列宁是针对资产阶级教育与生产劳动相脱离的现实状况,并基于苏维埃共和国的建设需要,提出把教育与生产劳动紧密结合起来,以此来提高广大劳动者的科学文化知识水平和生产力发展水平。此外,列宁还提出,无论是脱离生产劳动的教育教学,还是脱离教育教学的生产劳动,都无法达到现代技术水平和科学知识所要求的高度。③ 宋才发重点对列宁的教育与生产劳动相结合的思想进行了研究,他指出:"列宁强调必须把教育与生产劳动进行充分结合,使苏维埃正在成长的年轻一代充分理解'马克思主义关于体力劳动防止一切社会病毒的伟大消毒剂'这一思想的深刻含义,杜绝人们厌恶劳动的思想偏见。"④需要指出的是,列宁的教育与生产劳动相结合思想是为培养共产主义时代新人服务,与刚刚建立的社会主义国家政权是密切联系在一起的。

苏联是世界上第一个社会主义国家,该国教育家的一些思想对我国教育的影响比较深远,国内学界除了对列宁的劳动教育思想进行研究外,还重点对马卡连柯和苏霍姆林斯基的劳动教育思想进行了比较研究。胡君进、檀传宝在对二人的劳动教育思想研究中提出:"二人在劳动教育的社会地位认识上,都认为劳动是教育体系的重要组成部分。在关于劳动集体的认识上,都主张劳动集体是劳动教育的

---

① 朱磊.早期空想社会主义劳动教育思想及其当代价值[J].广西师范大学学报:哲学社会科学版,2016(2):164.
② 王天一,夏之莲,朱美玉.外国教育史:上册[M].修订本.北京:北京师范大学出版社,1993:367-368.
③ 张俊峰.列宁教育与生产劳动相结合思想探析[J].福建师大福清分校学报,2015(3):64.
④ 宋才发.对列宁关于教育与生产劳动相结合思想的再认识[J].教育评论,1987(3):3.

目的、对象和手段。在对劳动教育目的的理解中,二人都强调劳动教育是为共产主义服务和为共产主义社会培养劳动者。"[1]马卡连柯比较重视劳动教育与集体教育的关系,提出:"没有集体和集体教育,就无法进行劳动教育,同样,没有劳动教育,集体教育也不能开展,真正的集体就无从建立起来。"[2]苏霍姆林斯基继承了马卡连柯教育思想,认为社会主义教育如果没有劳动教育那是不可想象的。苏霍姆林斯基又进一步发展了马卡连柯的劳动教育思想,提出:"劳动教育与德、智、体、美四育具有不可分割的血肉关系,培养有创造性的劳动者应使他的劳动知识、劳动技能、劳动情感和创造精神各方面协调统一发展,并在德智体美劳统一的教育过程中得到实现。"[3]此外,国内学者还对乌申斯基的劳动教育的社会意义、劳动与人的生活、劳动与个体、劳动的教育意蕴等内涵进行了研究,也有学者对克鲁普斯卡娅的劳动教育与综合技术教育的结合做了比较系统的研究。

综合分析学界对劳动教育的研究可以得出以下结论:新中国成立后,由于我国社会主义建设更多地借鉴了苏联的一些做法,因此劳动教育重点是围绕马克思、列宁、苏霍姆林斯基等人的思想进行了比较多的研究,成果也比较丰厚;此后的一段时间,我国的劳动教育理论研究一度陷入沉寂;改革开放以来尤其党的十八大以来,劳动教育的研究再度受到学者的青睐,学界在劳动教育的基本问题、教育与生产劳动的结合及劳动教育与人的全面发展等方面已经进行了比较深入和全面的研究,取得了较为丰富的成果,还达成了许多理论共识。但从进一步研究的角度而言,目前的研究尚存在进一步深化拓展的空间:一是立德树人作为党和国家教育的根本任务,关系到为谁培养人、培养什么样的人、如何培养人的问题,基于新时代落实立德树人根本任务的视角对劳动教育的研究成果相对不足,研究视角有待进一步拓展;二是系统性的研究成果相对较少,尤其从大中小学一体化视角所做的系统性研究不够深入和全面;三是理论层面研究成果比较多,围绕某一个方面从实证层面所产生的研究成果则明显不足;四是劳动教育比较研究显得不够,学术成果相对匮乏;五是有关劳动教育的研究缺乏文化底蕴,对新时代劳动教育的文化支持研究成果较少,认识上还存在误区,实践推动也不够深入,有待于进一步拓展。

加强新时代立德树人视域下的劳动教育创新研究,将进一步丰富和完善劳动

---

[1] 胡君进,檀传宝.劳动、劳动集体与劳动教育——重思马卡连柯、苏霍姆林斯基劳动教育思想的内容与特点[J].国家教育行政学院学报,2018(12):40.
[2] 王天一,夏之莲,朱美玉.外国教育史:下册[M].修订本.北京:北京师范大学出版社,1993:378.
[3] 王天一,夏之莲,朱美玉.外国教育史:下册[M].修订本.北京:北京师范大学出版社,1993:436.

教育理论内涵和学科内涵，从实践层面突出不同时段、不同类型学校开展劳动教育的特殊作用，为系统构建劳动教育大中小学一体化提供思路，最终将为中华民族伟大复兴中国梦的实现提供更多的高素质劳动者。

第三节 本课题的研究意义

劳动教育是国家人才培养体系的一项重要内容，直接关系到党和国家人才培养的规格和质量标准。新时代加强劳动教育研究不仅对丰富劳动教育的理论内涵具有重要意义，而且对劳动教育的全面实施具有推动作用。

一、理论意义

首先是丰富和发展马克思主义劳动价值论和中国共产党的劳动教育理论。马克思主义关于劳动的本质、劳动与人的关系、劳动与人类历史的关系理论为新时代开展劳动教育起到了奠基和支撑作用。马克思主义的劳动价值观为社会主义国家的劳动教育提供了价值准则和基本立场，其教育与生产劳动相结合思想指导和引领着社会主义国家的劳动教育。新中国成立后，党和国家高度重视教育与生产劳动的结合，无论是理论还是实践方面，教育与生产劳动的结合为新中国的社会主义建设培养了大批有用人才并发挥了极为重要的作用。但是，由于理解上的偏差，在我国社会主义建设中劳动教育曾经一度被理解为就是参加体力劳动，在实践中则用简单的体力劳动代替劳动教育。这种理解上的偏差把体力劳动与脑力劳动对立起来，把劳动教育与劳动混为一谈，使劳动教育的育人功能被消解，劳动教育在促进人的全面发展中的价值无法充分释放。中国特色社会主义进入新时代以来，随着经济社会的发展变化，劳动的形态、内容和特征都发生了重大变化，经济社会的发展对劳动人才的规格提出更高标准，劳动教育在人才培养中的作用日益突出，劳动教育再度受到高度重视并重新激起学界的研究热情。因此，新时代开展劳动教育研究一方面要以马克思主义的唯物史观为逻辑基点，用马克思主义劳动观来指导新时代劳动教育，另一方面要结合时代发展特点和劳动形态变化的新要求，构建适合时代发展要求的劳动教育理论，这既是不断丰富和发展马克思主义劳动观的内在要求，也是新时代劳动教育理论创新发展的必然逻辑。

其次是拓展和深化对社会主义核心价值观的理解和认识。社会主义核心价值观是从社会主义核心价值体系中提取和凝练出的观点，是社会主义国家各族人民在价值领域的最大凝聚。社会主义核心价值观具有巨大的价值引擎作用，为全社会树立了价值追求的共同目标,推动了共建共享价值共识的最大化。社会主义核心价值观是从国家、社会和公民个体三个层面概括了社会主义核心价值体系的内核,涵盖了全体公民努力奋斗的最高层面的国家目标要求和最低层面的个体价值追求,而这三个层面的内容都与劳动和劳动教育有着内在关联,离开劳动和劳动教育,无论哪一个方面的内容都难以实现。可以说,社会主义核心价值观为新时代劳动教育提供了价值指南和思想引领。中华民族伟大复兴绝不是轻轻松松、敲锣打鼓就能实现的,建设富强、民主、文明、和谐的社会主义现代化强国更加需要全国各族人民的辛勤劳动、诚实劳动和创造性劳动,需要劳动教育提供更多的人才支持;自由、平等、公正、法治要为构建社会主义和谐劳动关系提供政治保证;公民爱国、敬业、诚信、友善的精神品质需要通过劳动教育来培养,需要通过劳动实践来历练。因此,劳动教育既是社会主义文化建设的重要元素,也是对社会主义核心价值观的自觉遵循和实际践行,新时代加强对劳动教育的研究能够从更广泛的视角创新和拓展社会主义核心价值观的理论内涵。

再次是深化对劳动教育和人才培养体系关系的认识。德智体美劳五育并举人才培养体系的提出不仅标志着党和国家关于人的全面发展理论的认识达到新的高度,也是对传统人才培养体系的一次突破。"五育并举"是构建新时代高水平的人才培养体系、促进人的全面发展的必由之路,再次突出了劳动教育在我国人才培养中的基础性地位和战略意义,开辟了新时代劳动教育理论研究新视域,拓展了劳动教育实践育人的新局面。因此,新时代加强劳动教育在人才培养中的作用的研究,不仅有助于丰富马克思主义人的全面发展理论,而且有助于深化对社会主义教育规律和人才培养规律的认识,提高劳动教育落实立德树人根本任务的紧迫感和重要性。

最后是丰富劳动教育的理论成果,提高劳动教育的科学化、规范化水平。劳动教育学科化是劳动教育发展的必然趋势,也是劳动教育走向成熟和科学化的标志。劳动教育也有其自身的学科归属,劳动教育学的构建是一个复杂的、科学的严谨过程,不仅需要进行劳动教育专业设计和课程建设,还要加强劳动教育理论研究,创新劳动教育实践活动等。新时代劳动教育的研究不单单体现在把党和国家关于劳动教育的指导思想落实到具体的教育活动中来,严格来说,提炼、总结、概括教育活动中有关劳动教育的各种理论问题和实践问题,并使之上升到理论的高度,成为新时代劳动教育学科建设的重要课题和艰巨任务。

二、实践意义

首先是提高全社会对劳动教育的重视程度,推动劳动教育从理论走向实践。

劳动教育是国家全面发展人才培养体系中的重要一环,也是促进学生成长成才的必要环节,其在我国人才培养中的基础性地位毋庸置疑。新时代全面贯彻党的教育方针,坚持立德树人根本任务,要求全社会高度重视劳动教育,把劳动教育纳入人才培养全过程,自上而下科学地构建劳动教育实施和管理体制机制,为劳动教育提供切实保障,统筹推进大中小学劳动教育一体化。新时代加强对劳动教育的研究,既是自觉回应党和国家关于劳动教育各项要求的必然要义,也是提高劳动教育的社会地位,推动劳动教育从理论走向实践的必由之路。

其次是克服当前学校劳动教育虚化、弱化和边缘化问题,扭转劳动教育的不力局面。我国当前的劳动教育在实践中还存在着种种误区,如把劳动教育与体力劳动等同,把劳动教育误解为技术技能训练,甚至有的学校把劳动教育视为体罚学生的手段,此外还存在着把劳动教育视为休闲娱乐教育。如此种种,表明当前的劳动教育已远离了劳动教育的育人本质,也脱离了党和国家关于劳动教育落实立德树人根本任务的本质要求和价值目标,其效果当然不尽人意。因此,加强劳动教育研究,深入剖析学校劳动教育中存在的种种误区,既有助于正确理解和把握党和国家对劳动教育的基本要求,为正确开展劳动教育提供理论指导和实际支持,也有助于对当前学校劳动教育虚化、弱化和边缘化问题进行纠偏。

再次是为学校更好地开展劳动教育提供参考建议和方法借鉴,落实立德树人根本任务。2018年9月10日,习近平在全国教育大会上发表重要讲话,强调要把劳动教育纳入我国的人才培养体系。2020年3月20日,中共中央、国务院印发《关于全面加强新时代大中小学劳动教育的意见》。当前各级各类学校已经充分认识到开展劳动教育的必要性和重要性,多数学校也已经开始在实践层面贯彻落实劳动教育的各项要求。但是从总体来看,劳动教育的开展仍然处于说起来重要、做起来次要、忙起来不要的可有可无的尴尬局面。本书将基于扎实的劳动教育理论研究,并结合翔实的实证研究,深入分析当前劳动教育中存在的问题,提出科学的、合理的全面推进大中小学劳动教育一体化的具体思路和建议对策,为学校开展劳动教育提供决策咨询和参考意见,为落实立德树人的根本任务提供有益帮助。

综上所述,新时代加强劳动教育的研究,既是对党和国家从政策层面加强劳动教育的有力呼应,也是对现实中劳动教育被淡化、弱化问题的矫正,同时也为社会上一些人抵触劳动、希冀一夜暴富、幻想天上掉馅饼等劳动价值观的扭曲和异化现象呐喊呼救。因此,无论是理论层面还是实践层面,劳动教育研究工作意义重大,价值深远。

第一章　立德树人与新时代劳动教育

党的十九大报告和2018年的全国教育大会明确指出,要全面贯彻党的教育方针,落实立德树人根本任务。劳动教育作为一种育人形态,主要是对学生进行热爱劳动、热爱劳动人民的教育活动。新时代全面贯彻党的教育方针,落实立德树人根本任务必须加强劳动教育,把劳动教育作为培养学生成长成才、服务国家经济发展和社会进步的价值引领。劳动教育作为立德树人的重要内容及载体,与立德树人相互作用、相互影响、相互促进。加强新时代劳动教育,帮助学生树立马克思主义和中国特色社会主义劳动观,培养学生尊重劳动、热爱劳动的情感,养成辛勤劳动、诚实劳动、创造性劳动的劳动习惯和劳动态度,不断提升学生的劳动能力和劳动品格,也是实现"两个一百年"奋斗目标和中华民族伟大复兴中国梦的客观要求。

第一节　立德树人:新时代学校教育的根本任务

教育是国之大计,也是民生之基,一个国家的发展与社会进步与教育发展的水平有着不可分割的关系。我国作为一个具有悠久历史和文明的大国,建设教育大国和教育强国是全面建成社会主义现代化强国的战略先导,而建设教育大国和教育强国的关键就在于落实立德树人根本任务。2012年11月,党的十八大报告提出,要把立德树人作为教育的根本任务。2017年10月,党的十九大报告再次提出:"要全面贯彻党的教育方针,落实立德树人根本任务,发展素质教育,推进教育公平,培养德智体美劳全面发展的社会主义建设者和接班人。"[1]2018年9月,习近平在全国教育大会上强调,要坚持把立德树人作为根本任务放在突出的位置。2022年10月,党的二十大报告提出,要办好人民满意的教育,"全面贯彻党的教育方针,落实立德树人根本任务,培养德智体美劳全面发展的社会主义建设者和接班

---

[1] 习近平.决胜全面建成小康社会 夺取新时代中国特色社会主义伟大胜利[M].北京:人民出版社,2017:45.

人"①。落实立德树人根本任务连续多年在党和国家的重要会议中被强调,凸显了立德树人这一任务在党和国家的人才培养体系中的全局性、战略性地位,彰显了教育作为立德树人的重要抓手应承担的职责和使命,明确了落实立德树人根本任务的紧迫性和必要性。

各级各类学校要厘清立德与树人的内涵,把握立德与树人的关系,切实做好立德树人工作,把立德树人根本任务贯彻到社会主义教育事业发展的各领域、各方面、各环节,紧紧把握以树人为核心目标,以立德为关键要素,努力培养德智体美劳全面发展的社会主义建设者和接班人,为建成教育大国和教育强国提供人才支持。

一、立德与树人的内涵意蕴

(一)"德"字考据及内涵演进

这里的"德"即"道德"。《现代汉语词典》(第7版)对"道德"的解释是"人们共同生活及其行为的准则和规范"。在中国五千年文明历史发展长河中,不同的历史时期和不同的社会形态都有着不同的行为标准对所有社会成员的劳动、生活、礼仪、社会交往等进行规范。判断一个人的"德"性如何,就是判断一个人的言行举止是否符合当时社会所期待的最理想化行为准则和社会规范。

探讨"德"的本义,我们可以从其字形出发。现代的"德"字,左边是双人旁,意思是行走;右边上半部是一个"十"和一个"四","十"代表分岔路,"四"则代表人的眼睛,右边下半部是一个"心"。从字形上讲,"德"字是描述一个人行走在道路上,遇到岔路时需要用眼睛观察,看清道路的方向,即观察自然规律;除此之外,还要用心去思考,即行为选择要受内心规范制约,提醒人们应心胸坦荡、正心诚意。否则,就会迷失方向,走上歪门邪道。

周礼的出现,使"德"的本义发生了相应的变化。"德"主要是从行为举止方面来定义,通常指王公贵族的举止、表现、作风。"德"字内涵的演进,源于周人对德的重视。周公认真汲取了商朝灭亡的深刻教训,认识到实施德政的重要性。周公明确提出,一个国君不能仅仅依靠政治权力和军事权力,更应该用高尚道德品质对百姓进行感化和教育,由此提出了"敬德"的思想主张。"敬德"的内涵有三个层面:第一是德治,要求统治者用德来治理国家,即以德治国;第二是实施德行,这是对统治者自身道德品质的要求,就是勤于政事,检点言行,加强道德修养;第三是德

---

① 习近平.高举中国特色社会主义伟大旗帜 为全面建设社会主义现代化国家而团结奋斗[M].北京:人民出版社,2022:34.

性,这是对全社会伦理和道德要求,提出"德"是人自身的一种属性,强调道德的伦理化、人格化要求,更强调教育在"敬德"中的作用。从周朝开始,"德"成为中国传统思想文化中最重要的概念,成为中国几千年政治与伦理思想的核心。

老子在《道德经》中对"道德"的阐释与现代社会对道德的理解有所不同。在《道德经》中,道与德是两个不同的词。所谓道法自然,"道"即指自然规律;对"德"的内涵则进行了拓展和深化。老子认为,人类社会是自然世界的延伸,因此社会规律与自然界的规律是一致的。按照老子的思想,"德"同样也要与自然界规律相统一,这体现在五个方面:一是"德"就是尊重自然、顺应自然的意思,做人做事要顺应自然规律;二是"德"是加强内心的修养;三是"德"是与世无争,要心境宁静,人生超脱;四是"德"是"无为而治",管理国家不能过多影响百姓生活,不增加百姓负担;五是"德"是体现人类与自然的和谐相处,不能破坏自然界的平衡。可见,老子对"德"的理解是与"道"紧密结合在一起的,顺应自然、与世无争、无为而治、和谐相处就是老子"德"思想的核心。

(二) 关于"立德"

中华民族是礼仪之邦,仁义道德是中华文明的核心价值理念,古人对"德"的崇尚与追求导致他们很早就把立德作为人生最崇高的价值目标。"立德"最早出现在《左传·襄公二十四年》一文中:"太上有立德,其次有立功,其次有立言,虽久不废,此之谓三不朽。"这句话的现代理解应该是:最上等的境界是树立德行,其次是建立功业,再其次是创立学说,即使过了很久也不会被废弃,这就叫做不朽。古人把"立德"摆在人生"三不朽"的第一位,其次才是"立功"和"立言",说明"立德"是为人的根本,也是人生最高的境界。把树立德行立于建功立业和创新学说之上,这也足以说明"立德"的重要性。

在中国历史上,儒家的"立德"思想对后世有着深远的影响。《大学》开篇第一句就是"大学之道,在明明德,在亲民,在止于至善",其中"明明德"就是弘扬彰显光明正大的德,可以看出德在为政、为人、为学中的重要地位。在《论语·为政》中,孔子讲到:"为政以德,譬如北辰,居其所而众星拱之。"意思是说,为政以德,就好像天上的北极星,安居其所,而众星围绕着它旋转。在孔子看来,"德"是治理国家、取得民心民力的主要方法,也唯有德可以感召,可以推行。在《论语·颜渊》中,孔子提出"主忠信,徙义,崇德也",意思就是人要以忠厚诚信为主,要唯义是从,这样就可以提高品德。

以孔子为代表的儒家思想中的仁、义、礼、智等基本道德规范确立了中国古代道德思想核心价值理念和坚实的道德基础,儒家思想也为现代世界道德的构建提供了重要的思想基础。面对经济全球化、市场化带来的道德失范、价值观迷失等问题,当代学者提出了各种各样的答案和方法,而儒家思想中自强不息、厚德载物、兼容并包、求实进取、民为邦本、重义轻利等道德思想不仅反映了中华民族特有的精神风貌和精神特征,也为解决当代市场经济中的唯利是图、去道德化现象提供了价值观和方法论。

（三）关于"树人"

"十年树木,百年树人"出自《管子·权修》。管子,即管仲,春秋时期著名政治家,有"春秋第一相"之美称。他在《权修》一文中写道:"一年之计,莫如树谷;十年之计,莫如树木;终身之计,莫如树人。一树一获者,谷也;一树十获者,木也;一树百获者,人也。"意思是说:当确立目标和制定重大规划时,如果你只做一年打算,没有什么比得上种植稻谷更加见效;如果你计划做十年的打算,没有什么比得上种植树木效果显著;如果你计划做一生的打算,没有什么比得上培养人才更具远见。一年就有收获的是庄稼,十年就有收获的是树木,一百年才有收获的是人才。

"十年树木,百年树人"意味着人才培养是一个长期的过程,虽不容易但却是长久之计,也是治国理政的根本之计。一个国家的发展依赖于人才资源的强弱,人才是国家向前发展的核心软实力。党的二十大报告提出实施人才强国战略,体现了党和国家对培养造就大批德才兼备的高素质人才的高度重视。

（四）立德树人命题的提出

"立德"与"树人"两个概念本来不是同时提出的,二者之间也没有本质联系。"立德"是从道德建设的角度出发,是对整个社会的所有人提出的道德要求;"树人"是从人才培养的角度出发,落脚于教育领域。20世纪90年代末,"立德"与"树人"两个概念结合起来出现在了各种媒体报道中,但并没有成为一个学术命题。推动"立德树人"成为学术命题并逐渐形成一个研究领域的是2007年8月31日胡锦涛同志在全国优秀教师代表座谈会上的讲话。胡锦涛指出:"要坚持育人为本、德育为先,把立德树人作为教育的根本任务,加强爱国主义教育,深入开展理想信念教育,加强和改进学生思想政治工作,把社会主义核心价值体系融入国民教育体系,引导学生树立正确的世界观、人生观、价值观、荣辱观,努力培养德智体美全面发展的社会主义建设者和接班人。"[①]在2012年党的十八大上,"立德树人"不仅被

---

① 胡锦涛.在全国优秀教师代表座谈会上的讲话[N].人民日报,2007-09-01(1).

写入十八大报告中,还被明确为新时期教育的根本任务,这充分表明党对于社会主义教育本质和教育规律的认识进一步深化。党的十八大以来,习近平总书记多次在讲话中强调"把立德树人作为教育的根本任务",体现了党和国家对立德树人这一根本任务的高度重视。

结合以上对"立德"和"树人"概念的阐释,作为新时代教育的根本任务,立德树人就是要培养具有高尚道德品质的人,就是要培养明大德、守公德、严私德的时代人才。落实在教育和人才培养上,立德就是坚持德育为先导,通过道德教育的力量来引导人、感化人、激励人;树人就是在教育中坚持以人为本的价值理念,选择合适的教育方式方法来塑造人、改变人、发展人,从而使之成为全面发展的人。

二、立德树人的实践探索

虽然"立德树人"这个命题是在当今时代提出的,但是把"立德"和"树人"有机结合开展教育社会实践,在两千多年前中国古人就已经开始探索了。

(一) 中国古代立德树人的实践

在中国古代历史长河中,教育的起源可以追溯到原始社会时期,立德树人教育的萌芽则出现在西周时期。当时官办教育有两大系统,一类叫国学,一类叫乡学,其中国学教育的主要内容包括德、行、艺、仪四个方面,"德"居首位。这说明在西周时期,已经把"德"置于教育内容的最重要地位了。

到了春秋战国时期,民间教育也就是今天所谓的"私学"盛行,而孔子正是"私学"的最重要代表人物,他开启了兴办"私学"先河。孔子在教育中高度重视道德教化,因而这一时期的立德树人教育进入全面起步阶段。

孔子作为儒家学派的创始人,也是中国历史上最有名的教育家,其教育思想博大精深,内涵丰富,在他的教育思想中始终蕴含着"立德树人"的教育理念。儒家思想的核心就是"德","德"也是儒家思想的出发点和归宿。儒家的"德"有两个方面的内涵,一是指人的内在心性、品德,二是指人外在的行为举止。

"德"在孔子的具体教育思想和办学实践中也有两层含义。对学习者而言,孔子对学生提出了"知之为知之,不知为不知,是知也"的学习要求,常用来提醒学生在求学和求知的过程中一定要有诚实的态度,不能有半点虚假和骄傲,要养成踏实认真的学习态度和实事求是的作风。对教育者而言,孔子提出了"因材施教"的教育思想,就是要根据学生不同的个性特点、学习基础、志趣能力等开展有针对性的教育。这就要求教师从每个学习者的实际情况出发,了解学习者的个体差异,有的放矢地进行教学,使每个学习者都能够发挥自身特长与潜能,以获得最佳的教育效果。因材施教是从教育者"立德"的角度出发提出的"树人"方法,目的是培养德才兼备的高素质人才。

孟子也是春秋战国时期儒家代表人物之一,他一生中的大部分时间也是从事教育事业。在长期的教育实践中,孟子非常重视道德教育,并提出了一系列道德教育的原则与方法。在道德教育中,孟子提出"性善论",指出道德教育的核心就是"仁"和"义"。孟子认为教育的目的就是培养道德高尚的人,也就是所谓的"圣贤"及"士大夫"。孟子还说:"天将降大任于是人也,必先苦其心志,劳其筋骨,饿其体肤,空乏其身,行拂乱其所为,所以动心忍性,曾益其所不能。"由此可见,锤炼意志品质也是孟子道德教育的一个重要组成部分。

从汉魏到隋唐时期,官学在整个教育系统中已处于主导地位。汉武帝时期,董仲舒提出"罢黜百家,独尊儒术",把儒家"五经"作为教育的法定内容,隋唐时期也一直积极推行儒家的道德观念。儒家教育的历史地位决定了在这段历史时期内道德教育始终在教育中处于首要的位置,立德树人的实践也一直在持续推进。

宋元明清时期,官学中的教学内容从"四书""五经"增加到"十三经"。从宋代开始,除了官学外,私学也进一步繁荣起来,书院作为一种教学机构得到了快速发展。虽然官学与私学在人才培养的目标上不尽相同(官学主要是为科举考试培育人才,书院则以培养学者为目标),但无论官学与私学,都是以儒家思想为核心内容,都极端强调思想道德教育的重要性,在这方面二者是高度契合的。

宋代朱熹被称为孔子之后的又一位大教育家,他在教育实践中也非常重视道德教育。他认为,德行不仅可以修身,而且还可以治人、治国。如果缺乏德行而单纯追求知识,人就会迷失方向而找不到归宿。

由此可见,虽然中国古代的历史中没有明确提出立德树人的概念,但在具体的教育实践中立德与树人是不可分割的,立德中蕴含着树人的目标,树人则是在立德的前提下开展的,立德树人的实践贯彻整个古代教育的始终。

(二)中国近代立德树人的实践

在近代中国教育历史中,立德树人的价值理念同样被一些著名的教育家和思想家们躬行实践,其中的代表有蔡元培、梅贻琦、陶行知等。

蔡元培先生是中国近代著名的民主革命家、教育家。1920年,他发表了《普通教育与职业教育》一文,认为普通教育的目的即在于"养成健全的人格"。五四运动前后,蔡元培在严复提出的从"德、智、体"三方面提升学生素质,实现全面育人教育思想的基础上,首次提出了"德、智、体、美、群"五育并举的主张。在"五育"中,蔡元培把"德"放在了首位。在其教育思想中,他认为教育的根本问题是培养什么样人的问题,而教育的最终目的就是造就具有完全人格的个人。蔡元培提出的"五育"并举教育思想是以公民道德教育为中心引领德智美和谐发展,这在中国近代教育史上是首创。

梅贻琦先生的教育思想可以认为是对蔡元培先生教育思想的继承和发展。梅贻琦出任清华大学校长后,也是把德育作为五育之首。此外,在德育中,他非常重视教师的师德师风建设,他曾有一句名言:"所谓大学者,非谓有大楼之谓也,有大师之谓也。"这里梅先生谈到的大师,不是仅指学问做得好就能叫大师,而是指学问、道德都好的楷模,学高为师,德高为范就是对大师的诠释。

被毛主席称为"伟大的人民教育家"的陶行知先生曾有一句名言:"千教万教教人求真,千学万学学做真人。"在陶行知的教育思想中,德育工作十分重要。他曾说过:"道德是做人的根本。根本一坏,纵然你有一些学问和本领,也无甚用处,并且,没有道德的人,学问和本领愈大,就能为非作恶愈大。"

徐特立先生是我国近现代教育事业的奠基人之一,解决了社会主义教育理论的诸多基本问题,毛主席称赞他是"革命第一,工作第一,他人第一"。徐特立具有身教重于言教的高尚品德,他认为教育的任务不仅是传授科学文化知识,更重要的是教会学生做人,教育学生成长为具有共产主义道德品质的人。他还强调教育首先要塑造人,要把培养人的创新性思维和创造性品质作为教育的重中之重。

成仿吾先生是我国无产阶级革命家和教育家,在其几十年的高校工作期间,他始终坚持在党的领导下开展学校工作,重视发挥各级组织的作用和师生员工的积极性,尤其重视师资的培养和提高,要求教师注重言传身教、以德育人。在山东大学工作的16年中,成仿吾始终全面正确地贯彻党的教育方针,强调学生德智体全面发展,三者不能偏废。他还特别强调学生要具有坚定正确的政治方向、远大的理想和共产主义道德。

不难看出,中国的古圣先贤、志士仁人不仅创立了比较完善的思想道德规范和全面育人的价值理念,而且积极发展和践行立德树人的思想理念。他们从自身做起,以德立身,以德立教,以德树人,把立德树人思想作为中国重要的价值理念代代相传,为国家、为社会培育了大批德才兼备的人才。

三、新时代立德树人的内涵意蕴

2017年10月18日,习近平总书记在中国共产党第十九次全国代表大会上郑重宣示:"经过长期努力,中国特色社会主义进入了新时代,这是我国发展新的历史方位。"①中国进入新时代,是从党和国家事业发展的全局视野、从改革开放近40年历程和十八大以来5年取得的历史性成就和历史性变革的方位上所作出的科学判断。新时代的提出,一方面明确了旗帜与方向,另一方面预示了发展与未来。

教育是一个国家的立国之本、兴邦之本。中国特色社会主义发展进入新时代,这一新的历史方位为各级各类学校落实立德树人根本任务确立了新的目标和具体要求。2016年12月,习近平总书记在全国高校思想政治工作会议上强调,思想政治工作关系高校培养什么样的人、如何培养人以及为谁培养人这个根本问题。习近平明确要求:"要坚持把立德树人作为中心环节,把思想政治工作贯穿教育教学全过程,实现全程育人、全方位育人,努力开创我国高等教育事业发展新局面。"②2019年3月18日,习近平总书记主持召开学校思想政治理论课教师座谈会时强调:"要全面贯彻党的教育方针,解决好培养什么人、怎样培养人、为谁培养人这个根本问题。新时代贯彻党的教育方针,要坚持马克思主义指导地位,贯彻新时代中国特色社会主义思想,坚持社会主义办学方向,落实立德树人的根本任务。"③

新时代建设中国特色社会主义教育强国必须把立德树人作为根本任务,这是贯彻落实党的教育方针的基本要求,是对中华民族优秀传统教育思想的传承与发展,也是马克思主义教育观在新时代的创造性转化与创新性发展,体现了马克思主义人的全面发展的思想,有助于促进人的全面发展,为全面提升我国的综合国力提供人力资源支持。

新时代全面建设社会主义现代化和实现中华民族伟大复兴,迫切需要教育、科技、人才的支持,需要学校通过教育引导和激励青少年形成良好的思想道德品质,掌握适应时代发展要求的知识与技能。那么,新时代学校教育落实立德树人根本任务,到底要立什么德?树什么人?

(一)新时代"立德"的内涵意蕴

国无德不兴,人无德不立。立什么"德"的依据和坐标是教育到底培养什么样的人、怎样培养人的问题。如果不搞清楚这一最根本问题和最核心问题,立德树人就容易流于空泛、失于模糊、偏于笼统。

---

①习近平.决胜全面建成小康社会 夺取新时代中国特色社会主义伟大胜利[M].北京:人民出版社,2017:10.
②习近平.把思想政治工作贯穿教育教学全过程 开创我国高等教育事业发展新局面[N].人民日报,2016-12-09(1).
③习近平.用新时代中国特色社会主义思想铸魂育人 贯彻党的教育方针落实立德树人根本任务[N].人民日报,2019-03-19(1).

2019年4月30日，习近平在纪念五四运动100周年讲话中指出，新时代青年要"明大德、守公德、严私德，自觉抵制拜金主义、享乐主义、极端个人主义、历史虚无主义等错误思想"①。2021年6月29日，习近平总书记在"七一勋章"颁授仪式上的讲话中强调："全党同志都要明大德、守公德、严私德，清清白白做人、干干净净做事，做到克己奉公、以俭修身，永葆清正廉洁的政治本色。"②所谓大德，首先是对党和国家之德，要拥护党的领导，热爱祖国和人民，对党和国家要忠诚、干净、担当；其次是对共产主义之德，要树立共产主义理想信念，时刻忠于共产主义事业，有"为国家尽忠，为民族尽孝"的政治觉悟；再次就是要在大是大非面前经得住考验，在各种诱惑面前立场坚定。所谓公德，就是对全社会之德，要以天下为己任，有全心全意为人民服务的决心和意识；要以集体主义为基本原则，在个人利益与集体利益、国家利益发生冲突时，坚持把集体利益、国家利益置于个人利益之上。所谓私德，就是要有高尚的道德情操，严格约束个人的操守和行为，对损人利己、损公肥私的事坚决制止，不仅能严以修身、严以律己，还能慎独自省。

新时代学校贯彻落实立德树人根本任务，就是要"千教万教教人求真，千学万学学做真人"，这里的"真"本身就蕴含着明大德、守公德、严私德的道德标准。具体来讲，就是坚持用无产阶级世界观和方法论来教育引导学生，为学生树立正确的世界观、人生观、价值观奠定科学的思想基础。要加强对青少年学生开展爱国主义、集体主义和诚实守信教育，加强社会公德、职业道德、家庭美德和个人品德教育，引导学生树立共产主义远大理想和中国特色社会主义共同理想，扣好人生的第一粒扣子，自觉为共产主义事业和中国特色社会主义事业奋斗终生。

（二）新时代"树人"的内涵意蕴

前文阐述了新时代要"立什么德"的问题，在明确了立德的内涵之后，还需要我们明确"树什么样的人"的问题。教育的根本是培养人，习近平总书记在2018年的全国教育大会上指出："培养什么人，是教育的首要问题。我国是中国共产党领导的社会主义国家，这就决定了我们的教育必须把培养社会主义建设者和接班人作为根本任务，培养一代又一代拥护中国共产党领导和我国社会主义制度、立志为中国特色社会主义奋斗终身的有用人才。这是教育工作的根本任务，也是教育现

---

① 习近平.在纪念五四运动100周年大会上的讲话[N].人民日报，2019-05-01(2).
② 习近平.在"七一勋章"颁授仪式上的讲话[N].人民日报，2021-06-30(2).

代化的方向目标。"①

习近平在全国教育大会上的讲话明确了新时代高校人才培养的目标定位,即培养德智体美劳全面发展的社会主义建设者和接班人、能够担当民族复兴大任的时代新人。首先,我们要旗帜鲜明地培养社会主义事业的建设者和接班人。我们是社会主义国家,高校所要培养的人才应该是为社会主义事业服务的人才,而不是旁观者,更不是反对者,培养的人才要爱祖国,拥护社会主义制度,自觉把个人理想融入到中国特色社会主义事业的伟大实践当中。其次,服务于培养社会主义建设者和接班人的需要,新时代要培养德智体美劳全面发展的人。德智体美劳全面发展是从素质层面对新时代人才培养提出的要求,即新时代的人应具有良好的思想道德素质、过硬的专业知识、健康的体魄、正确的审美观和劳动观、较高的劳动技能。再次,新时代要培养担当民族复兴大任的时代新人。这一要求也是在前两个要求的基础上提出的更高要求,即时代新人应是有理想、有本领、有担当,具有开拓进取精神、实干担当精神和创新创造精神的人,时代新人应是新时代的奋进者、开拓者和奉献者,时代新人应是能够自觉担当起实现中华民族伟大复兴历史重任的人。

总之,根据上述对新时代"立德"和"树人"目标的解读,新时代"立德树人"根本任务应服从和服务于实现中华民族伟大复兴这一宏伟蓝图,服从和服务于党和国家的工作大局,服务于中国特色社会主义建设,积极践行社会主义核心价值观,培养具备较高思想道德素质和科学文化素质,在德智体美劳各方面全面发展的人才。

四、新时代立德树人的时代意蕴

培养德才兼备、具有健全人格和现代文明意识的高层次人才是新时代学校教育的历史使命和根本职责,也是衡量人才培养质量的基本标准。当前,在推进教育现代化、建设教育强国的进程中,需要为立德树人赋予新的时代内涵。

第一,新时代立德树人应凸显博大的人类情怀。在科技飞速发展的今天,一些人逐渐被"技术统治"的合理性、"娱乐至死"的享乐主义和资本逻辑所主宰与绑架,开始追求各方面的"极致",人的终极价值追求被淡化,人之所以为人的根本受到严重冲击。例如,基因编辑技术、纳米技术、人工智能等前沿科技不仅影响到人

---

①习近平.坚持中国特色社会主义教育发展道路 培养德智体美劳全面发展的社会主义建设者和接班人[N].人民日报,2018-09-11(1).

的生产和生活方式,还涉及人的尊严、隐私。与以往的科学技术指向客体不同的是,它们直接指向人本身,指向人类主体,并试图改造人,由于无法预计其后果,导致人们的普遍焦虑。人会怎样以及人类会怎样?这是时代提出的根本问题。因此,新时代"立德树人"这一根本任务需要培养学生的人类情怀,从人类命运共同体的视角探索人类在科技发展中的地位、作用和未来发展方向,同时也需要伦理道德、法律规范方面的约束与制约。

第二,新时代立德树人应树立全球视野。科技发展导致社会交往的边界不断扩展,从部落到邦国,到民族国家,再到今天的全球化,人们的生产、生活处于普遍联系、你中有我、我中有你的发展态势,呈现既不断竞争又相互博弈的利益格局。因此,我们必须密切关注和了解全球动向、世界前沿以及它们之间相互关系的发展变化,既要学习借鉴,也要吸收其他国家在政治、经济、文化等方面的经验和教训,使我们的发展更加平稳、可持续。当今世界正处于"百年未有之大变局"的时代,除了科技、生产力的飞速发展,人类生存方式、国际关系、世界格局以及世界上各种行业标准、规则都在不断创新、更替、打破或重组,相应地,人们的行为和思维方式、程序规则、政策制度安排等也要因应革新,突破、更新、完善乃至改造将成为常态。因此,新时代"立德树人"这一根本任务需要学生树立全球视野,以不断改革的思路适应变革的形势,从而在变革中获得发展优势。

第三,新时代立德树人应具有鲜明的前瞻意识。农耕时代的特征是稳定,但漫长;工业化时代的特征是扩张,过猛烈;信息时代的特征则是创新,且迅捷。如今,大学生的成长环境变得更为复杂,国际政治局势日趋复杂,经济形势持续动荡,科技发展日新月异,未来社会充满着不确定性,我们培养的人要具有创新精神、创新素养,是创新者、创造者,而不是"复制者""搬运工"。要摈弃"小富即安"的思想,保持"居安思危"的竞争意识。工业时代追求规模效应,信息化时代则需要树立现代意识,走在时代发展与进步的最前沿。当今社会的个体化需求特征鲜明,生产力需要定制化,因此对社会的各种需求要有所了解,而且还要顾及发展的可持续性,考虑整体资源的应用、修复能力和承载能力。同时,信息化时代需要系统思维,要认识到任何一项创新都是复杂的系统工程,一系列产业链、价值链是相互关联的。因此,新时代"立德树人"这一根本任务需要学生具有鲜明的前瞻意识,能够有效应对社会发展进程中的各种挑战。

第四,新时代立德树人应昭示正向的价值引领。习近平总书记多次以"扣扣子"比喻青年教育的重要性,教育的根本目的就是育人,帮助他们树立正确的价值观。事实证明,没有正确的价值导向,教育只会滑落为技能训练和获取个人利益的工具,只能培养出"争权夺利"的精致的利己主义者。立德树人规定了教育的根本任务,强化了立德的基础性与先导性要求,扭转了以往不科学的教育评价导向,同时坚决破除"五唯"顽瘴痼疾,强调学校教育应该承担塑造学生健全人格与价值观的任务,不仅有助于他们的智力与职业发展,而且有助于培养具有开拓进取精神和创新精神,有使命感、责任感和事业心的社会主义建设者和接班人。

第五,新时代立德树人应体现教育的本质要求。新时代立德树人的显著特点是对社会主义核心价值观的体认和积极践行。社会主义核心价值观整合了国家目标、社会理想与个人道德修养,是个体成功、社会进步与国家富强的有机统一,是对社会主义教育人才培养的本质规定。它还超越了传统智育与德育的二元区分,将德育置于教育的灵魂和统率地位。学校应改变"只教不育"的错误做法,以正确价值观为导向培养学生的个性品质、社会责任与担当精神。同时,立德树人也排斥教育的短期性、工具性与功利性。把学生个体对生命价值与意义的追求与国家、社会的发展进步结合起来,倡导以足够长的时间、足够多的耐心来关注每一个学生的成长进步,不放弃一个学生,这才是真正的"立德树人"。

五、新时代学校教育与立德树人

教育的首要问题是培养什么样的人,这关乎党和国家的前途命运,也关乎中国特色社会主义事业后继有人根本大计,同样关乎学生自身的成长成才与前途命运。因此,各级各类学校应把立德树人根本任务置于学校教育的最基础、最核心的位置,这也是培养时代新人的使命所致。

(一)新时代学校教育落实立德树人根本任务有其时代必然性和自身的内在逻辑

首先,学校教育落实立德树人根本任务关系着社会主义现代化建设的人才支撑。当前,我国正进入全面建设社会主义现代化的新的历史时期,需要大批德才兼备的高素质人才,其中道德素质是人才素质的核心,是全面建设社会主义现代化的精神力量,科学文化素质、健康素质和创新素质等是全面建设社会主义现代化的必备条件,立德树人必然要把个人的成长进步与全面建设社会主义现代化的目标紧密结合起来。

其次,学校教育落实立德树人根本任务是建设教育强国、实现教育现代化的内在逻辑。新时代建设教育强国、实现教育现代化必然要把人才培养置于突出的位置,把立德树人作为中心任务和检验学校工作的标准,使立德树人成为建设教育强国的价值追求和使命担当,自觉遵循因事而化、因时而进、因势而新的教育规律,全面保证立德树人目标融入学校教育实践全过程。

再次,学校教育落实立德树人根本任务关系着学生自身的发展与前途命运。新时代的青年学生担负着实现中华民族伟大复兴的历史重任,他们成长成才的舞台无比广阔,实现梦想的前景无限光明。学校教育落实立德树人根本任务一定要引导学生听党话,跟党走,胸怀远大理想,坚定人生信念,自觉践行社会主义核心价值观,从中华优秀传统文化中吸取营养,从时代模范中感受精神力量,追求有理想、有品味、有价值的人生,做有高度、有情怀、敢担当的时代青年,让美好的青春在全面建设社会主义现代化国家的伟大实践中绽放。

(二)新时代学校教育落实立德树人根本任务必须坚持党的领导,坚持马克思主义在意识形态领域的指导地位,坚持思政课程与课程思政协同育人

坚持党的领导是我国社会主义教育的本质特征,也是学校教育的最大优势。坚持党的领导就是在学校教育中自觉贯彻落实党的方针政策,用共产主义思想和习近平新时代中国特色社会主义思想武装学生,不断增强全体师生对中国共产党的认同,对中国特色社会主义的认同,增强"四个意识",坚定"四个自信",做到"两个维护",在思想上行动上自觉与党中央保持高度一致。

坚持马克思主义在意识形态领域的指导地位就是要用马克思主义作为思想武器,引导青年学生加强马克思主义理论学习,提高马克思主义理论功底,学会用马克思主义立场、观点和方法分析问题,旗帜鲜明地批判和反对形形色色的历史虚无主义现象,自觉抵御各类错误思潮的侵袭和影响,同各类反党反社会主义的不良现象做坚决斗争。

坚持思政课程与课程思政协同育人是贯彻落实立德树人根本任务的时代逻辑。办好中国特色社会主义教育不仅要理直气壮地开好思政课,其他各门课程也要修好一段渠,守好责任田,做到与思政课同向同行。一方面,要发挥好思政课的关键课程作用,引导思政课教师充分发挥积极性、主动性、创造性;另一方面,其他各门课程要加强课程思政建设,充分挖掘专业课程中的思政元素,彰显课程思政的价值引领作用,使其与思政课同向同行,发挥协同育人的作用。

(三)新时代学校教育落实立德树人根本任务有其自身的路径选择和实践机制

首先,要建立健全落实立德树人根本任务的协同育人机制和实践评价机制。协同育人机制的建立应着力推进家庭、学校、社会、企业、政府等的协同,发挥家庭道德教育的启蒙优势,用好学校道德教育的主渠道优势,提高全社会重视学生道德

教育工作的环境育人优势,引导家庭、学校、社会等把学生道德素质的提升作为学生健康成长的基础性元素,协调企业、政府、社会各方面的力量和育人资源,形成支持学校和家庭的德育工作的合力,营造文明、健康、积极向上的良好氛围,为整个学校的德育工作赋能增新,提高学校德育工作的针对性和亲和力,为学校道德教育提供实效性保障。

其次,建设高素质的师资队伍,提高学校育人的能力。高素质的师资队伍是教育的根本保证,也是落实立德树人根本任务的重要保障。学校要为教师营造良好的尊师重教的氛围,优化教师工作环境,提高教师待遇,保障教师的各项权利,并为教师成长发展提供有利通道。学高为师,德高为范,建设高素质的师资队伍不仅要求学校要抓好师德师风建设,教师也应自觉遵守职业道德规范,提高自身的道德修养和道德操守,严格要求自己,热爱学生,自觉做学生成长道路上的引路人。

再次,要创新立德树人方式方法。学校要加强思想政治教育工作,综合运用各类教育教学手段和资源创新教育教学方法,丰富教学内容,强化实践教学,提升教师教学能力,增强课堂教学的亲和力、吸引力,鼓励学生积极参与学校组织的各类社团活动和课堂教学活动,使学生从"被动"走向"主动",从"要我学"转变为"我要学",从"好学"走向"乐学",努力成长为社会主义建设者和接班人。

第二节　劳动教育:新时代全面发展教育体系的重要组成部分

劳动教育是社会主义教育的重要内容,厘清劳动的概念、劳动的本质及特点是全面把握和理解劳动教育的前提和基础,加强对劳动教育的内涵及劳动教育的本质研究则是构建新时代全面发展的教育体系的必然要义。要深入理解劳动、劳动教育以及劳动教育与立德树人的关系,教育青少年树立正确的劳动价值观,引导他们掌握必要的劳动技能,促使他们成为德智体美劳全面发展的社会主义建设者和接班人。

一、劳动、社会主义生产劳动的本质及新时代劳动的特点

(一)劳动的概念

哲学意义上的劳动是主体、客体和意义的内涵集成体,是主观见之于客观的社会实践活动。劳动是人的存在方式,也是人类最基本的实践活动;劳动是人类社会存在和发展的前提和基础,也是人类历史形成的前提和基础;劳动是理解人的本质力量的钥匙,也是打开人生发展通道、开辟人类发展前景的实践方式。人类通过劳

动获取生存和发展所必需的物质生活资料,这使得劳动成为人的有意识的活动,从这个意义上来讲,劳动使人和动物区分开来。劳动作为劳动力的输出活动或生产劳动价值的人类运动,根据劳动的性质和表现形式通常分为脑力劳动和体力劳动两大类。

体力劳动是人类在大脑的指挥下,以身体运动为主,以其他生理系统运动为辅的生理性运动,如挑水、挖地、生产作业等。生理性运动是人和动物所共有的基本运动形式,根据进化论的观点,人和动物在进化过程中形成了各自所独有的运动系统。人类的体力劳动是利用自身的生理运动作用于自然界,通过肌肉和骨骼形成一定的机械作用力来改变自然界的形态,发掘和制造生产资源,满足生存需求。必须指出的是,人类的体力劳动是在意识的支配下有目的生理性运动,而动物的生理性运动是本能的适应自然界的活动过程,这是人与动物的本质区别。人类通过体力劳动不断进行创造、积累、学习、锻炼,掌握了各种体力劳动的技巧,最终形成熟练的劳动技术。

随着人类的进化和人类社会的发展,人类拥有了意识,也催生了人类脑力劳动的诞生。脑力劳动是人在大脑神经系统的支配下所进行的各项运动,如思考、记忆、判断等,但人的脑力劳动不可能单纯地依靠大脑来进行,离不开其他生理系统的辅助性运动。有时人的体力劳动和脑力劳动是无法截然分开的,体力劳动需要大脑的帮助,同样脑力劳动也需要体力的辅助。我们常说的"手脑并用",就是把以体力劳动为主的手的运动和以脑力劳动为主的脑的运动结合起来共同作用和协调运动过程。一般动物的大脑缺乏第二信号系统,只能为其体力运动或其他运动提供控制信号而无法进行脑力劳动,从这个意义上说,脑力劳动是人类才具有的劳动形式。

劳动的概念是马克思主义劳动价值论的核心范畴,也是理解人类解放、人的全面发展与社会发展进步的必备元素。在马克思主义劳动价值论中,劳动是人能动的征服自然、改造自然的物质生产活动,是人对自身本质力量的占有。

马克思主义劳动观是马克思主义唯物史观的核心内容,是剩余价值学说创立的基础,也是理解人、人类社会和人类社会发展规律的前提。马克思认为,人类作为生理和肉体的存在必须具备吃穿住行等基本生存条件,这就需要通过劳动从自然界获得生活资料,当人开始生产自己的生活资料时,人就开始把自己和动物区别开来。也就是说,劳动和自然界一起构成一切财富的源泉,自然界是人的无机的身体。"人在肉体上只有靠这些自然产品才能生活,不管这些产品是以食物、燃料、衣着的形式还是住房等的形式表现出来。在实践上,人的普遍性正是表现为这样的普遍性,它把整个自然界——首先作为人的直接的生活资料,其次作为人的生命活动的对象(材料)和工具——变成人的无机的身体。"[1]自然界为人的劳动提供各种材料,是人类为了生存必须与之进行交换的无机的身体,劳动则是人和自然之间持续不断地进行交互作用的一个过程。这说明人类劳动绝对不是盲目的自发行为,而是人类有目的利用劳动改变自然界的物质形态与性质,使自然界成为满足人的生活需要的各种物质资料的供给者和载体。

"劳动创造了人本身"是马克思主义劳动学说的一条基本论断,说明了劳动对人和人类社会的形成和发展具有根本性和决定性作用。人类在进化过程中,直立行走使人类解放了双手,可以专门用手参与劳动,手的解放和开始用手劳动的过程中,催生了人类制造劳动工具的技能,劳动工具的出现,使人从动物界彻底分化开来。正是因为人类这种能够有意识制造劳动工具的活动,把人类劳动同动物本能式运动区别开来,人类劳动成为人类运用自己制造的工具有意识、有目的、有计划地改造自然的社会实践活动。可以说,手是劳动的器官,也是劳动的产物。正如恩格斯指出的:"动物仅仅利用外部自然界,简单地通过自身的存在在自然界中引起变化;而人则通过他所做出的改变来使自然界为自己的目的服务,来支配自然界。这便是人同其他动物的最终的本质的差别。而造成这一差别的又是劳动。"[2]在人类不断劳动过程中,人的大脑和各种感官得到了锻炼并反作用于劳动,促进了人类语言的诞生,语言的诞生又推动了人类判断、推理等高级意识的发展,意识的产生又反过来对劳动和语言发生正向作用,促成人类进化为"完全的人"。同时,在人类劳动实践过程中还产生了人类社会,所以说劳动是人的社会性和社会关系产生和发展的基础。人类社会的产生使劳动经过一代又一代的演进变得更加不同、更加完善和更加多方面化,而劳动的复杂化和不断完善又促进了民族、国家、法律、政治、宗教等的产生,于是产生了人类文明。人类社会和人类文明的发展进程归根到底都要受到劳动发展程度的影响和制约,可以说,劳动发展史是理解和把握全部人类社会发展史的密码。

根据上述关于劳动和马克思主义劳动观的分析,不难看出:劳动作为人的本质性活动,是人类区别于动物的存在方式;劳动是人类特有的、主观见之于客观的社

---

[1] 马克思.1844年经济学哲学手稿[M].北京:人民出版社,2000:56.
[2] 中共中央马克思恩格斯列宁斯大林著作编译局.马克思恩格斯选集:第4卷[M].北京:人民出版社,1995:383.

会实践活动,是人类有目的、有意识的改造自然、创造物质财富、获取自身生存发展所需要的物质生活资料的实践活动,同时还是人与自然进行物质、能量、信息交换的活动。

(二) 社会主义生产劳动的本质

劳动作为人类改造自然、创造物质财富的实践活动,生产劳动是其最基本方式,也是本质意义上的劳动。同样,社会主义制度下的生产劳动作为人类劳动的一种历史发展形态,也是生产物质资料的劳动,只不过社会主义生产劳动在社会主义制度下有其特定的内涵和意义。

我国正处于社会主义初级阶段,我国社会的主要矛盾是人民日益增长的美好生活需要和不平衡不充分的发展之间的矛盾。满足人民日益增长的美好生活需要首先是满足人民的物质文化生活需要,从这个论断上来讲,我国社会主义制度下的劳动仍然要坚持以生产劳动为主体地位。

物质资料的生产是社会主义生产劳动的基本特征。物质资料的生产是劳动的本质,也是整个人类社会存在和发展的基础。从我国仍处于并将长期处于社会主义初级阶段的基本国情来看,生产物质资料的劳动是解决社会主义社会基本矛盾的内在要求,是大力发展社会主义生产力的必然逻辑,也是发展社会主义的必要充分条件。只有生产劳动才能创造出越来越丰富的物质生活资料,为满足人民日益增长的美好生活需要奠定物质基础。

生产能够满足人民需要的有使用价值的劳动产品是社会主义生产劳动的基本要求。社会主义生产劳动是创造更多使用价值、满足人民物质需要的有用劳动,只有大力提高劳动生产率,实现产业结构的转型升级和经济发展方式的根本转变,为人民提供更多的有用劳动产品,才能提高人民的生活品质。当前,我国正处在全面建设社会主义现代化的关键时期,社会主义生产劳动是实现我国经济高质量发展、迈向经济强国的基本条件,是全面建设社会主义现代化、实现中华民族伟大复兴的基础性工作。

创造丰富的社会财富是社会主义生产劳动的本质。社会主义的本质是解放生产力、发展生产力,而解放和发展生产力的最终目的是创造更多的社会财富。社会主义生产劳动是解放生产力和发展生产力的基本途径,也是社会财富的唯一源泉。社会主义生产劳动通过大力提升劳动质量和效益,将创造更多的社会财富满足人民群众日益增长的美好生活需要。

良好的社会主义生产关系是社会主义生产劳动的体现。社会主义生产关系是社会主义发展过程中所体现出的人与人、人与自然、人与社会等各方面的关系,而社会主义生产劳动是社会主义生产关系的反映。社会主义国家通过生产劳动生产更多的有用价值,可以满足人民多方面的生活需要,为构建良好的社会关系、妥善解决各方面的矛盾奠定物质基础和创造条件。

(三) 新时代劳动的特点

推动人类社会形成和发展进步的原生动力是劳动,随着以云计算、大数据、人工智能、物联网、5G通信等先进技术为代表的新型科技在劳动场景中的广泛应用,人类劳动正在经历着一场百年未有之大变局。在这一大变局中,以信息技术为核心的新科技革命在带来生产力巨大增长的同时,也必然引发劳动领域一系列的变革,劳动的形态、劳动的功能、劳动的价值都发生了根本性变革,数字化劳动成为信息化时代劳动的主要形态,创新性劳动成为新时代劳动的突出特点,非物质性劳动创造的价值和对社会的贡献越来越大,劳动关系正朝着更加复杂化和多样化的方向发展。

第一,数字化劳动成为新时代劳动的主要形态。随着数字技术在经济中的普遍应用与发展,人类劳动形态因生产力的不断发展和生产关系的调整而不断变化。数字经济给人们的生产方式和生活方式带来巨大变革,人类劳动也因数字经济的影响呈现新的时代特点,数字化劳动逐渐成为新时代劳动的主要形态。在数字化劳动时代,劳动工具、劳动过程、劳动产品、劳动组织形式都打上了数字化的烙印,如劳动过程智能化和无人化,劳动组织形式协同化、网络化、生态化,劳动分工去边界化,劳动场景虚拟化和多维化,等等。

第二,创新性劳动成为新时代劳动的突出特点。在全面建设社会主义现代化和实现中华民族伟大复兴的新征程中,创新是第一动力,是新时代实现经济高质量发展的新理念和新课题,创新性劳动也成为实现创新性发展的必然要义。创新性劳动是指劳动者在劳动过程中运用新的知识和技术、新的工艺和方法、新的劳动组织形式等形成创新性劳动成果的劳动。和常规劳动相比,创新性劳动对知识和科技的要求更多。创新性劳动是对传统劳动的超越和突破,是对经济发展规律、劳动价值规律的深入理解和把握,是人的主体性、能动性、创造性的充分发挥,也是人的潜能的最大化发挥和体现,彰显出人对客观世界认识的深度和广度不断提高。

第三,非物质性劳动创造的价值和对社会的贡献更加突出。随着科学技术的发展和信息技术的广泛应用,人类劳动呈现多样化、多元化的发展趋势,科技劳动、服务性劳动、管理劳动、休闲劳动、消费劳动等各类非物质性劳动广泛进入人们的生产和生活场景中，非物质性劳动创造的价值尤其是精神劳动所创造的精神文化价值深受人们的推崇。因此，在新时代要高度重视劳动特点和劳动形态的新变化给生产和生活带来的新机遇，把非物质性劳动所创造的价值纳入经济社会发展的规划之中，促使第三产业为经济发展做出更大的贡献。

第四，劳动关系朝着复杂化、多样化的方向发展。新时代科学技术的飞速发展所衍生的劳动形态和劳动特征的新变化，导致人类生活与劳动的边界变得模糊，劳动过程中人与自然、人与社会、自然与社会、劳动与资本等各种劳动关系发生了根本变化，基于劳动的自然辩证法、经济辩证法等也发生相应变化，劳方和资方、劳动与消费、劳动与休闲、主体和受众、教师与学生的关系在数字经济的冲击下变得越来越不清晰，劳动的生活化和生活的劳动化成为常态，劳动关系朝着复杂化、多样化的方向发展。

（四）新时代劳动形态变革的主要体现

就像工业革命对农业社会的劳动形态造成的冲击一样，新时代以信息技术为核心的新技术革命也正以前所未有的方式重塑人类社会的劳动形态，使其表现出与传统工业社会迥然不同的特征。

第一，从劳动动机维度看，由被动强制性劳动逐渐转化为体验性劳动。在传统农业社会和工业社会中，劳动者更多是为了满足个体及其家庭成员生存和发展的需要而不得不参加劳动。在这种情况下，劳动一般是被动的和强制性的，而不是积极主动的，有时还要冒着生命危险，但为了达到生存目的，劳动者必须要在规定的时间，必须忍受身体上的、精神上的痛苦或折磨去完成某种工作任务。对绝大多数劳动者来说，这种劳动并不是一个让人感到身心愉悦的过程。对于这样一种工种状态，马克思指出："外在的劳动，人在其中使自己外化的劳动，是一种自我牺牲、自我折磨的劳动。"[1]

随着信息化的发展，云计算、大数据、物联网、人工智能等技术广泛应用于现代生产过程中。尤其是人工智能的广泛应用，一方面降低了生产劳动对人的体力的要求，使劳动者从传统枯燥乏味的劳动中解放出来，能够选择适合自己的更加舒适自由和体面的劳动方式；另一方面，智能化的设备和良好的人机交互模式使得劳动强度得以减轻，劳动变得更加轻松，人与机器有了更多拟人化的交流，人们劳动的自由度不断增加，在从事劳动的过程中也几乎不再感受到强迫性劳动带来的束缚

---

[1] 马克思.1844年经济学哲学手稿[M].北京:人民出版社,2000:55.

感、疲劳感和挫败感,更多是体验和享受劳动过程本身带来的乐趣。

第二,从劳动内容维度看,由简单重复性劳动转向复杂创造性劳动。在人类社会的早期以及工业化社会的初期,简单、机械、重复是劳动的显著特征,并且这些特征随着机器大工业生产被无限扩大。以流水线为标志的工业化生产流程又进一步提高了劳动生产效率,劳动者则变成了流水线上的附属品,在流水线上从事单调和重复的劳动。随着信息化和科技革命的推进,生产过程中大量耗费体力以及机械性、重复性的劳动如电焊、喷漆、搬运等体力劳动已经逐步被机器人、机械手所代替。体力型、重复性劳动岗位正在被智能机器人所取代,而以知识和信息的生产为标志的"知识型员工"成为新时代劳动的主力军,他们主要从事科学研究、规划设计、技术研发等各类复杂性和创造性劳动。信息的生产、搜集、存储、传发、定位等各类与数字和信息技术相关的创造性劳动成为新时代人类社会重要的劳动形态。

第三,从劳动主体维度看,由专业化劳动转向多业化劳动。专业化劳动是机器大工业时代的产物,在资本主义机器大工业时代,为提高劳动生产效率,管理者会根据生产流程的需要把劳动分为若干步骤和环节,让每个劳动者从事某一特定岗位或完成某一特定工作,导致劳动者的专业化程度越来越高。随着信息技术的推广应用,劳动分工的去边界化极大减少了劳动的专业化分工,更多的机械化作业被人工智能所代替,这使得传统的专业化劳动者有了更多的职业选择空间和机会,一些劳动者身兼数职成为普遍现象。如教师既可以从事教育工作,也可以成为企业顾问,还可以兼职从事培训、艺术创作、网络写作等工作。自由职业者的大量涌现体现了新时代科技革命背景下劳动的多业化发展态势。

第四,从劳动目的维度看,由追求存在性劳动转向追求意义性劳动。马克思主义的唯物史观表明,全部人类存在的第一个前提是人类作为生物性存在,为维持其本身生理的存在,需要吃、穿、住、行等物质生产资料,因此,人类必须借助劳动与自然界发生关系并从自然界中获取人类生存所必需的物质资料。可以说,无论时代如何发展,人类劳动的物质性是维持人类生存和人类社会发展的重要基础。随着中国特色社会主义进入新时代,我国社会生产力获得了快速发展,社会物质财富获得了极大丰富,人们对于劳动越来越多地从追求物质需要的满足转向追求精神需要的满足。伴随着劳动的自由度和劳动的选择空间不断扩展,劳动的价值性体验、意义性体验成为劳动者的新需要,人们在劳动过程中更多地追求获得感、幸福感、满足感等价值性体验,意义性、体验性劳动成为新时代劳动者的价值目标。

第五,从劳动的外在形态维度看,由以物质劳动为主转向物质劳动与非物质劳动共存。随着信息技术在生产领域的广泛应用,人类劳动的形式朝着更加多样化的方向发展,尤其是非物质劳动越来越成为当前社会劳动的主流形态。首先,社会生产力的极大发展使得人们的物质生活需要得到充分满足,人们开始重视精神生活、情感生活、心理生活等非物质需求,非物质劳动的产生与人类对精神生活、精神文化产品的需求有着紧密的关联;其次,非物质劳动作为信息化时代劳动的主要形态催生出如数字传媒、网络游戏等新兴行业,这些新兴行业在创造丰富的精神文化产品的同时也极大地满足了人们多方面的精神需求,在一定程度上讲,非物质劳动和物质劳动作为新时代劳动的两种主要形态一起为社会发展创造出大量的物质财富和精神财富,同样为新时代生产力的发展做出重大贡献;再次,非物质劳动的诞生使人类劳动有了很多的选择自由,人类能够在非物质劳动中获得更多的自由和解放,这在一定程度上促进社会了进步和人的全面发展。

新时代劳动形态的变革符合马克思主义唯物史观的基本要求,体现了生产力的发展和劳动工具的改革创新内在统一的发展趋势,反映了生产力和生产关系发展的内在规律,劳动形态的变革成为推动时代不断发展进步的根本力量。

二、新时代劳动教育的概念、内涵及特点

(一)什么是劳动教育

从我国教育发展史和相关的历史文献来看,劳动教育并不是一个独立的概念,而是植根于农耕时代的耕作技术、传统手工艺传承与人才培养的融合概念。进入近代以来,劳动教育又通常与劳动技术教育、职业技术教育融合在一起。在欧洲,劳动教育起始于文艺复兴时期,原本也只是为了职业训练而产生,但随着时代发展,人们渐渐发现劳动教育的作用不仅仅是提升了劳动者的职业技术水平,更能锻炼人的感官和智力,使人体的各方面机能获得全面发展。因此,劳动教育渐渐从传统的劳动中和单纯的职业技术教育中分离开来,成为学校教育内容的重要组成部分。到底如何界定劳动教育的概念呢?下面主要从劳动与劳动教育的关系、劳动教育与劳动技术教育的关系、劳动教育与德育的关系、教育与生产劳动结合的关系中来理解和澄清劳动教育的概念。

(1)从劳动与劳动教育的关系中来理解劳动教育

教育起源于劳动,在原始社会,教育是人类在劳动中所进行的生产经验和生活经验的传递和习得过程,因此,人类早期的劳动和劳动教育是分不开的。随着人类社会的发展,个体生产和手工劳动开始从劳动中分离出来,人类开始有意识地进行生产经验的积累和劳动技术的传播。早期人类传播生产经验和劳动技术的主要方

式是依靠口耳相传和身体示范,于是产生了人类教育即非正规化教育的萌芽。在这一时期教育和劳动仍然是混在一起的,劳动和劳动教育的关系还混沌不清。

工业革命以来,独立的学校教育逐渐从劳动中分离出来,学校教育制度得以不断完善和快速发展。当传统的个体生产被机器生产所取代,机器大工业要求劳动者必须具备一定的科学文化知识,必须掌握一定的现代生产技术,传统的教育方式已经无法满足机器大工业对人才素质的多方面需求。这一时期马克思主义关于教育与生产劳动相结合的思想不仅是提高社会生产的一种方式,也是促进人的全面发展的唯一方式,开启了近代资本主义劳动教育的先河,劳动教育的概念也应运而生。不久在资本主义国家出现"双元制"的教育模式,即一方面进行文化知识的学习,一方面进行劳动技术培训,劳动技术培训也顺势成为劳动教育在职业技术领域的延展。

新中国成立后,教育与生产劳动相结合成为我国的教育方针并在教育实践中得以贯彻执行,但另一方面,对劳动、劳动教育概念的理解存在诸多争议和误解,一些错误的认知还给我国的教育和人才培养造成一定的损失。对劳动和劳动教育的误解主要表现在以下几个方面:

一是将参加一定的生产劳动等同于劳动教育。在劳动教育过程中,用简单的劳动来代替劳动教育,突出学生的劳动力身份和价值,劳动教育缺乏教育性的设计,劳动的教育属性和育人价值没有充分体现,未能将学生的人格发展和劳动素养的全面提升纳入劳动教育的规划之中,劳动教育的生长性逻辑和促进人的全面发展逻辑无从实现。

二是将劳动资源等同于劳动教育的资源。在具体的劳动教育实践中,多数学校把开发劳动场地资源作为劳动教育资源的开发利用,劳动教育也紧紧围绕着参加一定的生产性劳动和社会服务性劳动,把取得一定的劳动成果作为评价劳动教育的成效。而劳动教育资源是非常广泛和多样化的,凡是能够提高学生劳动素养、培养学生劳动习惯和劳动品格、提升学生劳动能力、有助于学生全面发展的教育力量都应视为劳动教育资源,如劳模故事、劳动精神、工匠精神、劳动文化等。

三是用劳动的成果来取代劳动教育的成果。在劳动教育过程中,往往看重学生劳动的物化成果,而忽视了学生在劳动过程中的情感体验、存在性体验和价值体验。劳动教育注重的是对学生进行劳动价值观的引领和劳动精神的培育,重视的是学生在劳动过程中的获得感、成就感、意义感,因此,应将劳动教育的价值性、精神性纳入学生劳动教育评价体系,失去价值引领和精神培育的劳动教育在实效性方面势必不尽如人意。

因此,准确把握劳动和劳动教育的关系,厘清劳动与劳动教育的根本区别,对于科学理解劳动教育和正确推进劳动教育具有重要意义。

(2) 从劳动教育与劳动技术教育的关系中来理解劳动教育

劳动技术教育是特定历史时期的产物,与资本主义机器大工业的发展相伴而生。具备一定的科学文化素养和专业技术能力是劳动者适应机器大工业时代的必然条件,在这一时代背景下,劳动技术教育作为劳动教育的一个发展形态受到高度重视。马克思高度重视对工人进行理论和实践结合的工艺教育和科学技术教育,并且指出教育与生产劳动相结合是资本主义发展和实现人的全面发展的必然产物。十月革命胜利后,列宁坚持马克思主义的教育与生产劳动相结合的思想,高度重视并实施以电气化为主要内容的综合技术教育。新中国成立后,中国共产党把教育与生产劳动相结合作为党的教育方针,同时,教育与生产劳动相结合也是社会主义教育的重要特征。改革开放以来,基于大力发展社会主义生产力和培养社会主义建设者的现实需要,在继承和发展我国优良的劳动教育传统和历史经验的基础上,我国大力实施劳动技术教育,劳动技术教育作为劳动教育的代名词成为这一时期的特有现象。从劳动教育的发展历史可以看出,劳动教育技术是劳动教育在特定历史阶段的表现形式,劳动技术教育是对学生进行一定的劳动生产知识和劳动技能的教育,旨在使其形成正确的劳动观念、劳动习惯和劳动态度。根据《中国百科大辞典》的解释,劳动技术教育是全面发展教育的组成部分之一,由劳动教育和技术教育两部分组成。其中,劳动教育是以劳动实践为主,结合进行思想教育;技术教育是使学生掌握一定的生产知识及技能和劳动技能。劳动技术教育的实施有利于培养学生的劳动观点、劳动技能和劳动习惯,为普通教育和职业教育打下基础。[1] 可以说,在一定时期劳动技术教育与劳动教育是同一概念的不同表现形式。

(3) 从劳动教育与德育的关系中来理解劳动教育

劳动教育与德育之间既相互区别,又具有内在的关联性。从新时代劳动教育的内容和基本要求来看,新时代劳动教育应以马克思主义劳动观为指导思想,以培养学生正确的劳动价值观为根本目标,通过一定的劳动知识和劳动技能教育,培养学生诚实劳动、辛勤劳动、热爱劳动的态度和习惯,养成勤俭节约、开拓进取、吃苦耐劳的劳动品格,树立劳动光荣、劳动崇高、劳动伟大的价值观。由此不难看出,新

---

[1]《中国百科大辞典》编委会. 中国百科大辞典[M]. 北京:华夏出版社,1990:460.

时代的劳动教育是德育的组成部分。德育的实际内容范围则广泛得多,如思想教育、政治教育、道德教育和法制教育等,是教育者根据社会发展的需要和学生自身的身心发展规律,有目的、有计划、有组织地对学生进行思想、道德、法制等教育活动。德育过程是对学生知、情、意、行的培养和提高过程,这一过程可以借助劳动和劳动教育来促进。劳动教育和德育在其内容和要求方面虽然有一定的交叉重合,但二者各有其自身的规律和本质要求,尤其劳动教育作为独立的教育形态,有其自身的独特要求,因此既不能用德育代替劳动教育,也不能用劳动教育简单地代替德育。

(4) 从教育与生产劳动结合的关系中来理解劳动教育

教育与生产劳动的结合是机器大工业时代马克思提出的教育理论。针对机器大工业对工人生产知识和现代技术水平的要求不断提高这一问题,马克思提出让工人的子女接受熟悉有关工艺和各类生产工具的教育,使既有理论又有实践的工艺教育实现充分结合,以培养适应机器大工业时代全面发展的人。列宁继承了马克思主义关于教育与生产劳动相结合的思想,提出让全体儿童接受免费的义务教育和综合技术教育。新中国成立后,教育与生产劳动相结合成为党和国家的教育方针,对我国社会主义事业的发展起到了积极的推动作用。

尤其是中国特色社会主义进入新时代,党和国家高度重视劳动教育的地位和作用,提出构建德智体美劳"五育并举"的人才培养体系。这一提法将劳动教育与德智体美"四育"置于同一逻辑层次。从马克思主义教育与生产劳动相结合的本质要求来看,劳动教育是德智体美"四育"之外的事物,教育与生产劳动的结合实际是德智体美"四育"与劳动教育的结合,劳动教育中蕴含着德智体美的内容要求,德智体美是劳动教育的实践形态。

随着生产力的发展和现代科学技术水平的提高,教育与生产劳动的结合在内容、形式方面应该与时俱进,要顺应历史发展的趋势不断进行动态调整。在新时代,教育与生产劳动相结合的思想给劳动教育的启示在于:劳动教育应在坚持马克思主义教育与生产劳动相结合这一精神实质的前提下,根据劳动的形态和教育的形态的根本性变化,深入理解和科学把握劳动教育的内容与形式,全面贯彻落实德智体美劳全面发展的教育方针。

综上所述,劳动教育作为一种独立的教育形态经历了由低级到高级、由简单到复杂的发展变化过程,随着时代的发展变化,劳动教育的内涵和外延也不尽相同。新时代的劳动教育应是基于历史唯物主义的视角,在马克思主义劳动观的指导下,以劳动或各类实践活动为载体,以培养正确的劳动价值观为目标,以培养学生具备一定的劳动知识、劳动技能、劳动能力和提高学生的劳动素养为主要内容,以促进学生的全面发展为终极目标,促使学生养成正确的劳动态度和劳动习惯的一项教育活动。劳动教育包括学校劳动教育、家庭劳动教育和社会劳动教育。学校劳动教育作为一种教育形态和人才培养方式,与家庭劳动教育和社会劳动教育相比,是更具科学化、规范化、系统化的教育体系,在培养社会主义劳动者方面具有无可比拟的优势。

（二）新时代劳动教育的内涵

新时代是科学理解和把握新时代劳动教育内涵的关键词。研究新时代劳动教育的内涵要紧紧抓住当前的时代背景,深入理解新时代社会经济发展状况,围绕新时代学校教育的特点开展研究。新时代劳动教育作为一种教育活动,应把培养学生正确的劳动价值观作为核心要义,以养成必备的劳动素养作为基本内容和要求,把隐性劳动教育作为重要内容,正确处理劳动教育与自由教育、休闲教育、消费教育等的辩证关系,不断拓展劳动教育的新内涵。

第一,新时代劳动教育要把树立正确的劳动价值观作为劳动教育的基本目标和核心要义。正确的劳动价值观教育是劳动教育的核心,也是开展劳动教育的逻辑基点。当前学生中存在的不会劳动、不愿劳动和不珍惜劳动成果的现象归根结底是劳动价值观出了问题,社会上对明星、网红等的狂热追逐也体现了社会劳动价值观的迷失,劳动教育要把尊重劳动和劳动者、热爱劳动、诚实劳动、辛苦劳动等劳动价值观教育作为重点内容,引导学生拒斥"好逸恶劳""不劳而获""一夜暴富""违法敛财"等错误的价值观,自觉抵御躺平、内卷、佛系等不良社会思潮的侵袭,要让学生懂得劳动是实现个体价值、获得个体尊严、创造美好生活的最有效途径,坚信劳动人民是社会主义国家的主人,自觉做合格的社会主义劳动者。

第二,新时代劳动教育要把培养适应未来社会发展所必备的劳动素养作为劳动教育的基本内容和要求。要想适应世界百年未有之大变局和实现中华民族伟大复兴,新时代的劳动者必须具备相应的劳动素养,因此新时代劳动教育应对学生进行一定的劳动知识和劳动技能培养,促使学生掌握科学的劳动方法,具备吃苦耐劳、勤俭节约的劳动品格,形成积极向上的劳动态度,养成热爱劳动的劳动习惯,成为"自食其力"和有尊严、有教养的劳动者,促进学生德智体美劳全面发展,最终成为合格的社会主义建设者和接班人。

第三,新时代劳动教育要把隐性劳动教育作为劳动教育的重要组成部分纳入劳动教育规划之中。在实施劳动教育过程中,学校劳动教育往往体现在学校的人才培养方案和具体的教学规划及课程安排之中,劳动教育作为以劳动为基本面向和以培养基本的劳动素养为目标的教育,应该是所有教育都应关注的问题,也就是说,德、智、体、美各育都要通过劳动教育才能实现其育人目标。正如学者赵蒙成所说:"隐性劳动教育就是劳动教育的主体部分,在其他各育中潜移默化地实施……劳动应是全部教育的基本面向与基本成分,培养学生的劳动素养应成为教育的根本任务。"[①]因此,只有将隐性劳动教育、间接劳动教育有机融入其他各育之中,劳动教育的意义和价值才能真正体现。

第四,新时代劳动教育应把处理好几个辩证关系作为劳动教育的未来发展路向。随着时代的发展变化,尤其是信息技术和现代科学技术广泛运用于生产劳动和各类劳动之中,劳动形态和劳动关系越来越多样化和复杂化,因此,新时代劳动教育应对劳动形态和劳动关系的发展变化给予高度关注,把数字劳动、自由劳动、休闲劳动、消费劳动等纳入劳动教育应思考的范畴和关系之中。"需要把尊重自然的生态教育、改造自然的劳动教育和坚持话语民主的对话教育结合起来,实现生态理性、工具理性和交往理性的辩证统一"[②],要在劳动教育与自由教育、劳动教育与休闲教育、劳动教育与消费教育、劳动教育与自由对话教育、劳动教育与生态教育的辩证统一中科学把握劳动教育与时俱进的特点和时代内涵,有针对性地设置劳动教育的目标与内容。

第五,新时代劳动教育应根据劳动形态的发展变化不断拓展其新内涵。随着科技的发展进步,劳动形态发生了很大变化,以脑力劳动为主的科技创新性劳动、服务性劳动、复合劳动等新型劳动形态的比重不断增加,对生产力的发展和社会进步的贡献也空前增加。因此,新时代的劳动教育应对劳动形态的发展变化予以适当关照,提高劳动教育的前瞻性,特别要重视劳动中的知识含量和科技含量,把创新性劳动素质的培养置于劳动教育的突出地位,不断提高学生的知识创新能力,培养学生勇于创新的劳动品格。

(三)新时代劳动教育的基本特征

劳动教育是社会主义教育的重要内容,具有自身的特点和规律性。在实践中,劳动教育常常表现如下基本特征:

[①] 赵蒙成.劳动教育为何重要——基于实践哲学的考察[J].湖南师范大学教育科学学报,2022(5):106.
[②] 肖绍明,扈中平.新时代劳动教育何以必要和可能[J].教育研究,2019(8):47.

一是劳动教育具有普遍教育的属性和特征。劳动教育是党和国家对教育的新要求和社会主义教育的重要内容,社会主义教育的目的是培养德智体美劳全面发展的社会主义建设者和接班人,劳动教育作为教育的一种独立形态同样担负着培养社会主义建设者和接班人的使命,而劳动素质作为人才素质结构的重要组成部分需要借助劳动教育来培养。因此,从劳动教育的使命和职责来看,教育性是劳动教育的最基本属性。从劳动教育的实施方式来看,劳动是教育的实践路径,教育才是劳动的根本追求,"凡是个体通过劳动这样一种途径获得了教育,实现了个人综合素质的提升,这样一种教育实践即可称为劳动教育"[①]。由此可见,劳动教育的育人性比较突出。从劳动教育的目标来看,劳动教育传授学生劳动知识和劳动技能,培养学生劳动意识和劳动习惯,提升学生劳动能力,帮助学生形成热爱劳动、辛勤劳动、诚实劳动、创造性劳动的劳动价值观。可见,劳动教育的目标本身就凸显其育人的特点和功能。

依据上述分析不难看出,劳动教育的使命与职责、劳动教育的实施路径、劳动教育的目标蕴含了基础教育、职业教育、高等教育普遍教育追求。因此,劳动教育不仅是中小学的事情,以培养职业技能为主要任务的职业教育更加不能脱离劳动教育,高等教育同样需要劳动教育,劳动教育的普遍教育属性是各学段开展劳动教育的逻辑主线。

二是劳动教育具有价值性教育特征。新时代劳动教育不仅要培养学生基本的劳动素养,更重要的是通过劳动帮助学生树立正确的劳动价值观,实现人的生命力的自我确证,获得人生存在和发展的意义感和价值感,在劳动中追求幸福感和快乐,以达到丰富个体的精神、充盈人的生命的价值目标。德智体美劳"五育并举"的提出,使劳动教育以劳树德、以劳增智、以劳强体、以劳育美的价值功能更加彰显。可以说,价值观教育是当前学校劳动教育的本质特征,劳动教育应高度重视对学生劳动价值观的培育,坚持用马克思主义劳动价值观引领学生成长成才,帮助学生确立马克思主义劳动观,坚持以人民为中心,积极劳动、尊重劳动、热爱劳动,增强学生的社会责任感、创新精神、开拓进取精神和实践能力,为现实中华民族伟大复兴提供有力人才支撑。

三是劳动教育具有时代性特征。时代性是新时代劳动教育的突出特点,随着社会的快速发展,劳动的形态呈现更加多样化和复杂化的发展趋势。特别是在信

[①]班建武.劳动与劳动教育的关系辨析及其实践意义[J].广西师范大学学报:哲学社会科学版,2021(2):57.

息技术飞速发展的今天,以知识生产、科技创新等脑力消耗为主体的脑力劳动的比重不断增加,创新性劳动、创造性劳动地位愈加重要,劳动的流动性和融合性逐渐增强,对人的智力劳动要求不断增长,劳动生产率也越来越高。因此,劳动教育必须紧跟时代步伐,及时回应新时代劳动形态发展的新变化和新要求,高度重视数字化劳动、创新性和创造性劳动、休闲劳动等教育内容,不断拓展劳动教育的新方向、新思路。唯有如此,才能培养适应时代发展需要的劳动者。

四是劳动教育具有开放性特征。首先,劳动教育的开放性体现在劳动教育在整个教育系统内是相互开放的。在推进大中小学劳动教育一体化建设过程中,劳动教育的教育目标、教育资源、课程建设、师资力量等在不同学段之间相互开放,在教育目标和课程设置上可以相互贯通,在教育资源和师资队伍方面可以相互借鉴和利用。其次,劳动教育的开放性体现在劳动教育在学校、家庭与社会之间是相互开放的。劳动教育单纯依靠学校将孤掌难鸣,只有取得家庭、社会各方面的支持才能实现协同育人的效果。再次,劳动教育作为一个独立的教育形态面向整个学科和所有的专业开放,所有的学科教育和专业教育都能融入劳动教育。在中小学的语文、历史、数学、物理、地理、化学、体育等各个学科都可以开展劳动教育,如语文、历史可以纳入劳动模范和劳动英雄的教育,数学、物理可以注重学生科学的劳动态度和创新精神的培育;职业院校的劳动教育要更加注重职业技能和劳动精神、工匠精神、劳模精神的培育;普通高等学校可以通过专业教育加强对学生的规范意识、效率观念、科学精神和职业精神的培育等。

第三节　劳动教育:新时代落实立德树人根本任务的应有之义

2018年9月10日,习近平总书记在全国教育大会上强调,要"培养德智体美劳全面发展的社会主义建设者和接班人"。在这之后,党和国家出台了一系列有关劳动教育的文件,体现出党和国家对劳动教育的高度重视,彰显了党和国家构建更加全面的教育体系、形成更高水平人才培养体系的坚定决心,也为落实立德树人根本任务和全面推进新时代大中小学劳动教育提供了根本遵循和行动指南。

一、新时代劳动教育的立德树人属性和要求

中华民族自古就以农立国,在中华文明五千多年的漫长历史长河中,农业文明占据了重要地位并对中国历史的发展发挥了突出作用,还形成了耕读传家的优秀传统文化。"耕读传家久,诗书继世长",自古以来,诗书与劳动就是统一和密切相关的。

中国古代知识分子在耕读文化传统中形成了识人伦、明天理、重秩序等治家治学观念，"人生在勤，当以力田为先""人生在勤，勤则不匮"等耕读中形成的勤俭思想理念已经成为中华优秀传统文化的重要组成部分，对后世影响深远。在当今高度工业化、现代化和信息化的现代文明中，克勤克俭等劳动观念依然具有重要的教育价值和时代意义。

新中国成立以来，教育与生产劳动相结合作为党的教育方针一直被坚持。随着中国特色社会主义进入新时代，围绕培养什么人、怎样培养人、为谁培养人三个教育根本问题，党和国家把立德树人作为教育的根本任务，提出构建德智体美劳"五育并举"的育人体系。这一育人理念既蕴含了劳动教育立德树人的育人属性，又凸显了劳动教育作为独立的教育形态在落实立德树人根本任务中的基础性和战略性地位。劳动教育的立德树人属性可以从以下几个方面来理解。

（一）劳动教育自身蕴含着立德树人的基本要求

首先，劳动教育是生存和生活教育。人类必须参加各类生产劳动以满足生存和生活需要的基础条件，劳动是获取生活资料的基本方式，劳动教育可以让人学习到能够满足生存和生活需要的各类劳动技能。其次，劳动教育是实践能力教育。教育是一个人的知识能力不断获得并走向社会化的过程，在这一过程中，拥有正确的劳动价值观和社会实践能力将为适应未来的社会生活奠定基础。劳动教育强调学生将课堂所学的理论知识应用于社会实践，在社会实践中培养劳动品格，锻炼劳动能力，使自身的动手能力和解决实际问题的能力不断提高。再次，劳动教育具有职业启蒙意蕴。劳动教育本身就是与职业、就业密切相关的教育活动，劳动教育在培养学生的劳动知识、劳动技能和提高学生劳动能力的过程中对学生进行职业启蒙，能为学生将来走向社会和工作岗位做好各种储备工作。最后，劳动教育是沟通、协作、对话教育。现代社会的发展使分工越来越细，每个人都是社会分工中的一节链条，这就需要每个人都具有团队意识，在相互协作中完成相应的劳动任务，共同分享劳动成果。劳动教育通过以劳动为载体的教育活动来培养学生对话、沟通、交流的意识，加强相互间的协作，最终形成团队精神。

（二）劳动教育是立德树人的重要内容和必然逻辑

立德树人作为教育的根本任务，落实在教育目标中就是培养德智体美劳全面发展的社会主义建设者和接班人。在培养社会主义建设者和接班人这一过程中，劳动教育究竟要发挥怎样的作用？劳动教育必须与德智体美实现充分的结合，也就是说,在德智体美各育中充分融入劳动教育。一是在德育中融入劳动教育,发挥以劳树德的作用,就是加强对学生的劳动道德教育,培养学生尊重劳动、热爱劳动和劳动者的情怀,养成辛勤劳动、诚实劳动、创造性劳动的劳动意识,以及吃苦耐劳、坚忍不拔、开拓进取的劳动品质;二是在智育中融入劳动教育,发挥以劳增智的功能,就是在劳动中注重科学知识、劳动技能和劳动能力的培养和教育,充分发挥劳动中手脑并用在理论知识习得和实践检验中的优势,教育学生积极追求真理、体验真理之美并把所学知识用于社会实践之中;三是在体育中融入劳动教育,发挥以劳强体之功效,就是要加强劳动锻炼,通过劳动强健骨骼,培育体育竞技精神和百折不挠的品格;四是在美育中融入劳动教育,发挥以劳育美的价值,就是引导学生在劳动中发现美、体验美、创造美,并按照美的规律来构造自己。可以说,劳动教育具有综合育人的作用和功效,德智体美各育离开劳动教育必将孤掌难鸣,其本身的价值也将很难实现。

(三)劳动教育是个体德性发展的载体和基本途径

德性是个体在长期的社会实践中形成的有利于社会稳定的行为规则和向善的心理品质,德性的形成符合人类生存和发展需求的理性认识,是人类文明进步的标志。亚里士多德曾经这样理解德性:"人的善就是灵魂合乎德性的实现活动,如果有不止一种的德性,就是合乎那种最好、最完善的德性的实现活动。"[1]德性作为一种心理品质,是道德的价值载体,而作为实践哲学的德性的形成与劳动教育在本质上是一致的。因此,从促进个体德性完善的视角上讲,劳动教育需要自觉遵循个体道德形成和发展的规律,使个体在实践中切实感受到因德性存在使事物向好的方向发展,并促使事物的最终结果完成得更好。劳动教育的价值旨归在于使"人"真正"成人",其意义在于在劳动实践中体验德性的重要性,并能够身体力行地践行符合德性的行为规则,即通过劳动教育活动体验德性,感受德性,发展自身的德性,并把德性内化为自己的心理品质。

二、立德树人视域下劳动教育的功能

在立德树人视域下来讨论劳动教育的功能,必须把劳动教育置于党和国家关于人才培养这一根本问题之中进行思考和分析,围绕培养什么人、怎样培养人、为谁培养人三个教育根本问题,新时代劳动教育应给予积极和有效地回应。具体来讲,就是从劳动教育在筑梦圆梦、价值引领、实践育人、文化育人等方面的功效进行

---

[1] 亚里士多德.尼各马可伦理学[M].廖申白,译注.北京:商务印书馆,2003:20.

探析。

（一）劳动教育具有筑梦圆梦之功效

劳动教育是实现劳动者个体梦想和中国梦的必由之路。习近平总书记曾经说过："有梦想，有机会，有奋斗，一切美好的东西都能够创造出来。"劳动教育是思想政治教育的重要内容，同时也是思想政治教育的载体和途径。思想政治教育的本质在于引导学生树立马克思主义、共产主义和中国特色社会主义理想信念。劳动教育通过马克思主义、共产主义劳动观的教育，促使学生自觉坚定马克思主义理想信念，懂得劳动的本质及劳动创造的意义，并为实现共产主义理想而奋斗。劳动教育通过中国特色社会主义劳动观的教育，让学生明大德、守公德、严私德，引导学生在青年时代确立崇高的人生理想，明白人生的一切美好梦想都要靠奋斗来实现，生活中的一切幸福都要靠劳动来创造，只有脚踏实地、持之以恒的辛勤劳动和艰苦卓绝的劳动磨练，梦想才能成真。同时，每个人的个人梦想都是与国家梦想密不可分的，实现中华民族伟大复兴也是每个人的梦想，劳动教育要把个人梦想融入实现中华民族伟大复兴的中国梦之中，激励学生刻苦学习，加强劳动实践，不断超越自我，成为实现中华民族伟大复兴的坚强力量。

（二）劳动教育具有价值引领之功效

劳动教育有助于提高学生对马克思主义劳动价值观的认知，形成对社会主义核心价值观的自觉体认，从而树立正确的世界观、人生观和价值观。价值观是隐含在人的内心深处的价值信念，价值观决定了学生未来发展的价值取向，需要学生通过劳动实践践行并通过劳动实践转化为自觉行动。劳动教育以培养正确的劳动价值观为核心目标，教育引导学生牢固树立"劳动最光荣、劳动最崇高、劳动最伟大、劳动最美丽"的观念。正确的劳动价值观还有助于学生正确认识劳动，积极参与劳动，在劳动中切身体会幸福生活需要劳动来创造，立志做新时代爱劳动、会劳动、能劳动的时代好青年。在新时代，部分学生贪图享乐，追求安逸躺平的生活，幻想一夜暴富、一夜成名，这些都是劳动价值观错位和迷失的表现，其根本原因在于劳动教育的缺位和弱化。在学者徐海娇看来，"在消费主义的裹挟下，劳动被异化为消费的手段，劳动的创造价值被淡漠。消费社会的价值理念正深深扎根于教育关系之中。"[①]因此，劳动教育需要科学地设计目标、内容和具体方法，要让学生在马克思主义劳动观指导下、在劳动实践中自觉坚定正确理想信念和价值导向，唯有

[①] 莫利.高等教育的质量与权力[M]//徐海娇.危机与重构：劳动教育价值研究.长春：东北师范大学，2020:3.

如此,他们才能为中国特色社会主义建设贡献青春力量。

（三）劳动教育具有实践育人之功效

劳动是联结课堂和社会的桥梁和纽带,让学生参加一定的劳动实践,将理论和实践结合起来,不仅能够帮助他们检验课堂所学知识的正确性,而且能够把书本知识转化内在体认和实际行动,促使学生在劳动实践中体会劳动的快乐和意义,发现生命的真谛和价值,实现劳动的自由自觉。正如卢晓东教授所说:"劳动本身就是面向'事实'去'求是'的实知、实做,人工智能时代,这种'实'的要求显得更加重要,它是年轻一代摆脱'幻象'回归'真实'的重要指引。"[1]在新时代,要想大力调整产业结构,加快推动高新科技进步,实现经济高质量发展,以劳动托起中国梦,需要我们更加"务实",要让"诚实劳动""真抓实干""讲求实效"成为每个劳动者必备的劳动素养。立德树人的育人目标意味着学生必须具备积极的劳动态度和健康的心理品质,而积极的劳动态度和健康的心理品质的形成不能囿于课堂教学和书本之中,必须鼓励学生参加劳动实践,加强劳动教育。劳动教育能够为学生提供更加真实的工作场景,形成与课堂教学完全不同的学习和成长氛围,让学生在实践中体验劳动价值,在实践中展现个体风采,在实践中养成优良劳动品格,在实践中学会分析问题和解决问题。正如黑格尔所说:"通过劳动的实践教育首先在于使做事的需要和一般的勤劳习惯自然地产生;其次,在于限制人的活动,即一方面使其活动适应物质的性质,另一方面,而且是主要的,使其能适应别人的任性;最后,在于通过这种训练而产生客观活动的习惯和普遍有效的技能的习惯。"[2]

（四）劳动教育具有文化育人之功效

一个人的劳动价值观的形成是各种社会环境共同作用的结果,社会环境的熏陶和感染是无形的教育力量,劳动教育不能忽视环境育人和以文化人的作用和功效。劳动教育只有贴近学生、贴近生活、贴近实际,才能发挥潜在的育人作用。在马克思看来:"人创造环境,同样,环境也创造人。"[3]劳动教育发挥文化育人的功效主要借助以下几种力量:一是劳动教育需要借助各类媒体机构进行宣传教育,如借助数字化时代新媒体、自媒体快捷有效的传播特点宣传劳动模范、大国工匠、劳动英雄等的先进事迹,潜移默化地影响和教育学生,营造学习和效仿劳动模范和劳动

---

[1] 卢晓东.劳动,在人工智能时代意味着什么?[J].中国高等教育,2018(21):8.
[2] 黑格尔.法哲学原理[M].范扬,张企泰,译.北京:商务印书馆,1979:209.
[3] 中共中央马克思恩格斯列宁斯大林著作编译局.马克思恩格斯选集:第1卷[M].北京:人民出版社,1995:92.

英雄的氛围;二是劳动教育需要营造良好的育人氛围,如在全社会营造尊重劳动和劳动者、热爱劳动的文化氛围,倡导劳动光荣、劳动崇高、劳动伟大的价值导向,尤其在一些重大政治活动和节日活动中,要体现广大普通劳动者在劳动中成就自我、展现风采、实现人生价值的文化氛围,展现广大普通劳动者的价值和担当,让学生懂得劳动光荣、平凡伟大的意义;三是学校教育要多角度、多层面渗透劳动光荣、劳动崇高、劳动伟大的精神,尤其要大力宣传校园里一些贴近学生如身残志坚、勤工俭学、刻苦努力等励志性的典型事迹,让丰富多彩的校园文化成为传播劳动精神的主阵地,成为有效进行劳动教育的载体。

本章结语:本章从立德、树人、立德树人、劳动、劳动形态、劳动教育等概念入手,对这些概念的厘清和界定是开展劳动教育的逻辑基础,也是开展劳动教育的基石和前提。把立德树人与劳动教育作为研究的两个不同的观察点,将劳动价值观的培育作为贯穿相关研究的逻辑主线,为进一步研究立德树人与劳动教育的关系定了基调,明确了方向,提供了范式。具体来讲,立德树人为新时代劳动教育的理论研究和实践指明了方向和具体思路。劳动教育作为独立的教育形态和新时代人才培养体系的重要组成部分,劳动教育的内在育人目标和要求决定了它是落实立德树人任务的必然要义和实践路径,基于对概念的阐释和相关关系的理解,将为后续劳动教育的理论研究和实践探索提供价值指向和具体方法。

第二章 立德树人视域下新时代劳动教育的思想资源与理论借鉴

劳动教育作为落实立德树人根本任务的重要途径，新时代开展劳动教育必须以科学的理论做指导，需要加强对经典马克思主义劳动观的理论研究，还要加强对早期空想社会主义思想家们的思想研究。空想社会主义思想家的劳动教育思想是马克思主义劳动教育观形成的理论源泉，列宁及苏联教育家们的劳动教育思想则是马克思主义劳动教育观在社会主义国家的实践、继承、创新和发展。空想社会主义思想家的劳动教育思想、马克思主义的劳动观及劳动教育思想、列宁及苏联教育家们的劳动教育思想为中国共产党劳动教育思想的形成与发展奠定了思想理论基础，也为新时代开展劳动教育理论研究提供了思想借鉴和丰富理论资源。

第一节 空想社会主义思想家的劳动教育思想

在世界社会主义 500 年的发展史上，空想社会主义思想家们为人类留下丰厚的思想遗产，对后人产生了巨大影响，尤其是他们的劳动教育思想是留给后人的宝贵的精神财富。空想社会主义思想家们的劳动教育思想的产生与发展主要分为两个阶段，第一个阶段是以托马斯·莫尔和托马斯·康帕内拉为代表的早期空想社会主义思想家们的劳动教育思想，第二阶段是以圣西门、傅立叶、欧文为代表的近代空想社会主义思想家的劳动教育思想，他们的劳动教育思想无论是对世界社会主义的发展，还是对人的发展都产生重大影响和做出重大理论贡献，并且奠定了后世开展劳动教育研究的逻辑基础。

托马斯·莫尔是空想社会主义的开拓者，也是世界上第一个为社会主义献身的空想社会主义思想家。托马斯·莫尔的代表著作是《乌托邦》。乌托邦为人类社会构建了一个没有剥削和压迫、人人平等的美好社会，在这个社会中，劳动是每个人应尽的义务，乌托邦人各尽所能，按需分配劳动产品。乌托邦的宪法规定："在公共需要不受损害的范围内，所有公民应该除了从事体力劳动之外，还应该有充裕的时间进行精神上的自由追求与开拓,这才是人生的快乐。"①莫尔在《乌托邦》一书中指出,乌托邦人的生活只有两件事,一是从事生产劳动,二是从事文化教育事业和科学研究,"所有公民不分男女,除了参加体力劳动之外,剩余时间都要一辈子花在学习上"②。乌托邦人只需要参加一定时间的体力劳动,体力劳动之外则从事智力探讨、科学研究和技艺发明等活动,并且在体力劳动和脑力劳动之间可以实现自由切换,这对消除体力劳动和脑力劳动的对立具有重要意义。此外,莫尔还重视对儿童的劳动教育,他认为儿童应该接受正规的学校教育,并且要把学校教育和家庭教育结合起来,他们在接受理论知识教育的同时可以到附近农庄从事实际操作,进行劳动实践锻炼。由此可见,莫尔较早地把实现体力劳动和脑力劳动的合理搭配以及教育与生产劳动的结合视为未来理想社会教育的典型特征,开启了对人类美好劳动生活的探索。他的这些思想在物欲横流的资本主义社会无疑具有积极的意义。

托马斯·康帕内拉是意大利著名的思想家和空想社会主义的代表人物,他的代表作是《太阳城》。太阳城为人类描绘了一个没有剥削、人人平等、人人劳动、幸福美好的理想社会。康帕内拉高度重视劳动教育,提出凡是太阳城的公民要人人劳动、共同劳动和劳动光荣的思想。在太阳城,劳动是光荣和受人尊重的事情。"劳动是一种必要,也是一处必需。即便身体上有缺陷的人,他们也有劳动的义务和需要,跛子可以充当看守员,因为他还有视觉,瞎子可以用手梳羊毛、装褥垫和枕头;失去手臂和眼睛的人,可以利用他们的声音和听觉等等来为国家服务。最后,如果是只有一只手或一只脚的人,那就让他到乡下去工作。"③康帕内拉还非常注重体力劳动和脑力劳动的结合,注重必要劳动和闲暇劳动的结合,他要求太阳城的公民除了每天必要的4小时体力劳动之外,"其余的时间都用来愉快地研究各种科学、开座谈会、阅读、讲故事、写信、散步以及从事发展脑力和体力的活动,而且大家都乐意从事这些活动"④。此外,太阳城实现教育与生产劳动的结合,要求所有儿童都要得到平等的养护和教育,尤其7岁以后的儿童,可以一边接受普通教育,一边接受劳动启蒙教育,还可以去作坊和牧场了解生产过程,在劳动中考察儿童的智

---

① 莫尔.乌托邦[M].戴镏龄,译.北京:商务印书馆,1982:60.
② 莫尔.乌托邦[M].戴镏龄,译.北京:商务印书馆,1982:71.
③ 康帕内拉.太阳城[M].陈大维,黎思复,黎廷弼,译.北京:商务印书馆,2011:25.
④ 朱磊.早期空想社会主义劳动教育思想及其当代价值[J].广西师范大学学报:哲学社会科学版,2016(2):164.

慧和志向,重视对儿童的直观教育、游戏教育和劳动教育等。

托马斯·莫尔和托马斯·康帕内拉作为早期空想社会主义的代表,他们都肯定劳动者受教育的权利,并且要求每个人都要参加劳动;他们都普遍反对体力劳动与脑力劳动之间的对立,而是要把体力劳动与脑力劳动充分结合起来,希望每个人都能享受到劳动带来的快乐与体验,从而通过劳动实现人的全面发展。可以说,早期空想社会主义思想家们的劳动教育思想为马克思主义教育与生产劳动相结合思想的诞生奠定了基础,对社会主义国家劳动教育思想的形成与发展也产生了重要影响。

圣西门、傅立叶和欧文是19世纪空想社会主义的杰出代表,他们继承了早期空想社会主义的合理思想,在批判资本主义不合理的和不公正的劳动制度和剥削制度的同时,提出了一系列有关劳动和劳动产品分配的积极思想主张。圣西门提出一切人都应该积极劳动、不劳动者不得食的合理主张;在对待劳动与分配的关系上,圣西门主张各按其能、各按其劳,这实际上就是按劳分配原则的萌芽。

傅立叶提出未来社会劳动的主要形式是自由劳动和协作劳动,应取消雇佣劳动,消灭分工,把劳动作为生活的第一需要,人们可以依据自己的兴趣选择劳动,要把劳动和生活享受统一起来。

欧文提出消灭工农、城乡、体力劳动和脑力劳动的差别,还提出要实现儿童的成长教育与现代生产劳动的紧密结合。欧文的教育与生产劳动相结合的思想主张无论从理论层面还是实践层面在当时都产生了较为深刻的影响。

新和谐公社是欧文开展共产主义实验的实践基地,也是其教育与生产劳动相结合思想的实践场所。新和谐公社不仅为不同年龄段的儿童设立了不同性质的学校,还设有专门的工业学校和农业学校,学校不仅开设了语文、算术、几何等各类文化课,也包括手工、纺织、编制等各类劳动实践课。新和谐公社实行的是公有制与全社会共同劳动相结合的经济制度,在公有制条件下,一方面要保证儿童与青年个性的充分发展,另一方面要促使儿童与青年身体的正常发育。《新道德世界书》是反映欧文教育与生产劳动相结合思想的重要著作,在这本书中,欧文提出知识教育要与实践劳动结合起来引导人的理性发展,要把劳动教育的一般目的与建立新社会的任务结合起来;欧文还主张应该依据合理的社会制度对不同年龄段的人进行分组,让不同年龄段的人都能够接受适宜于他们个性成长的教育,并从事有利于个性全面发展的劳动活动,使他们在德、智、体各方面都获得好的发展。在欧文看来,未来社会的新人,从出生到成熟,都应该生活在优良的道德环境之中,接受合理的教育,并一直参加劳动,成长为理性与道德力量充分发展的人,然后才"使理性的社会制度能够得到实施"①。

总而言之,在欧文看来,必须把理论知识的学习教育、个体的体力和智力的充分发展与社会生产劳动结合起来,这样才能符合人本身成长发展的规律,才能符合社会生产正常发展的客观规律。欧文关于教育与生产劳动相结合的理论与实践探讨对欧美各国的教育制度产生了重大影响,做出了重大理论贡献。马克思对欧文的教育思想给予极高的评价:"正如我们在罗伯特·欧文那里详细看到的那样,从工厂制度中萌发出了未来教育的幼芽,未来教育对所有已满一定年龄的儿童来说,就是生产劳动同智育和体育结合,它不仅是提高社会生产的一种方法,而且是造就全面发展的人的唯一方法。"②恩格斯也高度评价了欧文的教育理论与实践,恩格斯指出:"在欧文看来,大工业已经起着主要的作用,而且认为在家务劳动中也应该应用蒸汽力和机器。但是,无论是在农业还是在工业中,他们两人都要求每个人尽可能多地调换工种,并且要求相应地训练青年从事尽可能全面的技术活动。在他们两人看来,人应当通过全面的实践活动获得全面的发展……"③由此可见,欧文的教育与生产劳动相结合的思想萌芽对马克思和恩格斯的劳动观影响还是很大的。

综观早期空想社会主义思想家及19世纪三大空想社会主义思想家的劳动教育思想,有几个共同的特点值得关注:一是都强调人人都应该参与劳动。空想社会主义思想家把劳动作为促进未来社会发展的一种必须的义务,提出每个人都要学会劳动、提高劳动兴趣、积极参与劳动和热爱劳动等劳动观,体现了劳动对人的发展及人类社会的重要意义,这与马克思关于劳动是人的本质、劳动创造了人和人类社会在本质上是一致的。二是都重视体力劳动与脑力劳动的结合。空想社会主义思想家从不同维度强调体力劳动与脑力劳动相结合的思想主张,体力劳动与脑力劳动的结合是对剥削社会阶级剥削和阶级对立的一种批判,是消除体力劳动与脑力劳动对立的重要思想贡献,体现了人类对自由自觉劳动、创造性劳动等美好生活的向往和追求。体力劳动与脑力劳动的结合奠定了马克思劳动价值论的思想基

---

① 王天一,夏之莲,朱美玉.外国教育史:上册[M].修订本.北京:北京师范大学出版社,1993:368.
② 中共中央马克思恩格斯列宁斯大林著作编译局.马克思恩格斯选集:第2卷[M].北京:人民出版社,1995:212.
③ 中共中央马克思恩格斯列宁斯大林著作编译局.马克思恩格斯选集:第3卷[M].北京:人民出版社,1995:643.

础,为马克思开展对资本主义异化劳动的批判和实现自由自觉地劳动提供重要启示。三是都体现出教育与生产劳动相结合的思想观点。教育与生产劳动的结合是空想社会主义思想家们对未来理想社会劳动形态的美好憧憬,是对剥削制度下保护劳动者受教育权的思想主张,同时也是实现人的理性发展、和谐发展、全面发展的重要手段。可以说,空想社会主义思想家的这一主张无论是对改造剥削和压迫人的旧的社会制度,还是对促进社会生产力的发展、实现人的全面发展,都有积极的意义和价值。

第二节 马克思恩格斯的劳动教育思想及当代启示

马克思主义劳动观以其丰富的思想理论内涵、鲜明的观点、坚定的阶级立场、批判的思维方式揭示了劳动和劳动教育的本质,为人类社会留下宝贵历史文献资料。马克思主义关于劳动和劳动教育的理论为新时代劳动教育研究提供理论指南和价值引领,加强对马克思主义劳动教育观的研究将为新时代劳动教育研究奠定良好的思想基础和资源借鉴基础。

劳动是人的存在方式,是人的本质力量的对象化,也是人类社会赖以生存和发展的前提,但在马克思思想中,劳动赋予人与自然、人与社会、人与人更深层的意义和联系。通过对劳动与人类社会关系揭示,马克思主义劳动观奠定了历史唯物主义的基础,也揭示了剩余价值的秘密和来源。马克思主义的劳动本质观、异化劳动理论和剩余价值理论形成对劳动本质规律的认识,揭示了劳动与人、人类社会和人类历史的关系。可以说,马克思是劳动理论研究的集大成者。

一、马克思恩格斯劳动教育思想的科学内涵

马克思恩格斯劳动观的理论视域广阔,内涵非常丰富。马克思恩格斯以人类社会赖以存在的最基本的生产劳动为逻辑起点,在历史唯物主义视角下,从哲学、经济学、伦理学、教育学等领域出发深刻阐释了劳动对人类生存发展的意义以及对人类历史发展的价值。

(一)劳动创造了人和人类社会

马克思恩格斯以其高超的智慧创造性地提出了劳动是人的本质,劳动创造了人和人类社会。正如恩格斯所说:"劳动是整个人类生活的第一个基本条件,而且达到这样的程度,以致我们在某种意义上不得不说:劳动创造了人本身。"①

首先,劳动是人的本质力量的对象化,是人的本质力量的自我确证。人类从事物质资料生产的劳动是马克思主义唯物史观的逻辑起点,也是人的本质力量对象化的桥梁和实践方式。一方面,自然界作为人的本质力量对象化的首要对象,只有与人的劳动有机结合才能成为人的生产资料和生活资料的来源,只有实现与获取物质生活资料的生产劳动相结合才能满足人的需要,彰显人的主体意识和创造力量,从而确证自身的本质力量。马克思指出:"我们首先应当确定的一切人类生存的第一个前提,也就是一切历史的第一个前提,这个前提是:人们为了能够'创造历史',必须能够生活。但是为了生活,首先就需要吃喝住穿以及其他一些东西,因此,第一个历史活动就是生产满足这些需要的资料,即生产物质生活本身。"②另一方面,当劳动结合了人的体力与智力后,自己的劳动才能成为有意识的生命活动,劳动也因此成为自己的意志和自己意识的对象化。马克思指出:"有意识的生命活动把人同动物的生命活动直接区别开来,正是由于这一点,人才是类存在物。或者说,正因为人是类存在物,他才是有意识的存在物,就是说,他自己的生活对他来说是对象。"③

在劳动过程中,人通过劳动实现自身的对象化和个人本质力量的现实化,在劳动中表现自己的生命式样和生命活动本身。也就是说,人在劳动中实现了自我确证,从而超越动物性和物性存在,人通过劳动成为属人的存在,追求属于人性的幸福。在马克思看来:"全部人类历史的第一个前提无疑是有生命的个人的存在,因此,第一个需要确认的事实就是这些个人的肉体组织以及由此产生的个人对其他自然的关系……可以根据意识、宗教或随便别的什么来区别人和动物。一旦人自己开始生产自己的生活资料,即迈出由他们的肉体组织所决定的这一步的时候,人本身就开始把自己和动物区别开来。人们生产自己的生活资料,同时间接地生产着自己的物质生活本身……个人怎样表现自己的生命,他们自己就是怎样。因此,他们是什么样的,这同他们的生产是一致的——既和他们生产什么一致,又和他们

---

① 中共中央马克思恩格斯列宁斯大林著作编译局.马克思恩格斯文集:第9卷[M].北京:人民出版社,2009:550.
② 中共中央马克思恩格斯列宁斯大林著作编译局.马克思恩格斯文集:第1卷[M].北京:人民出版社,2009:531.
③ 马克思.1844年经济学哲学手稿[M].北京:人民出版社,2000:57.

怎样生产一致。"①

其次,劳动创造了人类社会。社会性是人的本质属性,人在劳动中生产出两种关系,一种是人与自然的关系,另一种是人与人的关系即社会关系,这就是说,劳动不仅创造了人,还因为劳动中人与人的沟通、交往、协作等创造了各种各样的社会关系。马克思指出:"人的本质不是单个人所固有的抽象物,在其现实性上,它是一切社会关系的总和。"②任何人类劳动都必须借助一定的生产方式才能进行,人类生产方式总是同人类共同的活动方式或一定的社会阶段联系在一起,并在劳动中结成这样或那样的关系。马克思又指出:"以一定的方式进行生产活动的一定的个人,发生一定的社会关系和政治关系……但是,这里所说的个人不是他们自己或别人想象中的那种个人,而是现实中的个人,也就是说,这些个人是从事活动的,进行物质生产的,因而是在一定的物质的、不受他们任意支配的界限、前提和条件下活动着的。"③根据马克思的理解,凡是现实中进行的物质生产活动都要在一定的关系中进行,就必然形成各种各样的社会关系。从这个意义上来讲,劳动创造了人类社会。

再次,劳动创造了人类历史。唯物史观是马克思主义的主要理论之一,劳动则是马克思主义中历史唯物主义的核心概念和逻辑起点,正是基于对人类劳动的研究和深刻领悟才促成了历史唯物主义的诞生。可以说,没有劳动价值论就没有唯物史观的产生。在马克思主义的唯物史观中,人类的劳动总是借助一定的生产方式来进行,随着分工的产生和交往的扩大,人类普遍交往开始建立起来,人类劳动的地域性限制逐渐被超越和突破,世界历史性的存在逐渐代替地域性的个人存在。因此,人类普遍交往的产生与生产力的发展是密切相关的,而生产力的发展一般是由生产方式的变革所引发的,伴随着生产力的发展,人类的普遍交往开始在一切民族和一切没有财产的群众之间产生,并且产生了各民族间的相互依赖,使传统地域性的个人由于其他民族的变革而发展成为世界历史性、经验上普遍的个人。正如马克思所说:"历史向世界历史的转变,不是自我意识、宇宙精神或者某个形而上学怪影的某种纯粹的抽象行动,而是完全物质的、可以通过经验证明的行动,每个过

---

① 中共中央马克思恩格斯列宁斯大林著作编译局.马克思恩格斯文集:第1卷[M].北京:人民出版社,2009:519-520.
② 中共中央马克思恩格斯列宁斯大林著作编译局.马克思恩格斯文集:第1卷[M].北京:人民出版社,2009:501.
③ 中共中央马克思恩格斯列宁斯大林著作编译局.马克思恩格斯文集:第1卷[M].北京:人民出版社,2009:523-524.

着实际生活的、需要吃、喝、穿的个人都可以证明这种行动。"①这里的"行动"其实就是人类获取生活资料的劳动,正是劳动促使了普遍交往的建立,劳动促进了历史向世界历史的转变。

"劳动创造人类历史"这一论断也得到了恩格斯的充分证明。恩格斯首先论证了劳动在促使人类从猿向人转变的过程中发挥了决定性的作用,又进一步提出劳动变革了人类的生产方式,在此基础上产生了政治、经济、文化、艺术、科学等社会学概念。恩格斯指出,劳动经过一代又一代的发展演进不断得以完善并且更加多样化和复杂化。原始的人类劳动只有打猎和捕鱼,随后产生了农业和纺织、冶金、制陶等手工业劳动,"伴随着商业、航海事业和手工业的发展,最后出现了艺术和科学,从部落发展成了民族和国家。法和政治发展起来了,而且和它们一起,人间事物在人的头脑中的虚幻的反映——宗教,也发展起来了。"②艺术和科学、民族和国家、法和政治、宗教等都是历史的记忆和历史传承的载体,正是人类的劳动才产生了丰富多样、异彩纷呈的人类历史文化。因此,"整个所谓世界历史不外是人通过人的劳动而诞生的过程,是自然界对人来说的生成过程"③。

（二）劳动是价值和财富的源泉

劳动创造价值是马克思主义劳动价值观的重要逻辑构成,马克思在《资本论》中充分论证了劳动和价值的关系。在马克思看来,价值是凝结在商品中的无差别的一般人类劳动构成的,人类劳动分为具体劳动和抽象劳动,劳动价值则分为使用价值和交换价值。使用价值是一个物品能够满足人们某种需要的属性,也即有用性,生产使用价值的劳动被称为具体劳动。马克思认为,人类劳动过程作为"制造使用价值的有目的的活动,是为了人类的需要而对自然物的占有,是人和自然之间物质交换的一般条件,是人类生活的永恒的自然条件。因此,它不以人类生活的任何形式为转移,倒不如说,它是人类生活的一切社会形式所共有的。"④交换价值是商品在交换时的价格表现,通常所说的价值一般是指商品的交换价值。交换价值反映了商品的社会职能,劳动则是所有商品共同的社会实体,也就是说,任何商品

---

① 中共中央马克思恩格斯列宁斯大林著作编译局.马克思恩格斯文集:第1卷[M].北京:人民出版社,2009:89.
② 中共中央马克思恩格斯列宁斯大林著作编译局.马克思恩格斯文集:第9卷[M].北京:人民出版社,2009:557.
③ 马克思.1844年经济学哲学手稿[M].北京:人民出版社,2000:92.
④ 中共中央马克思恩格斯列宁斯大林著作编译局.马克思恩格斯选集:第2卷[M].北京:人民出版社,1995:181.

都必须耗费或者投入一定的劳动量,商品的价值是凝固了的或所谓结晶了的社会劳动。在马克思看来:"商品具有价值,因为它是社会劳动的结晶。商品的价值的大小或它的相对价值,取决于它所含的社会实体量的大小,也就是说,取决于生产它所必需的相对劳动量。所以各个商品的相对价值,是由耗费于、体现于、凝固于该商品中的相应的劳动数量或劳动量决定的。"[1]简而言之,无论是使用价值或者交换价值,都是人类具体劳动和抽象劳动在一定物品或者商品上的耗费,也就是说,人类劳动创造了价值。

在资本主义社会,劳动过程和价值增殖过程实现了统一,工人劳动不仅创造了使用价值,还为资本家创造了大量财富即剩余价值。资本主义的价值增殖过程是超过一定点而延长了的劳动过程,是劳动者为资本家创造剩余价值和积累财富的过程,也是资本家对工人剩余劳动的剥削和无偿占有过程(剩余劳动是工人为养活自己和家庭所付出的超过必要劳动之外的劳动)。正是基于对资本主义生产过程的全面剖析,马克思揭示了,对劳动者来说,劳动是劳动者的直接生活来源;而对资本家来说,资本主义生产过程是价值增殖过程和资本家的财富积累过程,也是剩余价值的创造过程。由于工人劳动创造的剩余价值都被资本家无偿占有,从一定程度上讲,劳动是资本家财富的源泉。

从马克思主义劳动观的整体性价值来看,马克思主义劳动观基于对剩余价值的分析揭示了资本家剥削工人的秘密所在,实现了对私有制社会的批判,从而为人类社会迈向共产主义社会提供美好愿景。马克思并没有否定工人劳动在给资本家带来更多的剩余价值的同时也带来了社会生产力的极大发展和整个社会物质财富的极大丰富。相反,马克思主义劳动价值论以价值分析为逻辑起点,一方面,在对资本主义异化劳动进行深刻理论分析的基础上,批判了资本主义剩余价值的来源和对工人劳动的剥削;另一方面,肯定了劳动在促进人的发展和社会进步中的作用。正如学者程从柱指出:"人类劳动并没有在私有制度下因思想性否定和阶级性占有就失却了其固有的创造性力量,并没有在社会对抗中放弃人的本质力量发挥对丰富劳动成果的历史性创造。"[2]马克思主义劳动观从本质上反映了劳动在创造丰富的物质财富和精神财富的同时促进了人的生命活动的自由自觉,促进了人类

---

[1] 中共中央马克思恩格斯列宁斯大林著作编译局.马克思恩格斯选集:第2卷[M].北京:人民出版社,1995:68.
[2] 程从柱.劳动教育何以促进人的自由全面发展——基于马克思主义劳动观和人的发展观的考察[J].南京师范大学学报:社会科学版,2020(3):23.

社会从低级社会形态向更级高级文明形态的进步和发展。

（三）劳动是人类自由和幸福的源泉

解放全人类,实现全人类幸福是马克思主义的基本立场和终极追求,同样也马克思主义劳动观的价值目标和终极追求。在异化劳动理论和剩余价值理论中,马克思用大量的篇幅对资本主义的异化劳动进行了无情批判,最终目标是通过建立共产主义社会实现人类劳动的自由自觉,从而实现人类幸福。纵观马克思主义的劳动价值理论,劳动自由自觉和劳动创造幸福主要通过三个方面表现出来。

首先,人类通过劳动实现对自身本质的完全占有。在《1844年经济学哲学手稿》中马克思提出了私有制社会中人类异化劳动的几种形态,即人与自身劳动过程的异化、人与自己劳动成果的异化、人与自己类本质的异化、人与人的异化。异化劳动的存在使人在劳动中不能占有自己的本质力量和证明自身的存在,而是对自己本质的否定。在对异化劳动的几种形态进行批判的同时,马克思提出人和动物的最根本的区别在于人具有类的特性,而类的特性标志就是人能够借助劳动实现对自身本质力量的完全占有,通过劳动实现自我力量的完全确证,证明人是自由自觉的类存在。"它是人和自然界之间、人和人之间的矛盾的真正解决,是存在和本质、对象化和自我确证、自由和必然、个体和类之间的斗争的真正解决。"①这里的"它"就是属于人的自由自觉的劳动。马克思说:"我在劳动中肯定了自己的个人生命,从而也就肯定了我的个性的特点,劳动是我真正的、活动的财产。"②

其次,劳动不仅是人类谋生的手段,更是人类乐生的手段。劳动是人类存在的前提和物质基础,是人类谋生的最基本方式,但劳动的意义和价值又不仅仅在于其具有谋生的功效,更在于劳动是人回归自身、明证自我力量、实现人类幸福的源头活水。在《1844年经济学哲学手稿》中,马克思提出劳动是自由自觉的有意识的生命活动,自由自觉的有意识的活动反映了人的类的本质,是人和动物的本质区别,也是人类幸福的源泉和价值旨归。正如马克思所说:"有意识的生命活动把人同动物的生命活动直接区别开来。正是由于这一点,人才是类存在物。或者说,正是因为人是类存在物,他才是有意识的存在物,就是说,他自己的生活对他来说是对象。仅仅由于这一点,他的活动才是自由的活动。"③但在私有制社会里,异化劳动不能确证人自身力量的存在,人也不能通过劳动占有属于自己的劳动成果,更无法通过

---

①马克思.1844年经济学哲学手稿[M].北京:人民出版社,2000:81.
②马克思.1844年经济学哲学手稿[M].北京:人民出版社,2000:184.
③马克思.1844年经济学哲学手稿[M].北京:人民出版社,2000:57.

劳动体验生命的美好,异化劳动不能给人带来自由和快乐,并且是造成人类不幸福的根源。因此,欲使人类劳动回归其本质,实现劳动的自由自觉和劳动幸福,只有消除异化劳动。"现实与人是马克思幸福观的起点和根基,马克思将现实的人视为幸福的逻辑主体,幸福的客体是生活世界。而实践则是贯通主客体之间的桥梁和中介,劳动是实践的核心,劳动一方面创造了幸福的主体即人,另一方面创造了幸福的客体即生活世界。"[1]学者任强把现实的生活世界、人、劳动和幸福勾连在一起,充分证明作为实践核心的劳动是打通主观世界与客观世界的桥梁和纽带,并且是创造个体幸福生活和美好生活世界的力量源泉。

再次,按劳分配是马克思对未来共产主义社会分配制度的基本设想,劳动正当、劳动公平和劳动正义是按劳分配的构成要件和基本体现,也是实现劳动者个体自由和劳动者幸福的必要条件和重要保障。按劳分配是根据劳动者向社会提供的劳动的数量和质量来分配个人消费品的一种分配方式,按劳分配也是在阶级剥削和阶级对立消灭以后社会分工随之消失、劳动成为人类的第一需要、人类社会过渡到共产主义初级阶段才能实施的分配方式。在共产主义初级阶段,人类社会无论是经济、政治、文化等都无法完全摆脱资本主义的烙印,社会对消费品的分配一般采用等价交换的原则来进行,也就是真正意义上的按劳分配。但当人类社会进入到共产主义高级阶段,按劳分配将被更高级别的分配方式即按需分配所替代。随着生产力的充分发展,马克思指出:"在共产主义社会高级阶段,在迫使个人奴隶般地服从分工的情形已经消失,从而脑力劳动和体力劳动的对立也随之消失之后;在劳动已经不仅仅是谋生的手段,而且本身成了生活的第一需要之后;在随着个人的全面发展,他们的生产力也增长起来,而集体财富的一切源泉都充分涌流之后,——只有在那个时候,才能完全超出资产阶级权利的狭隘眼界,社会才能在自己的旗帜上写上:各尽所能,按需分配!"[2]按劳分配和按需分配是共产主义分配方式,体现了多劳多得、少劳少得、不劳不得的分配原则,但按劳分配的前提是劳动者的权利平等和劳动自由,只有实现劳动者的权利平等和劳动自由,才能通往并达成劳动者的幸福权利。

(四)劳动促进人的全面发展

人的全面发展是马克思主义对未来社会人的发展状态的一种理想追求,是马

---

[1] 任强.劳动幸福的教育意蕴及其实现[J].教育理论与实践,2021(4):9.
[2] 中共中央马克思恩格斯列宁斯大林著作编译局.马克思恩格斯选集:第2卷[M].北京:人民出版社,1995:14-15.

克思对资本主义工厂手工业必然发展趋势的准确预言和做出的基本判断,是对人类历史发展的必要逻辑,也是未来共产主义社会人的一种应然状态。在马克思看来,未来的共产主义社会必然是这样一种共同体:没有剥削,没有压迫,人人平等,劳动是自由自觉的活动,也是促使人全面发展的必然要义。马克思认为:"没有共同体,这是不可能实现的。只有在共同体中,个人才能获得全面发展其才能的手段,也就是说,只有在共同体中才可能有个人自由。"①在共同体条件下,也就是在阶级和国家被消灭了后建立起来的共产主义社会中,个人在自己的联合中并通过联合获得自己的自由。

马克思和恩格斯通过对人类社会发展的历史考察,特别是通过对以私有制为基础的人类社会的考察,得出这样一个结论:在私有制社会里,劳动不是实现人的全面发展的手段,而是奴役人、压迫人、摧残人的手段。"他在劳动中不是肯定自己,而是否定自己,不是感到幸福,而是感到不幸,不是自由地发挥自己的体力和智力,而是使自己的肉体受折磨、精神遭摧残。"②在资本主义条件下,异化劳动造成劳动者同自己劳动产品的异化、劳动者同劳动过程的异化、劳动者同自己类本质的异化,最后造成人与人的异化,异化劳动使人失去了生理上和精神上的一切自由活动,而沦为机器和资本家赚钱的工具。异化劳动使本应自由自觉的劳动成为了自我牺牲、自我折磨的劳动,使本应促进人的全面发展的劳动变成了人的片面劳动,即把本应属于人的类生活变成肉体生存的手段。当私有制消灭以后,伴随着阶级的消灭和社会分工的消失,阶级社会中脑力劳动和体力劳动之间的差别和对立也将随之消失,社会各个领域的异化劳动将被扬弃,劳动对人的奴役、折磨和摧残将被消灭,而是成为人的第一生活需要,劳动将解放整个人类并成为促进人的全面发展的唯一方式。在这里,马克思所说的人的全面发展是指人的体力和脑力的全面发展,也是人的劳动能力和劳动关系的全面发展,是劳动的内容和形式的完美融合。这一完美结合使人能够适应现代社会生产的各种变化,使人的自主性得以充分彰显,创造性得以发挥,个体和自觉性得到全面发展。

(五)教育与生产劳动相结合是造就人的全面发展的唯一途径

教育与生产劳动相结合是人类社会发展到社会主义社会和共产主义社会的一条基本原则,是马克思主义劳动教育观的核心价值理念,更是科学社会主义的基本

---

①中共中央马克思恩格斯列宁斯大林著作编译局.马克思恩格斯选集:第1卷[M].北京:人民出版社,1995:119.
②马克思.1844年经济学哲学手稿[M].北京:人民出版社,2000:54.

原理。

一方面,教育与生产劳动的结合是资本主义机器大工业发展的必然趋势。马克思恩格斯关于教育与生产劳动相结合的种种论述表明,教育与生产劳动的结合是资本主义工场手工业发展的必然逻辑。在以私有制为基础的社会里,分工的存在,使人只能简单地从事某一方面的劳动、发展自己一方面的才能而偏废了其他方面。随着机器大工业的发展,需要工人通晓整个生产过程和生产系统,自身能力得到全面发展。而要实现工人能力全面发展,就必须使他们接受一定的科学文化知识教育,掌握生产领域的基本原理和熟悉整个生产过程,就必须把教育与生产劳动结合起来。恩格斯指出:"教育将使年轻人能够很快熟悉整个生产系统,将使他们能够根据社会需要或者他们自己的爱好,轮流从一个生产部门转到另一个生产部门。因此,教育将使他们摆脱现在这种分工给每个人造成的片面性。"①在《反杜林论》中,恩格斯进一步指出:"在社会主义社会中,劳动将和教育相结合,从而既使多方面的技术训练也使科学教育的实践基础得到保障。"可见,教育与生产劳动的结合是资本主义大工业发展的内在要求和必然结果。

另一方面,教育与生产劳动的结合是实现人的全面发展的重要条件和基本原则。马克思从欧文的社会实践中看到教育与生产劳动相结合的萌芽,并进一步发展了这一思想理论。马克思关于教育与生产劳动相结合的论述不仅是提高社会生产力的最佳方式,也是实现人的全面发展必由之路。在马克思思想中,人的体力和智力的全面发展都不是一个自发的过程,同样人格的和谐完善也不是自发形成的,需要教育的培养和完善。马克思提出:"从工厂制度中萌发出了未来教育的幼芽,未来教育对所有已满一定年龄的儿童来说,就是生产劳动同智育和体育相结合,它不仅是提高社会生产的一种方法,而且是造就全面发展的人的唯一方法。"②马克思进一步指出:"综合技术学校和农业学校是这种变革过程在大工业基础上自然发展起来的一个要素;职业学校是另一个要素,在这种学校里,工人的子女受到一些有关工艺学和各种生产工具的实际操作的教育。如果说工厂立法作为从资本那里争取来的最初的微小让步,只是把初等教育同工厂劳动结合起来,那么毫无疑问,工人阶级在不可避免地夺取政权之后,将使理论的和实践的工艺教育在工人学校

---

① 中共中央马克思恩格斯列宁斯大林著作编译局.马克思恩格斯选集:第1卷[M].北京:人民出版社,1995:243.
② 中共中央马克思恩格斯列宁斯大林著作编译局.马克思恩格斯选集:第2卷[M].北京:人民出版社,1995:212.

中占据应有的位置。"①综合技术教育和职业学校教育是对马克思教育与生产劳动相结合理论的不断完善和丰富发展，是适应现代科学技术发展和人的全面发展的基本要求，只有把生产劳动与教育结合起来，才能极大地提高劳动生产率并实现人的综合发展和全面进步。

综上可见，马克思恩格斯关于教育与生产劳动相结合的理论不仅是促进现代社会生产快速发展的基本方法，也是改造资本主义社会强有力的手段，而且还是克服异化劳动和造就人的全面发展的唯一途径。这几个方面是相辅相成、互相促进、不可分割的，标志着马克思主义对教育与生产劳动相结合的认识达到了较高的科学水平。但在资本主义制度下，这一思想主张不可能真正得到实现，而只有在社会主义社会条件下，劳动者的劳动得到全面解放，劳动实现自由自觉，教育与生产劳动相结合的思想主张才能真正成为现实。

二、马克思恩格斯劳动教育思想的当代启示

系统梳理马克思恩格斯的劳动观并结合新时代中国特色社会主义建设不难发现，马克思恩格斯劳动观与新时代中国特色社会主义建设在许多领域具有高度的契合性。相互契合才能相互成就，马克思主义劳动观与中国劳动文化相结合一定能产生深层次的化学反应，不仅能够实现马克思主义劳动观在当代中国的新发展，还能对中国式现代化建设产生巨大的推动力。

一是马克思主义劳动本质观与新时代用劳动托起中国梦实现视界融合。马克思主义劳动观揭示了劳动与财富和价值的本源关系，发现了劳动创造了人本身、人类社会和人类历史这一秘密。因此，劳动成为历史唯物主义的根本出发点，劳动概念及范畴构成了历史唯物主义的基本逻辑框架，以劳动为载体的唯物史观成为把握人类社会和人类历史发展的锁钥。当前，我国正处于全面建设社会主义现代化、实现两个百年奋斗目标的历史交汇点，实现中华民族伟大复兴是全国各族人民最伟大的梦想。习近平总书记反复强调，社会主义是用辛勤劳动干出来的，中华民族伟大复兴决不是轻轻松松、敲锣打鼓就能实现的，要用劳动托起中国梦。这说明，中国特色社会主义进入新时代，实现伟大梦想、承担历史使命都与劳动具有内在的、紧密的关联性，伟大梦想需要靠劳动来创造，更需要大批富有使命感和责任感、勤于劳动、善于创造的高素质劳动者，需要通过辛苦劳动、诚实劳动和创造性劳动

---

① 中共中央马克思恩格斯列宁斯大林著作编译局.马克思恩格斯选集：第2卷[M].北京：人民出版社，1995：213-214.

才能实现。可以说,马克思主义劳动观为实现中华民族伟大复兴的中国梦提供了理论指南和实践上的指导。

二是马克思主义劳动幸福观为满足新时代人民日益增长的美好生活需要提供精神支持。马克思认为,劳动是人的本质力量的自我确证,人类通过劳动实现对自己类本质的占有,成为一个真正意义上的人;劳动是人类自由自觉的活动,人类通过劳动创造自己的幸福生活。从这一意义上讲,劳动是幸福的。随着社会的发展,劳动幸福的内涵也会发生相应的变化。在社会主义初级阶段,按劳分配是基于公平正义原则分配劳动成果的一种方式,也是社会主义的基本分配原则,劳动公平和劳动正义本身也是劳动幸福的内在要求和基本条件。党的二十大报告提出了中国式现代化这一命题,共同富裕是中国式现代化的特征之一,这意味着全体人民的都应辛勤劳动和自由自觉劳动,使劳动成为全体人民的共同追求和美好享受,这也是实现共同富裕的前提和基础。因此,共同富裕与劳动幸福在其目标上是相互契合的。马克思主义劳动幸福观与新时代所追求的劳动幸福从本质上具有同理性,马克思主义劳动幸福观为人类追求美好幸福生活提供了最基本的逻辑遵循和精神指引。当前,我国社会的主要矛盾已经转化为人民日益增长的美好生活需要同不平衡不充分的发展之间的矛盾,解决好这一矛盾需要全社会尊重劳动、尊重知识、尊重人才、尊重创造,需要全社会的辛勤劳动、诚实劳动和创造性劳动,这说明马克思主义劳动幸福观与新时代人民群众日益增长的美好生活需要具有内在一致性。

三是马克思主义教育与生产劳动相结合思想同新时代"五育并举"的人才培养体系在人才培养目标上具有高度契合性。教育与生产劳动相结合是资本主义机器大工业、现代科学技术发展的必然产物,是社会生产力发展的必然要求,也是改造旧社会的强有力手段之一。教育与生产劳动相结合是提高社会生产和造就人的全面发展的唯一方法,而人只有实现全方面的发展才能适应现代社会生产的普遍规律。可以说,没有教育与生产劳动相结合,就没有现代化社会大生产,人的全面发展将成为虚幻的梦想。当前,为落实立德树人根本任务,党和国家提出德智体美劳全面发展的人才培养目标。这一目标是对传统的德智体美人才培养目标的补充和完善,要想实现人才素质的全面提升,劳动教育必须走进德智体美四育之中。如果德智体美四育不能和劳动教育实现有机结合,不仅现代教育的结构是不完整的,所培养的人才也很难得到全面发展,高水平的人才培养体系将无从体现。实践证明,德智体美劳"五育并举"人才培养体系是马克思主义教育与生产劳动相结合思想在新时代的创新发展,它的提出表明党和国家对教育规律和社会主义国家人才培养规律的认识达到了新的高度。因此,教育与生产劳动相结合作为社会主义教育的基本原则,同样是教育现代化的基本要求,是新时代培养德智体美劳全面发展的社会主义建设者和接班人的必由之路。

第三节 列宁与苏联教育家们的劳动教育思想及当代启示

十月革命胜利以后,伴随着苏联社会主义事业的迅速发展,苏联的教育理论也取得了丰硕成果。列宁作为苏联的主要缔造者,他高度重视劳动教育在社会主义建设中的重要作用,坚持并发展了马克思主义教育与生产劳动相结合的思想。此外,克鲁普斯卡娅、马卡连柯、苏霍姆林斯基等教育家们也高度重视劳动教育对培养社会主义建设人才的极端重要性,形成了丰富的劳动教育理论。他们的劳动教育思想为苏联的社会主义建设培养了大批德才兼备的人才。

一、列宁劳动教育思想的科学内涵

列宁是马克思主义的继承人,是无产阶级的革命领袖,他把马克思主义理论与俄国工人运动结合起来,创造性地建立了世界上第一个无产阶级专政的政权,创立了苏维埃社会主义共和国联盟。列宁将教育与生产劳动相结合的思想与苏维埃社会主义建设的实际需要充分结合在一起,继承并发展了马克思主义劳动教育理论。

第一,列宁高度重视劳动教育和现代科学文化知识教育的结合在培养青年一代的共产主义觉悟中的重要意义。为提高青年建设共产主义的劳动觉悟和劳动素养,列宁提出:"共产主义青年团必须把自己的教育、训练和培养同工农的劳动结合起来,不要关在自己的学校里,不要只限于阅读共产主义书籍和小册子。只有在与工农的共同劳动中,才能成为真正的共产主义者。"[①]为提高青年的现代科学文化知识水平,列宁强调:"每个青年必须懂得,只有受了现代教育,他们才能建立共产主义社会,如果不受这样的教育,共产主义仍然不过是一种愿望而已。"[②]

为进一步建设共产主义,培养青年的共产主义劳动觉悟,列宁还创造性提出星期六义务劳动的教育思想,号召广大青年利用业余时间参加各种义务劳动和社会服务劳动,引导广大青年提升共产主义觉悟。列宁指出星期六义务劳动是走向实际实现共产主义的最初步骤,同时也指出它在提高劳动生产率和缓解运输、燃料、

[①] 中共中央马克思恩格斯列宁斯大林著作编译局.列宁选集:第4卷[M].北京:人民出版社,1992:295.
[②] 中共中央马克思恩格斯列宁斯大林著作编译局.列宁选集:第4卷[M].北京:人民出版社,1992:287.

粮食等危机方面有巨大作用,要求全体党员必须参加星期六义务劳动。① 星期六义务劳动是列宁对马克思恩格斯劳动教育理论的创造性转化和创新性发展,为苏联培养了大批具有共产主义觉悟的劳动者,也极大地促进了苏联生产力的发展。

第二,列宁继承并发展马克思恩格斯关于教育与生产劳动相结合的思想,用以提高苏联劳动人民的科学文化水平和劳动生产力水平。为更好地建设苏联,促进青年一代尽快成长为具有共产主义劳动觉悟的建设者,列宁指出:"没有年轻一代的教育和生产劳动的结合,未来社会的理想是不能想象的:无论是脱离生产劳动的教学和教育,或是没有同时进行教学和教育的生产劳动,都不能达到现代技术水平和科学知识现状所要求的高度。"②教育与生产劳动的结合不仅有助于青年一代通过劳动更好地理解和掌握现代科学知识,也使现代科学知识能够更加有效地与科学技术和生产劳动发生内在联系。此外,列宁还把马克思恩格斯教育与生产劳动相结合的思想推广应用到广大劳动群众中,用以提高全体劳动群众的共产主义觉悟,为共产主义社会培养有觉悟的劳动者。列宁提出:"工会应当更加成为对全体劳动群众进行劳动教育和社会主义教育的机关,以便在工人先锋队的监督下把参加管理的实际经验普及到比较落后的工人中去。"③

第三,列宁特别重视在苏联实施综合技术教育,并使其在社会主义建设中发挥重要作用。综合技术教育是提高劳动者技术水平的有效方式,也是为苏联培养有共产主义劳动觉悟的劳动者的重要途径。十月革命胜利以后,列宁从苏联社会主义国家的性质出发,把实施劳动和综合技术教育列为当时国家教育的重要任务之一,要求各级各类学校为实施综合技术教育做好准备,并反复强调综合技术教育对国家建设的重要性。对此,列宁提出:一是对未满16岁的男女儿童一律实行免费的义务的普通教育和综合技术教育(从理论上和实践上熟悉各主要生产部门);二是把教育和儿童社会生产劳动紧密结合起来。④ 1920年底,在苏维埃第八次代表大会上,列宁提出实施以电气化为主要内容的综合技术教育并把它作为当时的一项迫切任务。为此,列宁还批评了当时存在的两种错误倾向,一种是拖延忽视实施综合技术教育,认为它是可有可无的倾向,再一种是以培养手艺匠的单一职业技术教育代替综合技术教育的倾向,而要求必须采取各种完全可能做到的步骤,立即过

---

① 中共中央马克思恩格斯列宁斯大林著作编译局.列宁选集:第4卷[M].北京:人民出版社,1992:807.
② 中共中央马克思恩格斯列宁斯大林著作编译局.列宁全集:第2卷[M].北京:人民出版社,1984:461.
③ 中共中央马克思恩格斯列宁斯大林著作编译局.列宁选集:第3卷[M].北京:人民出版社,1992:727.
④ 中共中央马克思恩格斯列宁斯大林著作编译局.列宁选集:第3卷[M].北京:人民出版社,1992:726.

渡到综合技术教育。

列宁关于劳动教育和综合技术教育的相关理论说明,实施劳动教育以及综合技术教育不仅是苏联国家教育的重要内容,也是苏联国家教育的一项基本原则。这在1958年12月苏联通过的《关于加强学校同生活的联系和进一步发展苏联国民教育制度》的法律中得以明确体现:苏联学校的主要任务就是使学生掌握今后从事社会生产劳动的各项知识和技能,学校要重视学生的综合技术水平的教育,要培养既有科学文化水平,又懂得一定科学原理,具备生产能力的人。

列宁进一步丰富和发展了马克思主义关于教育与生产劳动相结合的理论,并把劳动教育与新生政权的建设密切贯通,回答了无产阶级掌握政权之后推进社会主义教育体系建设应该贯彻的基本教育原则,为新时代中国特色社会主义条件下开展劳动教育提供重要借鉴。

二、苏联教育家们的劳动教育思想

克鲁普斯卡娅是苏联著名的教育家,也是著名的无产阶级政治活动家,她的教育理论非常丰富,而有关劳动教育的理论在其一整套教育理论中占据重要地位。

第一,克鲁普斯卡娅把劳动教育作为培养全面发展的人的重要内容。克鲁普斯卡娅把培养全面发展的人作为社会主义学校办校的重要目的。在她看来,人的全面发展主要包括两方面的内涵:从认识层面来看,是指人的认识能力的全面发展;从实践层面来看,是指人的实践能力的全面发展。克鲁普斯卡娅提出:"这种人要具有自觉的和有组织的社会本能,具有有目的的、成熟的世界观,清楚地了解周围自然界和社会生活中所发生的一切事情;这种人要能从理论上认识并在实践中从事各种劳动(既有脑力劳动,又有体力劳动),能够建设合理的、内容丰富多彩而又愉快的社会生活。"[1]克鲁普斯卡娅关于人的全面发展理论特别强调理论和实践的统一,只有把理论和实践充分结合起来,才能使理论在具体的劳动中得到合理的应用。

第二,克鲁普斯卡娅高度重视学校劳动教育实践。克鲁普斯卡娅强调社会主义国家必须把学校教育与劳动教育充分结合,要使学生把手和脑结合起来,成为脑力劳动和体力劳动相统一的人。社会主义国家的学校不仅要使学生学会学习,还要求学生从小都要学会劳动,要把社会主义国家的学校从过去单一强调读书的学校变成劳动的学校。她指出:"由读书的学校向劳动学校的转变,是近代学校发展

---

[1]王天一,夏之莲,朱美玉.外国教育史:下册[M].修订本.北京:北京师范大学出版社,1993:341.

的必然趋势。只要学校掌握在资产阶级手里,那么劳动学校就是损害工人阶级利益的一种工具。只有工人阶级才能使劳动学校成为改造现代社会的工具。"[1]克鲁普斯卡娅进一步发展了马克思主义教育与生产劳动相结合的思想,并把教育与生产劳动相结合的思想与无产阶级的革命事业紧紧勾连在一起。

第三,克鲁普斯卡娅非常注重学生劳动品格和良好劳动习惯的培养。她认为学校劳动教育的价值不仅在于培养学生掌握一定的劳动技能,更重要的是培养学生热爱劳动的习惯、勇敢坚毅的品质、团结互助的品格。为了给苏维埃政权培养新生力量,克鲁普斯卡娅创造性把苏维埃的学校劳动教育与社会主义集体主义教育结合起来,实现二者的有机融合,把集体劳动作为培养学生集体主义道德品质的有效路径之一,使儿童的力量在集体中能够充分发挥出来。此外,为适应苏维埃工业化发展的需要,克鲁普斯卡娅继承了列宁关于加强综合技术教育的思想,并且高度重视对学生综合技术素质的培养教育,强调把学生劳动技能的培养与系统掌握科学知识有机融通起来,为苏维埃培养真正的共产主义者。克鲁普斯卡娅明确指出:"综合技术教育不是一种什么特殊的教学科目,它应该贯穿到各门课程中去,体现在物理、化学、自然课和社会科学概论课的材料选择上。它们相互之间应有联系,特别是这些课程要跟劳动教学联系起来。只有这种联系才能使劳动教学具有综合技术的性质。"[2]

马卡连柯是苏联早期著名的教育实践活动家,又是富于斗争精神和创新精神的教育理论家、思想家。马卡连柯的教育理论经历了复杂的阶级斗争和意识形态斗争才逐渐发展和成熟起来,具有很强的系统性、完整性,他在集体教育、纪律教育和劳动教育关系方面为新生的苏维埃政权做出了突出贡献。

第一,马卡连柯强调劳动教育必须在集体中才能开展。马卡连柯指出:"苏维埃的教育体系与任何其他的教育体系不同之点在于它是社会主义的体系,并且因为我们教育的机构具有集体的形式。"[3]在苏维埃国家,如果没有集体教育和纪律教育,就无从开展劳动教育,劳动教育只有作为集体的一部分才能取得成效;同样,如果没有劳动教育,集体教育也无法真正建立起来。因此,绝对不能孤立地去观察和认识劳动教育的地位和作用,必须用辩证的思维并结合教育的整个过程、从教育总体来看待劳动教育。

---

[1] 王天一,夏之莲,朱美玉.外国教育史:下册[M].修订本.北京:北京师范大学出版社,1993:346.
[2] 王天一,夏之莲,朱美玉.外国教育史:下册[M].修订本.北京:北京师范大学出版社,1993:350.
[3] 吴式颖,等.马卡连柯教育文集:上卷[M].北京:人民教育出版社,2005:19.

第二,马卡连柯高度重视劳动教育与个体生活及道德品质的紧密结合。马卡连柯认为劳动教育对人类生活和个人道德修养具有重要的意义和价值,劳动教育是提升人类生活品质的教育,也是锤炼个体劳动品格和提高个人道德修养的方式。他强调:"正确的苏维埃教育如果是不劳动的教育,那是不能想象的。劳动永远是人类生活的基础,是创造人类生活和文明幸福的基础。"①在他看来:"劳动教育,即人的劳动品质的培养,不仅是未来好的公民或不好的公民的教育,而且是公民将来生活水平及幸福的教育。"②可见,劳动教育既关乎个人的幸福生活,也关乎个人道德品格的塑造及养成;既是成人的教育,也是完善人和发展人的教育。

第三,马卡连柯也比较关注教育与生产劳动的结合在人的全面发展中的作用。马卡连柯十分强调体力劳动与脑力劳动的结合对培养人的生活技能、提升人的道德修养、形成科学的世界观的重要性。马卡连柯认为:"我们不应当认为在苏维埃的教育里,体力劳动和脑力劳动之间会有某种本质上的差别。无论是在体力劳动还是在脑力劳动里,最重要的首先都是劳动力的组织,即从事劳动的人的本身。"③正如他本人所说:"学校里的学习过程和生产劳动之所以有能力决定个性发展,原来是因为学习过程和生产活动消灭了体力劳动和脑力劳动之间的界限,并造就出有高度熟练技术的人来。"④马卡连柯的这一观点是对马克思主义劳动观的继承和进一步发展,在当时无疑具有非常积极的意义。

第四,马卡连柯特别注重劳动教育方式方法的创新与应用。对于儿童劳动教育的方法,马卡连柯提出要借助游戏的方法、启发教育法、请求的方法、强制法等帮助儿童完成劳动任务,激发儿童的劳动乐趣。但他反对用奖励或处罚的方式来开展劳动教育。在他看来:"我们坚决不主张在劳动方面采用某种奖励或处罚的办法。劳动任务和劳动任务的完成,本身应该给予儿童满足,使儿童感觉到快乐。承认儿童的工作做得好,就是对儿童劳动的一种很好的奖励。"⑤

苏霍姆林斯基是苏联著名的教育理论家和教育实践家,受马卡连柯集体教育和劳动教育思想的影响,苏霍姆林斯基把帕夫雷什中学作为自己实践集体教育和劳动教育的试验场,提出了富有特色的、思想深刻的劳动教育理论和思想。具体来

---

① 吴式颖,等.马卡连柯教育文集:下卷[M].北京:人民教育出版社,2005:528.
② 吴式颖,等.马卡连柯教育文集:下卷[M].北京:人民教育出版社,2005:529.
③ 吴式颖,等.马卡连柯教育文集:下卷[M].北京:人民教育出版社,2005:532.
④ 王天一,夏之莲,朱美玉.外国教育史:下册[M].修订本.北京:北京师范大学出版社,1993:382.
⑤ 吴式颖,等.马卡连柯教育文集:下卷[M].北京:人民教育出版社,2005:537.

讲,苏霍姆林斯基的劳动教育理论主要体现在以下几个方面:

第一,培养和谐的积极的劳动者是劳动教育的根本目的。苏霍姆林斯基强调,教育的目的在于使学生得到全面和谐的发展,而和谐发展的核心就是让学生成为积极的劳动者。他指出:"人的全面发展同掌握高深的知识、同积极的社会活动和劳动活动、同任意选择职业的可能性联系着……我们认为,要使人的个性得到充分的发挥,就要让他从事他喜爱的劳动,而且,他越深入到这种劳动中去,他的能力和天资就会得到越好的发展。"①因此,培养积极的、有创造性的、和谐发展的劳动者,劳动教育的作用和价值不可否定,劳动教育也始终贯穿于帕夫雷什中学整个教育教学的全过程。

第二,苏霍姆林斯基提出比较完整和系统的劳动教育教学理论。苏霍姆林斯基的劳动教育包括原则、目的、计划、内容、方法等,可以说,劳动教育是其全部教育理论和教学活动的支点。在苏霍姆林斯基看来,没有劳动教育的社会主义教育是不可想象的。因此,帕夫雷什中学围绕劳动教育制定了12条劳动教学原则,包括劳动教育要与其他教育相结合,要注重培养学生的个性和才能,劳动教育要有明确的目的性,要尽早参加生产劳动,劳动教育要多样化、常态化,劳动教育要注重手脑并用,即要将体力劳动和脑力劳动相结合,要为劳动教育提供场所、工具、设备等物质条件等。帕夫雷什中学制定了系统且又完备的劳动教育教学大纲,规定了学生必须完成的劳动必修课和必须掌握的劳动技术技能。在劳动教育的具体方法上,苏霍姆林斯基提出榜样示范、集体劳动教育、开展劳动技能竞赛等多种劳动教育方法。此外,苏霍姆林斯基还在学校建立了内容具体明确的劳动制度,包括把体力劳动与智力劳动相结合、自由选择劳动项目、给予学生充分的劳动时间等。

第三,为培养人的全面和谐发展,苏霍姆林斯基提出劳动教育要与德育、智育、体育、美育相互联系。苏霍姆林斯基是较早提出劳动教育与其他各育进行结合的教育家,他提出:"一个人的全面和谐发展、富有教养、精神丰富、道德纯洁——所有这一切,只有当他不仅在德育、智育、美育、体育素养上,而且在劳动素养、劳动创造素养上达到较高阶段时,这一切才能实现。"②同时,他又提出:"培养积极的、有创造性的劳动者,必须使他的劳动知识技能、情感与创造精神得到统一的发展,并在各育统一的教育过程中得到实现。"③在苏霍姆林斯基看来,热爱劳动和热爱科学

---

① 苏霍姆林斯基.帕夫雷什中学[M].赵玮,王义高,蔡兴文,等译.北京:教育科学出版社,1983:12.
② 苏霍姆林斯基.帕夫雷什中学[M].吕玢,译.武汉:长江文艺出版社,2021:249.
③ 王天一,夏之莲,朱美玉.外国教育史:下册[M].修订本.北京:北京师范大学出版社,1993:436.

是统一的，只有热爱劳动才能掌握劳动技能，发挥劳动创造力，丰富劳动情感，塑造劳动美德，劳动教育与道德追求、智慧发展、审美修养、心理健康所构成的丰富的精神生活是不可割裂的。

三、列宁与苏联教育家们的劳动教育思想的当代启示

通过梳理分析列宁与苏联教育家们的劳动教育理论，不难发现这些劳动教育理论的共同特点及对新时代劳动教育的借鉴和启示。

第一，都对马克思主义关于"教育与生产劳动相结合"思想进行了传承和创新发展。马克思根据资本主义机器大工业发展的要求提出"教育与生产劳动相结合"是培养和造就全面发展的人的唯一手段，列宁与苏联教育家们都从不同维度继承并发展了马克思主义"教育与生产劳动相结合"的思想，使"教育与生产劳动相结合"成为苏联社会主义建设的重要内容和社会主义教育的重要原则，为苏联培养了大批具有共产主义觉悟的劳动者，并成为实现人的全面发展的必由之路。社会主义国家贯彻实施"教育与生产劳动相结合"，既要重视学生手和脑的统一，把体力劳动与脑力劳动结合起来，又要把理论知识学习与社会实践锻炼结合起来，而不是简单地把学校改造为劳动的场所，更不是让学生学会简单的体力劳动，最终的目的是更好地实现知识、现代科学技术和现代生产的有效衔接。当前我国的社会主义建设正处于全面建设社会主义现代化和实现中华民族伟大复兴的历史关键时期，准确理解并把握"教育与生产劳动相结合"思想对于全面提升社会主义劳动者的综合素质，培养德智体美劳全面发展的社会主义建设者和接班人具有重要的启示和借鉴价值。

第二，都把劳动教育与培养具有共产主义觉悟的劳动者结合起来。在列宁和苏联的教育家们看来，劳动教育不仅有利学生个性和能力的全面发展，更是培养学生共产主义劳动觉悟和道德情感、形塑学生共产主义理想信念的重要手段，学生只有通过劳动并在劳动过程中养成积极劳动的意识，才能自觉树立为共产主义奋斗的劳动价值观。列宁正是通过提倡星期六义务劳动，号召广大青年团员利用业余时间参加各种义务劳动和社会服务活动，以此培养青年学生的共产主义劳动观、纪律观和价值观。因此，劳动教育的意义和价值在于把学生培养成为什么样的人，劳动教育的成功与否在于学生能否真正成为一名共产主义劳动者和建设者。为全面贯彻落实党的教育方针，劳动教育作为我国培养德智体美劳全面发展的社会主义建设者和劳动者的重要内容，具有基础性和战略性地位，吸收借鉴列宁及苏联教育家们的劳动教育思想，有效开展劳动教育关系到培养什么样的人、为谁培养人、怎

样培养人三个教育根本问题。

第三,都把实施综合技术教育作为社会主义国家劳动教育的重要内容。综合分析列宁和苏联教育家们的劳动教育思想不难发现,实施综合技术教育是苏联社会主义建设的内在要求,也是现代生产发展的必然逻辑和趋势。综合技术教育作为苏联社会主义教育的重要内容之一,在苏联的国家教育政策中具有重要体现,一些重要会议中也对综合技术教育的地位予以强调。克鲁普斯卡娅强调把综合技术教育贯穿到各门学科和教学中去,要把课程教学与劳动教学联系起来,这样才能使学生获得把生产劳动与科学知识相联系的实践技能技巧。综合技术教育对学生的意义在于帮助学生掌握现代生产技术的基本原理并获得从事现代生产的劳动技术,了解现代生产的基本过程,同时培养学生对现代技术的兴趣,获得适应未来社会发展需要所必备的劳动素质和基本劳动能力。我国正处于全面建设社会主义现代化的关键时期,贯彻新发展理念,构建新发展格局,实现高质量的发展,建设现代化经济体系,需要培养大批高素质技术技能人才、能工巧匠、大国工匠,重视学生的综合技术教育,必将为我国工业化建设和社会主义现代化建设提供更多的人力资源支持。

第四,都把实现人的全面发展作为苏联教育的重要目的和重要内容之一。在马克思看来,人的全面发展是指人的智力和体力的全面发展,实现人的全面发展是未来共产主义社会的价值目标,"教育与生产劳动相结合"则是造就人的全面发展的唯一方法。因此,列宁及苏联的教育家们把实现人的全面发展作为国家教育的重要目标,高度重视劳动教育在促进人的全面发展中的重要作用。克鲁普斯卡娅把促进人的全面发展即人的认识能力和劳动能力的全面发展作为社会主义学校办校的重要目的。马卡连柯的劳动教育思想强调通过体力劳动与脑力劳动的结合,使得个人能够掌握生活技能、提升道德修养、形成科学的世界观和实现全面发展。苏霍姆林斯基为促进人的全面和谐发展,提出将德育、智育、体育、美育、劳动教育有机结合、密切联系在一起,而且要相互补充,相互渗透。同时,苏霍姆林斯基认为,促进人的全面发展的教育不仅意味着儿童在上述几个方面能获得发展,最根本的在于形成儿童统一的、丰满的精神世界,让儿童各方面的素养得到高度和谐发展。德智体美劳的有机统一是对人的全面发展理论的丰富和发展,在苏联教育史上具有开创性意义,对我国当前德智体美劳"五育并举"人才培养体系的构建具有重要的借鉴价值。我国当前正处在开启全面建设社会主义现代化国家的新征程上,教育现代化是我国现代化建设的重要组成部分,构建德智体美劳全面发展的人才培养体系是实现教育现代化的必然要义。此外,实现人的全面发展是构建社会主义和谐社会的必要条件之一,也是满足人民群众日益增长的美好生活需要的必由之路,更是实现中华民族伟大复兴的必然要义。

  本章结语:新时代的劳动教育离不开科学的理论作指导,马克思主义劳动教育观则是迄今为止最深刻、最科学、最具革命性的劳动教育理论。马克思主义劳动教育观主要以空想社会主义思想家的劳动教育思想为理论来源,并以其深刻的科学内涵揭示了劳动与人、劳动与人类社会、劳动与人类历史的关系。马克思主义关于教育与生产劳动相结合的理论标志着马克思主义对劳动教育的认识达到了较高的科学水平,为实现全人类的劳动解放和人的自由全面发展提供了行动指南,并成为新时代劳动教育的指导方针。列宁与苏联的教育家们的劳动教育思想及在社会主义建设中的实践探索为当代中国的劳动教育提供了重要借鉴和启示。加强对马克思主义劳动教育观的研究将不断丰富和完善中国共产党的劳动教育思想,为新时代劳动教育构建理论宝库,提供科学指导。

第三章　马克思主义中国化时代化的劳动教育理论成果

新中国成立以来,中国共产党始终坚持把教育与生产劳动相结合作为党的教育方针并贯彻执行,同时,在继承和发展马克思主义教育与生产劳动相结合的劳动教育理论的基础上创造性地结合中国的社会主义建设和改革开放的实际,形成适合中国国情的、富有中国特色的劳动教育思想主张和实践理路。下面将依据新中国成立以来社会主义建设的历史逻辑和教育发展的实践逻辑,分三个阶段用辩证思维方法、历史思维方法、历史与逻辑统一的方法等加强对新中国成立以来中国共产党劳动教育思想的梳理和研究。

第一节　新中国成立以来中国共产党教育与生产劳动相结合思想的发轫

马克思主义与中国实际的结合是以毛泽东为代表的中国共产党人的伟大创举,这一结合贯穿于中国的政治、经济、文化、军事、教育等各个领域。新中国成立后,在教育领域,以毛泽东为代表的中国共产党人创造性地运用和发展了马克思主义"教育与生产劳动相结合"的理论,根据我国社会主义社会的主要矛盾以及社会主义建设的实际需要,提出了中国化的教育与生产劳动相结合的思想理论及实践方法。

毛泽东教育与生产劳动相结合的思想最早可追溯到中华苏维埃共和国时期。针对旧社会学校教育与生产劳动相脱离这一现象,毛泽东认识到,要提高生产劳动的技术水平,必须依靠教育,并提出要用新式教育来消灭旧社会中存在的寄生虫式教育。这里的新式教育就是把教育与生产劳动实现结合。1934年,毛泽东针对中华苏维埃共和国时期建设情况,提出苏维埃文化教育的总方针"在于以共产主义的精神来教育广大的劳苦民众,在于使文化教育为革命战争与阶级斗争服务,在于使教育与劳动联系起来"①。抗日战争时期,毛泽东根据认识与实践的辩证关系,提出一切科学的认识都来源于社会实践的观点。在《实践论》一文中,毛泽东提出:"人的认识,主要地依赖于物质的生产活动,逐渐地了解自然的现象、自然的性质、自然的规律性、人和自然的关系;而且经过生产活动,也在各种不同程度上逐渐地认识了人和人的一定的相互关系。"②基于实践和认识的关系,毛泽东运用马克思主义辩证唯物主义的认识论和方法论,提出教育与生产劳动要结合起来、学习与生产劳动要结合起来、抗战与生产劳动要结合起来的辩证发展观。这一思想认识为提高广大群众的思想政治觉悟、培养民主革命时期的干部队伍发挥了重要作用,也是马克思主义"教育与生产劳动相结合"思想在认识领域的进一步发展。

新中国成立后,经过三大改造,我国进入了全面建设社会主义的历史新时期。在这一时期,毛泽东把教育与生产劳动的结合作为抵制资产阶级和封建残余思想影响、培养社会主义时代新人的必然要义和重要路径,充分运用并发展了马克思主义关于教育与生产劳动相结合的理论。结合我国社会主义建设实际,毛泽东对教育与生产劳动相结合的具体内容和实践探索提出了新的思想主张。

第一,教育与生产劳动的结合必须坚持社会主义和共产主义方向,把受教育者培养成为又红又专的社会主义建设者。新中国成立后,由于我国教育尤其是中小学教育淡化劳动教育,存在着鄙视体力劳动和体力劳动者现象,没有真正起到改造教师和改造学生思想观念的作用。为此,教育部发布系列关于加强劳动教育宣传的工作报告,要求各级各类学校加强与工厂、农场、农业生产合作社的沟通与联络,加强与劳动模范、劳动英雄的联络,鼓励学生积极参加体力劳动,但多数学校的劳动教育一般都停留在思想教育和政治改造的层面。此外,由于阶级斗争在一定范围内还存在,毛泽东高度重视通过劳动教育培养广大劳动者的无产阶级政治觉悟和共产主义世界观,把劳动教育和思想政治改造结合起来,培养劳动者高尚的劳动情操和道德品质,将有助于劳动者自觉抵御资产阶级思想和封建思想残余的影响。基于这一认识并根据新中国成立后的政治经济形势和教育发展的要求,1958年党和国家首次把教育与生产劳动相结合作为社会主义建设时期党的教育方针提出来,即"教育必须为无产阶级服务,必须同生产劳动相结合……劳动人民要知识化,

---

①中共中央文献研究室,中央档案馆.建党以来重要文献选编:第11册[G].北京:中央文献出版社,2011:127.
②毛泽东.毛泽东选集:第1卷[M].北京:人民出版社,1991:282-283.

知识分子要劳动化"①。从上面表述中可以看出,劳动教育的思想政治教育属性和政治改造功能在党和国家的教育方针中显而易见。而早在1957年,毛泽东就提出:"我们的教育方针,应该使受教育者在德育、智育、体育几方面都得到发展,成为有社会主义觉悟的有文化的劳动者。"②这里的劳动者有特定的内涵和政治指向,是指有社会主义觉悟的有文化的劳动者,体现了劳动者的身份属性和政治属性的统一。因此,作为培养社会主义劳动者的劳动教育必须要具备为社会主义服务的政治定位和功能属性。

第二,教育与生产劳动的结合必须实现理论与实践的结合。理论与实践的结合既是马克思主义和毛泽东思想形成的逻辑起点,是人类获取科学知识的必要配方,是毛泽东对待学习的一贯态度和原则,也是不同时期教育与生产劳动相结合的逻辑起点和价值旨归。新中国成立初期,为了更好地让学生把所学理论知识和实际有效结合起来,我国的教育政策特别提出,要把培养学生劳动观点和劳动习惯置于突出位置,要重视对学生进行综合技术教育,让学生获取一定的工农业生产基础知识和劳动技术技能,从理论和实践上把所学知识结合起来。为克服旧教育制度理论和实际相脱离、所学和所用脱节的弊端,克服主观主义和教条主义长期不良的影响,更好地端正学习风气,毛泽东多次提出要用理论联系实际的方法改造学校教育和干部教育,让知识分子更好地发挥建设社会主义的作用,把知识分子改造为能够为社会主义服务、为工农服务的时代新人。毛泽东时常要求知识分子做到一面教,一面学,一面做先生,一面做学生。1957年,毛泽东在中国共产党全国宣传工作会议上发表重要讲话时提出:"许多东西单从书本上学是不成的,要向生产者学习,向工人学习,向贫农下中农学习,在学校则要向学生学习,向自己教育的对象学习。"③对于学校教育理论与实践脱节现象,毛泽东表现出强烈的不满,他表示:"现在这种教育制度,我很怀疑。从小学到大学,一共十六七年,二十多年看不见稻、粱、菽、麦、黍、稷,看不见工人怎么做工,看不见农民怎样种田,看不见商品是怎样交换的,身体也搞坏了,真是害死人。"④可见,毛泽东非常重视社会实践和生产劳动在教育中的作用,强调参加生产劳动对提高学生思想觉悟,实现书本知识与实践知识的统一、感性知识与理性知识的统一具有极端重要性。

---

① 中共中央文献研究室.建国以来重要文献选编:第19册[G].北京:中央文献出版社,1998:68.
② 毛泽东.毛泽东文集:第7卷[M].北京:人民出版社,1999:226.
③ 毛泽东.毛泽东文集:第7卷[M].北京:人民出版社,1999:271.
④ 何东昌.中华人民共和国重要教育文献(1949—1975)[G].海口:海南出版社,1998:383.

第三，教育与生产劳动的结合要重视知识分子与工农的结合。新中国成立后，资产阶级思想倾向在我国教育中还有所表现，个别资产阶级知识分子提倡为读书而读书，为教育而教育，教育就是读书，读书就是教育。他们还认为从事体力劳动是下贱的工作，主张劳心与劳力的分离，应提高读书多的人的社会地位。针对这一现象，党和国家把参加体力劳动作为当时对资产阶级知识分子进行阶级改造的手段，并把教育与生产劳动的结合作为两条路线斗争的表现。在毛泽东看来，知识分子与工农的结合、青年学生参加生产劳动是改造青年一代的世界观、提高他们的无产阶级政治觉悟、造就坚定的革命者的必由之路。知识分子如果失去和工农的结合，所学知识必将一无所用。毛泽东提出："我们提倡知识分子到群众中去，到工厂去，到农村去。如果一辈子都不同工人农民见面，这就很不好。我们的国家机关工作人员、文学家、艺术家、教员和科学研究人员，都应该尽可能地利用各种机会去接近工人农民。"①因此，实现知识分子工农化和工农干部的知识分子化是毛泽东关于教育的一贯主张，也是毛泽东对马克思主义的普遍义务劳动和普遍义务教育、列宁关于普遍生产劳动和普遍教育相结合的创造性运用和创新性发展。这一思想主张对造就大批为社会主义建设服务的又红又专的建设者无疑发挥了重要作用。

第四，教育与生产劳动的结合应运用科学方法，注重内容及方式方法的创新。新中国成立后，为进一步贯彻落实理论与实践相结合的教育原则，更好地为我国社会主义建设服务，同时也为解决由于生产力的落后无法满足更多家庭困难学生接受教育的需求，党和国家提倡用勤工俭学、参加课余劳动的方式帮助解决家庭困难学生的教育问题。1958年1月《人民日报》发表社论指出，为保证学生接受教育又能减轻国家的教育负担，"最好的办法就是提倡勤工俭学，使学生以自己的劳动收入解决自己全部或一部分学习和生活的费用"②。毛泽东提出，教育与生产劳动的结合可以多样化，工厂可以开办学校，学校可以开办工厂，并且可以通过半工半读、勤工俭学的教育教学方式来开展。在社会主义改造完成之后，勤工俭学、半工半读、边生产边学习、劳动人民知识化、知识分子劳动化成为社会主义教育的一种成熟化模式，教育与生产劳动的结合在这一时期呈现出新的发展样态，同时也受到全国人民的热烈拥护，并在我国的社会主义建设中发挥重要作用。勤工俭学、半工半读作为我党早期赴法勤工俭学人员留下的宝贵财富，在我国社会主义建设初期成

---

① 毛泽东.毛泽东文集：第7卷[M].北京：人民出版社，1999：272.
② 何东昌.中华人民共和国重要教育文献(1949—1975)[G].海口：海南出版社，1998：792.

为勤俭建国的重要举措,这一做法也是顺应社会主义现代化建设、培养具有共产主义觉悟人才的时代诉求。

毛泽东教育与生产劳动相结合思想是马克思主义教育与生产劳动相结合思想在中国的发展和运用。一方面,这一思想从新中国成立后阶级斗争的实际需要出发,比较偏重劳动教育的政治属性和阶级属性,强调发挥劳动教育社会改造、阶级改造的作用和功能;另一方面,这一思想顺应了新中国社会主义建设的实际需要。毛泽东教育与生产劳动相结合思想对于消除长期以来体力劳动与脑力劳动的对立、理论与实际的脱离,以及克服资产阶级和小资产阶级意识形态对社会主义建设的侵扰发挥了重要作用,对我国培养具有共产主义觉悟的劳动者和社会主义建设者具有积极的意义。

第二节 改革开放后中国共产党教育与生产劳动相结合发展的新阶段

改革开放以后,中国共产党劳动教育思想的发展经历了三个历史时期,第一个时期是以邓小平为代表的中国共产党劳动教育思想的新发展时期,第二个时期是以江泽民为代表的中国共产党劳动教育思想的新规定时期,第三个时期是以胡锦涛为代表的中国共产党劳动教育思想的新要求时期。

一、以邓小平为代表的中国共产党劳动教育思想的新发展

1978年后,在邓小平等人对文化大革命时期"用劳动代替教育""用劳动改造代替劳动教育"等错误思想倾向进行拨乱反正的基础上,教育领域改革的序幕全面拉开,党和国家确立"坚持德智体全面发展、又红又专、知识分子与工农结合、脑力劳动与体力劳动相结合的教育方针"[①]。这一教育方针是对过去党的教育方针的补充和完善,既增添了德智体全面发展的新内涵,在表述方式上也发生了新的变化,开创了马克思主义教育与生产劳动相结合在新的历史时期发展的新阶段。

一是随着党的工作重心向经济转移,知识分子的社会地位得到恢复,党的教育方针做出新的调整,教育与生产劳动的结合在这一时期也有了新的内涵意蕴。党和国家用"教育服务社会主义经济建设"取代了原来的"教育必须为无产阶级服务"的功能。在"以经济建设为中心"这一原则的指导下,邓小平把教育与生产劳

[①] 何东昌.中华人民共和国重要教育文献(1998—2002)[G].海口:海南出版社,2003:1952.

动的结合作为改革开放初期教育服务于经济发展的重要方式。在邓小平看来，教育要发挥作为潜在生产力的巨大作用，以便更好地服务经济建设，为经济建设培养大批具有较高科学文化水平的劳动者；必须把生产劳动引入教育，实现教育与生产劳动新的结合，这样才能为经济建设造就大批又红又专的工人阶级队伍和优秀的知识分子队伍，培养建设社会主义现代化强国所需要的后备劳动人才。

二是在新的历史条件下，随着现代科学技术的迅速发展，教育与生产劳动的结合在内容和方法上有了新的要求。生产力的发展使现代生产与科学技术的关系更加密切，这就迫切需要现代教育与现代科学技术实现紧密结合，培养一批既懂得现代科学技术的发展趋势又掌握一定现代科学技术知识的人才。也就是说，教育质量和效率要适应现代科学技术发展的要求，要主动适应社会主义建设的实际需要。对此，邓小平指出："要做到这一点，各级各类学校对学生参加什么样的劳动，怎样下厂下乡，花多少时间，怎样同教学密切结合，都要有恰当的安排。更重要的是整个教育事业必须同国民经济发展的要求相适应。不然，学生学的和将来要从事的职业不相适应，学非所用，用非所学，岂不是从根本上破坏了教育与生产劳动相结合的方针？那又怎么可能调动学生学习和劳动的积极性，怎么可能满足新的历史时期向教育工作提出的巨大要求？"[①]在这一时期，教育与生产劳动的结合其实是现代教育与现代科学技术和现代生产的高度统一和有机联系。

三是在新的时期教育与生产劳动相结合的最终目的仍然是实现人的全面发展。马克思主义教育与生产劳动相结合基本理论实现了人的解放和社会的解放，最终将实现人的全面发展，因此这是任何时期都必须坚持的基本原则，在改革开放初期也不例外。1978年邓小平在全国教育工作会议上发表重要讲话。讲话高度重视马克思主义教育与生产劳动相结合思想在新时期的发展与运用，指出教育与生产劳动的结合是发展现代生产、提高生产力水平的普遍性原则，也是发展现代教育、促进人的全面发展的必然趋势。教育与生产劳动的结合，"可以促使年轻一代手脑并用，学用结合，了解生产过程、工艺原理，具有生产的科学技术和生产的经济基础知识以及自觉的创造性的劳动态度，从根本上改善一代人的劳动素质。"[②]在邓小平看来，教育与生产劳动的结合既是发展现代生产的内在要求，也是提高年轻一代的劳动素质、消灭体力劳动与脑力劳动差别、实现人的全面发展的根本途径。

---

① 邓小平.邓小平文选：第2卷[M].北京：人民出版社，1994：107-108.
② 丁沅.教育与生产劳动相结合的原则及实践构想[J].南京师范大学学报：社会科学版，1993(3)：36.

四是新时期教育与生产劳动的结合要体现在各级各类学校的教育教学规划之中。"教育与生产劳动相结合"作为新时期党的教育方针,邓小平强调新时期教育与生产劳动的结合必须与国民经济发展和现代科学技术发展的要求相适应,要在全面调动学生学习和劳动的积极性方面发挥更好作用。在此基础上,邓小平进一步强调,未来学校发展要合理安排好各级各类学校发展的比例,特别是中等职业学校和高等学校的比例,处理好专业设置与教材建设的关系,各级各类学校的教育教学计划要体现生产劳动、科学试验和科学研究的基本内容和具体要求,要适应经济建设和教育发展规划的需要。这表明,教育与生产劳动的结合在未来的学校教育中有了更加具体化和针对性的要求。

进入20世纪末期,"教育与生产劳动相结合"仍然作为我党的教育方针出现在党和国家的相关文件中。1993年,中共中央、国务院颁发的《中国教育改革和发展纲要》规定:"各级各类学校要进一步贯彻教育与生产劳动相结合的方针,采取多种形式促进学校教育与社会的紧密结合。"[1]1995年,全国人大通过的《中华人民共和国教育法》规定:"教育必须为社会主义现代化建设服务,必须与生产劳动相结合,培养德、智、体等方面全面发展的社会主义事业的建设者和接班人。"[2]上述文件对新时期教育与生产劳动相结合的性质、服务方向、方式方法以及人才培养等问题做出具体规定。

二、以江泽民为代表的中国共产党劳动教育思想的新规定

随着经济社会的快速发展,以江泽民为代表的党中央为应对国际风云的突变和时代发展对人才培养的新要求,对教育与生产劳动相结合的性质做出新的解读,明确提出"尊重劳动、尊重知识、尊重人才、尊重创造"的基本要求,并将其作为党和国家的重要方针。这一方针政策体现了体力劳动与脑力劳动的统一,蕴含了劳动教育与人才培养的内在统一性,体现了劳动与创造的内在的、必然的联系,使劳动教育的内涵得到进一步拓展和延伸。1999年6月,江泽民在第三次全国教育工作会议上指出:"必须全面贯彻党的教育方针,坚持教育为社会主义、为人民服务,坚持教育与社会实践相结合,以提高国民素质为根本宗旨,以培养学生的创新精神和实践能力为重点,努力造就有理想、有道德、有文化、有纪律的德育、智育、体育、

---

[1] 李拣材.论马克思主义教育与生产劳动相结合的思想[J].江西教育学院学报:社会科学版,1996(8):49.
[2] 李拣材.论马克思主义教育与生产劳动相结合的思想[J].江西教育学院学报:社会科学版,1996(8):48.

美育等全面发展的社会主义事业建设者和接班人。"①这一讲话内容和以往党的教育方针相比发生了两方面的变化,一是增加了教育为人民服务的内容,体现出这一时期党始终代表最广大人民群众根本利益的执政理念;二是提出坚持教育与社会实践相结合,突出对学生的创新精神和实践能力的培养,体现出劳动教育的社会实践属性,强调参与社会实践对培养全面发展的人的重要性和必要性。对此,江泽民进一步提出:"事实已经充分说明,'象牙塔'式的教育,不能适应当今时代的需要。教育与经济、科技、社会实践越来越紧密的结合,正在成为推动科技进步和经济社会发展的重要力量。"②

为全面贯彻落实新时期党的教育方针,培养与现代社会发展相适应的人才,江泽民进一步指出:"如果只是让学生关起门来读书,不参加劳动,不接触社会实践,不了解工人农民是怎样辛勤劳动创造社会财富的,不培养劳动人民感情,是不利于他们健康成长和全面发展的。学生适当参加一些物质生产劳动,应成为一门必修课,不是可有可无,这一点务必要充分认识和高度重视。"③这一重要指示体现了学校教育与社会发展紧密结合的必要性和迫切性,并用参加社会实践取代了传统的参加生产劳动,拓展了劳动教育的内涵。实践不仅是知识的来源,也是对知识的检验、运用和创新,人类参与实践的过程就是知识的获取、应用、发展和创造的过程。显然,这里的社会实践涵盖了参加生产劳动在内的劳动教育,其外延和覆盖范围比生产劳动要广泛得多。在随后的党和国家的相关教育文件中,有关劳动教育的表述逐渐被社会实践相关表述所取代,目的是鼓励支持学生要广泛参加社会实践,强调社会实践对学生成长成才的意义,突出社会实践在培养劳动品格、增加社会责任、磨练意志品质等方面对学生的重要性。为贯彻落实学生参加社会实践这一规定,党和国要求各级各类学校在其教育教学总体规划和教学大纲中对参加社会实践提出具体要求,并对学生参加社会实践提供更多的物质保障、时间保障和经费支持。

综上可见,江泽民关于劳动教育的论述在三个方面发展了马克思主义教育与生产劳动相结合理论,体现了新时期党的劳动教育思想的创新和发展。一是把尊重劳动、尊重知识、尊重人才、尊重创造有机结合起来,体现了劳动教育与人才培养和社会创造的内在统一性和有机联系;二是在坚持劳动教育的社会主义方向的基

---

①何东昌.中华人民共和国重要教育文献(1998—2002)[G].海口:海南出版社,2003:293.
②江泽民.江泽民文选:第2卷[M].北京:人民出版社,2006:335.
③江泽民.江泽民文选:第1卷[M].北京:人民出版社,2006:372.

础上,进一步发展了劳动教育为人民服务的思想,是党的教育服务于人民思想的生动体现;三是把生产劳动的范畴扩展到各类社会实践活动中,如科学实验、创新创业、技能大赛等领域,用多样化和创新化的社会实践取代劳动教育,使教育与生产劳动相结合的理论更好地服务于社会主义现代化建设和人才强国的发展战略。

三、以胡锦涛为代表的中国共产党劳动教育思想的新要求

进入21世纪,以胡锦涛为总书记的党中央高度重视并发展了马克思主义"教育与生产劳动相结合"的思想,提出以"八荣八耻"为主要内容的社会主义荣辱观,引导广大干部群众要明是非、知善恶、懂美丑,其中"以辛勤劳动为荣,以好逸恶劳为耻"体现了以胡锦涛为总书记的党中央对热爱劳动、辛勤劳动和诚实劳动的高度尊重和倡导,对好逸恶劳、贪图享乐、不劳而获、骄奢淫逸等行为的严重反对和摒弃,彰显出劳动最光荣、劳动者最伟大的价值观。2010年,在全国劳动模范和先进工作者表彰大会上,胡锦涛提出:"让全体人民特别是广大青少年都懂得并践行'劳动最光荣、劳动者最伟大'的真理。"[①]同年,在全国教育工作会议上,胡锦涛再次提出:"要全面贯彻党的教育方针,坚持教育为社会主义现代化建设服务,为人民服务,与生产劳动和社会实践相结合,培养德智体美全面发展的社会主义建设者和接班人。"[②]胡锦涛的论述表明劳动和劳动教育对建设社会主义精神文明、弘扬和践行社会主义核心价值观的极端重要性和迫切性,彰显出劳动教育对丰富学生知识体系、促进学生全面发展的意义及价值。在胡锦涛的论述中,教育同生产劳动和社会实践的结合同时被纳入党的教育方针,这使劳动教育的内涵和外延进一步拓展,体现出参与生产劳动和社会实践对促进人的全面发展、培养社会主义建设者和接班人的重要意义及作用。

2007年,胡锦涛在党的十七大报告中提出要坚持以人为本的科学发展观。坚持以人为本的科学发展观,体现了党和国家将实现好、维护好、发展好广大劳动人民的根本利益作为一切工作的出发点和落脚点,把尊重劳动人民主体地位、发挥劳动人民首创精神、保障劳动人民各项权益作为核心工作,把促进劳动者的全面发展作为执政目标。总的来讲,以人为本的科学发展观把对广大劳动者的人文关怀作为重要执政理念,为全社会树立正确的劳动价值观和开展劳动教育提供价值遵循和行动指南,也体现了新的历史条件下中国共产党对劳动、劳动人民和劳动教育的

---

① 胡锦涛.在2010年全国劳动模范和先进工作者表彰大会上的讲话[N].人民日报,2010-04-28(2).
② 胡锦涛.胡锦涛文选:第3卷[M].北京:人民出版社,2016:418.

新认识和新要求。

此外,这一时期党和国家出台的相关教育文件对劳动教育都有涉及。例如,2007年发布的《国家教育事业发展"十一五"规划纲要》和2010年颁发的《国家中长期教育改革和发展规划纲要(2010—2020年)》,对"教育与生产劳动相结合"的原则都有所体现,对学生参与生产劳动和社会实践活动也有明确规定和具体要求:加强对学生热爱劳动和热爱劳动人民的情感的培养教育,强化对学生的劳动技术教育,帮助学生养成良好的劳动习惯和劳动品格。

综上所述,通过对改革开放以来中国共产党劳动教育思想的演进及发展轨迹的梳理分析,可以发现这一时期中国共产党劳动教育思想具有以下几个方面的特点:一是把马克思主义教育与生产劳动相结合的思想作为党的教育方针始终坚持并传承下来;二是教育与生产劳动相结合的性质和方向没有发生变化,劳动教育始终坚持社会主义性质和社会主义方向,劳动教育始终坚持为人民服务和为社会主义现代化建设服务,劳动教育的政治属性及其功能始终不变;三是在坚持以经济建设为中心作为指导思想的前提下,把劳动教育和社会主义现代化建设紧密结合,加强以信息技术、通用技术等现代科学技术为重点的综合技术教育,使劳动教育与现代科学技术的发展相适配,与现代经济发展的需要相协调,突出劳动教育为经济建设服务的功能;四是坚持把教育与生产劳动相结合作为培养社会主义建设者和接班人的重要手段,把造就全面发展的人作为劳动教育的重要目标,突出为谁培养人、培养什么样的人、如何培养人三个教育根本问题;五是随着时代的发展变化,教育与生产劳动相结合的思想内涵与外延不断扩展,结合的方式方法不断获得创新和发展,体现了党的教育方针与时俱进的原则。

在这一时期,由于我国始终坚持以经济建设为中心的指导思想,因此在人才培养方面过多强化学生科学文化知识和现代科学技术的学习和掌握。在学校教育方面,中小学教育主要是以升学为目标导向,高校则以学科知识和专业知识的学习与掌握为中心,突出就业导向,学校劳动教育在实际的教育教学工作中有淡化、弱化甚至虚化的倾向。可以说,这一时期劳动教育的独立地位并未受到重视,劳动教育在各级各类学校人才培养体系中的重要性也没有得到体现。

第三节 新时代中国共产党劳动教育思想的理论拓新

中国特色社会主义进入新时代以来,以习近平同志为核心的党中央以国际视野深入洞察世界和历史大势,以系统思路和战略思维正确认识和科学把握当今世界正处于百年未有之大变局和我国正处在两个百年奋斗目标的交汇点所面临的复杂局势,以高超的智慧牢牢把握新时代我国社会发展的主要矛盾,擘画出以中国式现代化全面推进中华民族伟大复兴的宏伟蓝图。以习近平同志为核心的党中央基于对世界大势和中国现状高瞻远瞩的审视以及对马克思主义劳动观的深刻领悟,创造性地发展了马克思主义"教育与生产劳动相结合"的理论,把马克思主义劳动观与新时代中国特色社会主义建设的具体实际结合起来,提出实干兴邦、劳动平等、劳动创造、劳动幸福、劳动光荣、劳动伟大等劳动观和劳动价值观,成为新时代开展劳动教育的价值指引和行动指南,也为全面建设社会主义现代化和实现中华民族伟大复兴提供思想引领。

党的十八大以来,党和国家高度重视劳动教育的地位和功能,习近平总书记围绕劳动和劳动教育作出一系列的重要论述。为深入梳理习近平关于劳动和劳动教育讲话内容,更好地把握其精神实质,下面主要从劳动与中国梦的关系、体力劳动与脑力劳动的关系、劳动与幸福生活的关系、劳动价值观、劳动与人的全面发展、坚持以人民为中心的劳动价值立场等六个维度加强对以习近平同志为核心的中国共产党的劳动观和劳动价值观的理论阐释。

一、用劳动托起中国梦

劳动教育具有政治教育的属性和功能。新中国成立以来,党和国家在不同历史时期都强调劳动教育必须坚持社会主义方向,强调劳动教育为社会主义建设服务、为人民服务的政治属性。在新时代,全面建设社会主义现代化强国,实现中华民族伟大复兴是全体中国人民最伟大的梦想。中国梦是国家的,也是全体人民的,中国梦的实现离不开全国各族人民的辛勤劳动、诚实劳动和创造性劳动,满足人民日益增长的美好生活需要也需要各族人民的艰苦努力来实现。正如习近平所说,中华民族伟大复兴绝不是轻轻松松、敲锣打鼓就能实现的。"梦想属于每一个人,广大劳动群众要敢想敢干、敢于追梦。说到底,实现中华民族伟大复兴的中国梦,要靠各行各业人们的辛勤劳动。"[①]中国梦的实现归根结底依靠发展,而破解发展中的各类难题同样需要全体人民的诚实劳动。对此,习近平给出铿锵有力的答案:"人世间的美好梦想,只有通过诚实劳动才能实现;发展中的各种难题,只有通过诚实劳动才能破解;生命里的一切辉煌,只有通过诚实劳动才能铸就。"[②]中国梦的实

[①] 习近平.在知识分子、劳动模范、青年代表座谈会上的讲话[N].人民日报,2016-04-30(2).
[②] 习近平.习近平谈治国理政[M].北京:外文出版社,2014:46.

现与每一个劳动者的幸福生活密不可分,而满足人民对幸福生活的期盼同样也离不开劳动。习近平进一步指出,幸福不会从天而降,梦想不会自动成真,"全面建成小康社会,进而建成富强民主文明和谐的社会主义现代化国家,根本上靠劳动、靠劳动者创造"①。习近平关于中国梦与劳动关系的讲话观点新颖,内涵丰富,思想深刻,振聋发聩,深入人心,具有强大影响力、感召力和吸引力,对提高全体中国人民的劳动积极性、创造性起到强大的激励作用。

二、坚持体力劳动与脑力劳动的统一

体力劳动与脑力劳动的统一是人的素质全面发展不可或缺的一个方面,也是坚持理论与实践相结合的基本要求。"体力劳动与脑力劳动的统一是习近平新时代劳动教育观的重要内容,是实现党和国家教育目标和人的素质全面提升的内在需要,也是我国的现代化建设对高素质劳动人才的必然要求。"②2020年3月20日,中共中央、国务院印发的《关于全面加强新时代大中小学劳动教育的意见》中提出,劳动教育要"符合学生年龄特点,以体力劳动为主,注意手脑并用、安全适度,强化实践体验,让学生亲历劳动过程,提升育人实效性"③。坚持体力劳动与脑力劳动的统一作为新时代劳动教育的一项基本原则,符合学生成长成才的规律,既是对教育发展规律的深刻把握,也是构建全面发展的人才培养体系的必然要义。在我国社会主义建设中,坚持体力劳动与脑力劳动相统一的具体表现就是劳动没有高低贵贱之分,任何职业都是平等的,所有职业都很光荣,要尊重和鼓励一切劳动和每一个劳动者。正如习近平指出:"在我们社会主义国家,一切劳动,无论是体力劳动还是脑力劳动,都值得尊重和鼓励;一切创造,无论是个人创造还是集体创造,也都值得尊重和鼓励。"④

三、用劳动创造幸福生活

劳动是沟通人的内心世界与外部世界的桥梁与纽带,也是沟通教育与生活世界、职业世界的中介。人类在劳动中确证自己的类本质的存在,在劳动实践中感受

---

① 习近平.在庆祝"五一"国际劳动节暨表彰全国劳动模范和先进工作者大会上的讲话[N].人民日报,2015-04-29(2).
② 程德慧.习近平新时代劳动教育观论析[J].职业技术教育,2019(6):22.
③ 中共中央,国务院.中共中央国务院关于全面加强新时代大中小学劳动教育的意见[N].人民日报,2020-03-27(2).
④ 习近平.在庆祝"五一"国际劳动节暨表彰全国劳动模范和先进工作者大会上的讲话[N].人民日报,2015-04-29(2).

幸福,在劳动创造中享受美好生活,可以说,劳动是人类幸福生活的源泉。习近平高度重视劳动创造与人的幸福之间关系建构,在习近平看来,一切幸福都是人生奋斗的结果,人类只有在奋斗中才能感受幸福,奋斗的过程就是创造幸福的过程。习近平提出:"劳动是财富的源泉,也是幸福的源泉……全社会都要贯彻尊重劳动、尊重知识、尊重人才、尊重创造的重大方针,维护和发展劳动者的利益,保障劳动者的权利。要坚持社会公平正义,排除阻碍劳动者参与发展、分享发展成果的障碍,让劳动者实现体面劳动、全面发展。"[1]习近平把尊重劳动、劳动平等、社会公平正义、体面劳动、全面发展等看作劳动者获得幸福的前提和保证,体现出习近平总书记的博大情怀和对广大劳动者深厚的人文关怀。这一观点与马克思主义的自由劳动观高度契合。马克思认为,在未来的共产主义社会,当阶级和社会分工消灭之后,体力劳动和脑力劳动的对立也随之消失,异化劳动和外在于人本身的劳动不复存在,取而代之的是自由自觉的劳动,劳动真正回归人自身,人在自己的劳动中肯定自己、感受幸福。

四、弘扬积极正确的劳动价值观

劳动价值观是人类关于劳动的看法和基本观点,在一定程度上取决于劳动者关于劳动的价值判断和价值选择。严格来说,劳动价值观是人的世界观、人生观、价值观在劳动中的重要表现。积极正确的劳动价值观有助于人们崇尚劳动、尊重劳动、诚实劳动,有助于人们养成良好的劳动习惯和积极的劳动态度,以及对好逸恶劳、不劳而获、享乐主义、拜金主义等不良劳动价值观的否定和克服。中国特色社会主义进入新时代,弘扬劳动光荣、劳动崇高、劳动伟大、劳动美丽的价值观是习近平关于新时代劳动价值观的新思想新观点新理念,成为激发全体劳动者的劳动活力、引领时代发展的主旋律。早在2013年习近平在同全国劳动模范代表座谈时就提出:"必须牢固树立劳动最光荣、劳动最崇高、劳动最伟大、劳动最美丽的观念,让全体人民进一步焕发劳动热情、释放创造潜能,通过劳动创造更加美好的生活。"[2]2018年习近平在全国教育大会上强调:"要在学生中弘扬劳动精神,教育引导学生崇尚劳动、尊重劳动,懂得劳动最光荣、劳动最崇高、劳动最伟大、劳动最美丽的道理,长大后能够辛勤劳动、诚实劳动、创造性劳动。"[3]2020年3月20日,中

---

[1] 习近平.在同全国劳动模范代表座谈时的讲话[N].人民日报,2013-04-29(2).
[2] 习近平.在同全国劳动模范代表座谈时的讲话[N].人民日报,2013-04-29(2).
[3] 习近平.坚持中国特色社会主义教育发展道路 培养德智体美劳全面发展的社会主义建设者和接班人[N].人民日报,2018-09-11(1).

共中央、国务院印发的《关于全面加强新时代大中小学劳动教育的意见》明确指出,劳动教育的总体目标是"通过劳动教育,使学生能够理解和形成马克思主义劳动观,牢固树立劳动最光荣、劳动最崇高、劳动最伟大、劳动最美丽的观念;体会劳动创造美好生活,体认劳动不分贵贱,热爱劳动,尊重普通劳动者,培养勤俭、奋斗、创新、奉献的劳动精神;具备满足生存发展需要的基本劳动能力,形成良好劳动习惯"①。可见,新时代弘扬劳动光荣、劳动崇高、劳动伟大、劳动美丽的价值观为社会各个领域蓬勃发展、开创社会主义现代化建设新局面提供了强大的正能量。

新时代劳动教育的目标是培养学生积极正确的劳动价值观,树立积极正确的劳动价值观也是激发劳动热情、满足人民群众日益增长的美好生活需要的必由之路。培育学生积极正确的劳动价值观是教育现代化的重要内容,是落实立德树人根本任务的必然要求,也是学生养成良好劳动习惯、培育劳动精神、实现全面发展的价值旨归。

新时代的劳模精神是民族精神和时代精神的结合与反映,是社会主义核心价值观在劳动领域的集中体现;新时代的劳动精神是对广大劳动者实践精神的总结和提炼,是推动社会发展的宝贵精神财富和强大精神力量。在新时代弘扬积极正确的劳动价值观必须与弘扬社会主义核心价值观结合起来,要把弘扬劳模精神和劳动精神作为弘扬社会主义核心价值观的重要抓手。正如习近平总书记所说:"我们一定要在全社会大力弘扬劳模精神、劳动精神,大力宣传劳动模范和其他典型的先进事迹,引导广大人民群众树立辛勤劳动、诚实劳动、创造性劳动的理念,让劳动光荣、创造伟大成为铿锵的时代强音,让劳动最光荣、劳动最崇高、劳动最伟大、劳动最美丽蔚然成风。"②劳动模范是新时代践行社会主义核心价值观的杰出代表,劳模精神是劳动精神的高度凝练,吸取了劳动精神中更加优秀的成分。新时代弘扬劳动光荣、劳动崇高、劳动伟大、劳动美丽的价值观,一定要大力弘扬劳模精神与劳动精神。

五、构建德智体美劳全面发展的人才观

全面发展的人才观,从教育活动层面来讲,是指人才培养结构的完整性和系统

---

① 中共中央,国务院.中共中央国务院关于全面加强新时代大中小学劳动教育的意见[N].人民日报,2020-03-27(2).

② 习近平.在庆祝"五一"国际劳动节暨表彰全国劳动模范和先进工作者大会上的讲话[N].人民日报,2015-04-29(2).

性；对受教育者个体来讲，是指人的德智体美劳各方面素质的全面发展。2018年习近平在全国教育大会上强调："要努力构建德智体美劳全面培养的教育体系，形成更高水平的人才培养体系。"①德智体美劳"五育并举"人才培养体系的提出，体现了党和国家对全面发展的人才培养体系和人才素质结构在认识水平上进一步提升。"五育并举"人才培养体系突出了劳动教育在整个教育体系中的基础性地位，劳动教育对促进学生德智体美劳各方面素质的全面发展、提升学生的创新创业能力以及帮助学生适应未来社会发展要求将发挥积极作用，对培养高水平的人才具有独特的育人价值。因此，劳动教育的意义和价值再次受到学界和教育界的重视。2020年3月20日，中共中央、国务院印发的《关于全面加强新时代大中小学劳动教育的意见》规定："把劳动教育纳入人才培养全过程，贯通大中小学各学段，贯穿家庭、学校、社会各方面，与德育、智育、体育、美育相融合。"②这是新时代关于把劳动教育纳入全面发展的人才培养体系的顶层设计，标志着劳动教育在国家人才培养体系中的极端重要地位。

"五育并举"人才素质结构形成了我国高水平人才培养的新内涵，体现了劳动教育对于培育时代新人、促进人的全面发展、构建全面发展的人才观不可或缺的地位，开辟了新时代劳动教育的新境界。此外，"五育并举"的人才素质结构蕴含着劳动教育与德育、智育、体育、美育的相互区别又相互依存的内在关系，凸显了劳动教育以劳树德、以劳增智、以劳强体、以劳育美的功能和价值。

六、体现以人民为中心的价值立场和辩证思维方法

新时代中国共产党劳动教育思想坚持发展马克思主义关于人民是历史的创造者唯物史观，提出人民创造历史、劳动开创未来的思想观点。首先，坚持把劳动作为推动人类社会进步的根本力量，坚持以人民为中心的价值立场，倡导尊重劳动和劳动者，尊重广大劳动人民的权利，坚持劳动成果由人民创造、劳动成果由人民共享的价值立场。其次，结合时代诉求的发展变化不断坚持并发展马克思主义劳动观，提出一系列富有开创性的劳动教育的新思想、新观点和新方法。例如，基于劳动的政治功能提出劳动是共产党人的政治本色，也是党的优良作风；基于劳动在解决当前我国社会主要矛盾中的作用提出劳动创造幸福，美好生活靠劳动创造；基于

---

① 习近平.坚持中国特色社会主义教育发展道路 培养德智体美劳全面发展的社会主义建设者和接班人[N].人民日报，2018-09-11(1).
② 中共中央，国务院.中共中央国务院关于全面加强新时代大中小学劳动教育的意见[N].人民日报，2020-03-27(2).

劳动在中国特色社会主义建设中的作用倡导劳动光荣、创造伟大等劳动价值观；基于劳动平等的视角提出劳动没有高低贵贱之分，任何职业都值得尊重，任何职业都很光荣的思想观念。再次，教育引导"全社会都要贯彻尊重劳动、尊重知识、尊重人才、尊重创造的重大方针，全社会都要以辛勤劳动为荣、以好逸恶劳为耻，任何时候任何人都不能看不起普通劳动者，都不能贪图不劳而获的生活"[①]。

总而言之，党的十八大以来，以习近平同志为核心的党中央高度重视劳动教育在新时代人才培养和我国社会主义现代化建设方面的重要作用，并以自身丰富的思想内涵发展了马克思主义劳动观和劳动教育观，昭示出新时代党和国家对劳动教育的认识和理解具有高度的前瞻性和战略性，也体现出劳动教育在我国教育体系中具有全局性、多层次、系统化的特点和功能。

一是把劳动教育纳入新时代中国特色社会主义教育体系的建设内容，以及作为培养德智体美劳全面发展的社会主义建设者和接班人的构成要素，这是对马克思主义关于"教育与生产劳动相结合"思想的运用与创新发展，奠定了劳动教育落实立德树人根本任务、实现教育高质量发展的基础性地位，体现了劳动教育在培养和造就时代新人、实现两个百年奋斗目标中的战略意义和重要作用。

二是明确新时代劳动教育的重要使命和职责，弘扬劳动光荣、劳动崇高、劳动伟大、劳动美丽的劳动价值观，让辛勤劳动、诚实劳动、创造性劳动内化于心、外化于行，让尊重劳动、热爱劳动、崇尚劳动成为自觉追求，让不劳而获、贪图享乐、崇尚奢侈等错误思想受到唾弃，在全社会形成积极劳动、自觉劳动、享受的良好风尚。

三是将劳动教育与德、智、体、美四育并列构建"五育并举"的人才培养体系，确立了劳动教育在人才培养结构中的基础性、全局性地位和作用。

四是将劳动教育作为新时代实现人的全面发展的重要抓手，一方面充分肯定劳动教育在培育积极的劳动态度、养成良好的劳动习惯、提升劳动能力、树立正确的劳动价值观、传播劳动正能量等方面的重要价值；另一方面高度重视劳动教育对于丰富个体生活、完善个体人格、丰盈个体精神世界、提升人的道德意志、实现自由自觉的劳动等方面的重要作用。

---

① 习近平.在庆祝"五一"国际劳动节暨表彰全国劳动模范和先进工作者大会上的讲话[N].人民日报，2015-04-29(2).

第四节　中国共产党劳动教育思想的"变"与"不变"

一、中国共产党劳动教育思想"变"与"不变"的辩证统一

新中国成立以来中国共产党的劳动教育思想的发展历程及实践轨迹表明,中国共产党的劳动教育思想与马克思主义劳动教育观一脉相承,具有相同或相近的思想特点和价值指向。可以说,二者的相互契合是马克思主义劳动教育思想与中国社会主义建设实际相结合的理论基础和实践依据,只有彼此契合才能产生"深刻的化学反应",而不是概念或者术语的叠加或转换。因此,中国共产党的劳动教育思想是马克思主义劳动观与中国特色社会主义建设内在融合产生的成果,从这一层面来讲,中国共产党的劳动教育思想呈现出继承性特点。另一方面,中国共产党的劳动教育思想又随着时代的发展体现出与时俱进和发展变化的特点和规律。具体来讲,新中国成立以来中国共产党的劳动教育思想的发展体现出"变"与"不变"的辩证统一。

"变"体现出事物的发展性和创新性,是事物从量变到质变的必然逻辑。"变"说明不囿于传统,不墨守成规,不故步自封,而是呈现与时俱进、不断发展、审时度势、把握机遇的战略特点。新中国成立以来,中国共产党劳动教育思想的"变"主要体现在四个方面:

一是对劳动教育的表述不断发生新变化。与时俱进是马克思主义的显著特点,中国共产党的劳动教育思想在新中国成立后的三个不同历史时期因社会发展需要发生了变化,劳动教育呈现出不同的阐释,这从党的教育方针的不断变化中可以窥见一斑。新中国成立初期,体现劳动教育的表述为"教育必须为无产阶级服务""教育必须与生产劳动相结合",因过度强调劳动教育的政治服务功能,在这一方针的指导下劳动教育成为政治改造和阶级斗争的工具。改革开放后,中国共产党关于教育方针的表述随着时代的发展发生一定的变化,如邓小平时期党的教育方针中体现劳动教育的表述为"劳动教育必须为社会主义现代化建设服务""体力劳动与脑力劳动相结合",江泽民时期党的教育方针与劳动教育相关的表述为"尊重劳动、尊重知识、尊重人才、尊重创造"。进入新时代,党的教育方针与劳动教育相关的表述为"坚持劳动教育为社会主义现代化建设服务、为人民服务"。可以看出,新中国成立以来,在不同时期党的教育方针中都有"劳动教育"的相关表述,但因不同时期经济社会发展的需要,劳动教育的功能、地位、内容、要求都发生了一定

的变化。

二是劳动教育的内涵与外延不断变化。新中国成立初期,劳动教育主要服务于阶级斗争和政治改造的需要,这一时期劳动教育的内容主要是参加以生产劳动为主的体力劳动。改革开放以后,"以经济建设为中心"成为这一时期的根本要求,劳动教育主要服从和服务于改革开放和经济建设,服务经济、培养经济发展所需要的具有较高科学文化水平的劳动者、与现代科学技术相结合成为这一时期劳动教育的突出特点和主要任务。进入新时代以来,党和国家更多的是从国家人才培养的全局性、战略性高度来谈劳动教育,劳动教育与培养什么样的人、为谁培养人、如何培养人三个教育根本问题紧密结合在一起,教育与生产劳动的结合转变为教育与生产劳动和社会实践的结合,这一变化进一步拓宽了劳动教育的内涵与外延。

三是劳动教育的功能和作用不断变化。随着中国经济社会的发展,中华民族迎来了从站起来到富起来再到强起来的伟大飞跃,这一转变要求劳动教育的功能也要不断进行调整和改变。新中国成立初期,劳动教育主要是为无产阶级服务,改革开放以后劳动教育的功能转变成为人民服务、为社会主义现代化建设服务,进入新时代,劳动教育更多地服务于社会主义现代化建设和中华民族伟大复兴。从上述转变可以看出,劳动教育的全局性、战略性地位更加突出,职责和使命更为艰巨,可以说,新时代劳动教育承载着为富国强民、振兴中华提供人才支持的重大功能。

四是劳动教育面临的社会环境、时代条件不断变化。当今世界正处于百年未有之大变局,国际风云变幻莫测,西方国家对我国的打压遏制不断升级。国际环境的变化势必带来国内经济环境、政治环境、社会矛盾的复杂化、多样化,而这些变化必然触及国内劳动环境和劳动人才培养的变化,也使劳动教育面临更加复杂的局面。在如此复杂的国际国内环境下,劳动教育的目标、功能、形态、方法、策略等都应及时做出调整,尤其是面对西方国家对中国高科技企业极限施压和"卡脖子"的事实,应高度重视数字化劳动、智能化劳动在经济发展和高素质劳动人才培养中的作用,通过劳动教育内容、形态、方式方法等的调整不断提高劳动者的数字化水平和科技劳动素养,以适应复杂多变的国际国内环境。

"不变"是指事物处于相对稳定、平衡或静止的状态。"不变"就是要坚持既定原则,保持战略定力,咬住战略目标,坚定不移地按照既定的部署走好自己的路。对中国共产党来讲,新中国成立以来劳动教育思想的"不变"主要体现在其指导思想不变、政治属性不变、服务经济建设的功能不变和在促进人的全面发展中的作用不变四个方面。

一是劳动教育的指导思想不变,即坚持马克思主义"教育与生产劳动相结合"思想并将其作为党的教育方针一以贯之。新中国成立初期,基于社会主义初期阶级斗争和社会建设的需要,中国共产党坚持把"教育为无产阶级服务"和"教育与生产劳动相结合"有机融合在一起作为党的教育方针,既体现出对马克思主义"教育与生产劳动相结合"指导思想的继承,又体现出为无产阶级服务的指导思想。改革开放以后,无论是邓小平时代、江泽民时代还是胡锦涛时代,教育与生产劳动相结合作为党的教育方针的政策始终没有发生过变化。进入新时代以来,党的教育方针围绕教育必须为社会主义现代化建设服务和为人民服务政策导向,坚持马克思主义教育必须与生产劳动和社会实践相结合的指导思想,坚持培养德智体美劳全面发展的社会主义建设者和接班人的目标导向。可见,马克思主义"教育与生产劳动相结合"思想既是我国社会主义教育和劳动教育的指导思想,也作为我党的教育方针始终得以坚持并传承下来。

二是劳动教育的政治属性不变。我国的劳动教育具有突出的政治属性和政治教育功能,坚持劳动教育的社会主义方向是由我国社会主义国家的本质特征和发展规律所决定的。新中国成立初期,劳动教育主要是为无产阶级服务,用于培养广大劳动者的无产阶级政治觉悟和共产主义世界观。改革开放以后,中国共产党始终坚持劳动教育为人民服务和为社会主义建设服务,劳动教育肩负着为社会主义建设培养合格人才的政治责任。进入新时代,以习近平同志为核心的党中央高度重视劳动教育为人民服务和为社会主义现代化建设服务的政治属性,强调用劳动托起中国梦,强调劳动是共产党人的政治本色和优良传统,高度重视劳动教育在培养社会主义建设者和接班人方面的政治功能。

三是劳动教育服务社会主义经济建设的功能不变。教育作为上层建筑本身就是为经济建设培养各方面的人才,同样,社会主义劳动教育作为提高现代生产力的重要方式和造就全面发展的人的重要手段,其基本职能就是为社会主义经济建设培养高素质劳动者。因此,自新中国成立以来,劳动教育一直倍受重视,劳动教育服务于经济建设的功能始终没变。新中国成立初期,以毛泽东为代表的中国共产党坚持马克思主义教育与生产劳动相结合思想,倡导通过劳动教育把知识分子改造为能自食其力并能够为社会主义建设服务的时代新人;改革开放以后,服务和服从于经济建设为中心的实际需要,劳动教育与现代科学技术实现紧密结合,承载着为社会主义现代化建设服务的重要功能;进入新时代,劳动教育在培养德智体美劳全面发展的社会主义建设者和接班人,为全面建设社会主义现代化国家提供人才支持方面的功能得到进一步强化。

四是劳动教育在促进人的全面发展中的作用不变。新中国成立后,党和国家提出使受教育者在德智体各方面全面发展;改革开放以后,党和国家提出通过劳动教育培养有理想、有道德、有文化、有纪律的德育、智育、体育、美育等全面发展的社会主义事业建设者和接班人;进入新时代,党和国家把落实立德树人根本任务、培养德智体美劳全面发展的社会主义建设者和接班人作为教育的首要任务。由此不难看出,不同时期的劳动教育在人的全面发展中的作用始终没有变,这与马克思主义关于"劳动教育造就全面发展的人"的认识是一脉相承的。

劳动教育"变"与"不变"的特点体现了事物发展的对立统一,这也是马克思主义唯物辩证法关于矛盾及其运动的基本特征。要用辩证思维处理劳动教育中的一些矛盾,坚持劳动教育普遍性与特殊性相统一、历史与逻辑相统一、传承性与发展性相统一、理论与实践相统一。

二、中国共产党劳动教育思想的当代启示

新时代中国共产党劳动教育观的发展特点表明,中国共产党的劳动教育思想是马克思主义劳动观在当代中国的实践运用与创新发展,新时代劳动教育必须坚持社会主义方向,坚持立德树人根本任务,坚持为人民服务的基本立场,坚持在理论与实践的结合中不断实现理论创新。

(一)新时代劳动教育必须坚持马克思主义的指导地位,坚持社会主义方向

劳动教育是国家人才培养的基础性工作,也是中国特色社会主义教育的重要内容,推进劳动教育理论创新和实践创新,必须坚持马克思主义的指导地位,坚持社会主义教育方向。坚持马克思主义指导地位就是要以马克思主义劳动观为指导,运用马克思主义的劳动立场、观点和方法解决我国社会经济发展中存在的劳动价值观扭曲和污化等问题。同时,还要同形形色色的反马克思主义思潮作斗争,尤其要同历史虚无主义作坚决斗争。历史虚无主义者常常打着所谓民主、自由、人权、博爱的口号宣传西方的"普世价值观",歪曲中国共产党的历史,抹黑党和国家的领袖以及英雄人物、劳动模范等,并对我国劳动群众实施思想上的分化和西化,其最终目的是推翻中国共产党的领导和我国社会主义制度,摧毁我国社会主义建设所取得的伟大成就。我们一定要认清其真实面目,旗帜鲜明地加以抵制。要坚持马克思主义劳动观为指导,把爱国、敬业、诚信、友善的价值观融入到劳动教育实践中,自觉同各类拜金主义、享乐主义、消费主义等不良的劳动价值观作坚决斗争;

要弘扬以爱国主义为核心的民族精神和以改革创新为核心的时代精神,把中华民族勤劳、勇敢、开拓进取的伟大精神不断发扬光大。

(二)新时代劳动教育要积极落实立德树人根本任务

劳动教育的根本任务是育人,即促进人的个性、人格、品德的和谐发展与完善。2018年,习近平在全国教育大会上提出:"培养德智体美劳全面发展的社会主义建设者和接班人,加快推进教育现代化、建设教育强国、办好人民满意的教育……围绕培养什么人、怎样培养人、为谁培养人这一根本问题,全面加强党对教育工作的领导,坚持立德树人。"[①]习近平总书记在讲话中明确提出我国教育的主要目标是培养德智体美劳全面发展的社会主义建设者和接班人,并把劳动教育与德、智、体、美四育并举纳入我国教育体系,作为人才培养的重要内容,表明了劳动教育在综合育人体系中的基础性地位,体现出劳动教育以劳树德、以劳增智、以劳强体、以劳育美的功能与价值,这也为新时代劳动教育落实立德树人根本任务指明了方向,明确了思路和要求。

新时代劳动教育落实立德树人根本任务,还要主动回应党和国家关于教育的根本问题和目标要求,及时关注新时代劳动教育与人的全面发展、消解异化劳动、教育与生产劳动在新时代的结合应用、如何全方位和全过程推进大中小学劳动教育一体化等时代课题。基于新时代中国特色社会主义的劳动实践,要从广大人民的生活实践和中国特色社会主义实践中不断获取劳动教育的新资源,开辟劳动教育的新理念和新思路。

(三)新时代劳动教育应根植于人民日益增长的美好生活需要的目标追求

党的十九大报告提出,当前我国社会的主要矛盾已经变为人民日益增长的美好生活需要同不平衡不充分的发展之间的矛盾。我国社会主要矛盾的变化标志着中国特色社会主义进入新的历史方位,也标志着我国劳动人民从温饱实现富足、又从富足开始迈向追求幸福美好生活的新时代。人民日益增长的美好生活需要体现在劳动领域就是,尊重劳动者的主体地位、保障劳动者的合法权益、树立劳动平等理念、保证劳动安全、实现劳动公平正义等,让劳动者有更多的获得感、幸福感和价值感。对此,习近平强调:"要建立健全党和政府主导的维护群众权益机制,抓住劳动就业、技能培训、收入分配、社会保障、安全卫生等问题,关注一线职工、农民工、

[①] 习近平.坚持中国特色社会主义教育发展道路 培养德智体美劳全面发展的社会主义建设者和接班人[N].人民日报,2018-09-11(1).

困难职工等群体,完善制度,排除阻碍劳动者参与发展、分享发展成果的障碍,努力让劳动者实现体面劳动、全面发展。"①

新时代劳动教育要立足于当前我国社会发展所处的历史方位,根植于中国特色社会主义伟大实践,紧密结合广大劳动人民的生活实际,反映广大人民群众的现实诉求,坚持劳动人民的利益至上,满足人民群众多样化生活需要。因此,要大力弘扬劳动精神、劳模精神和工匠精神,让辛勤劳动、诚实劳动、创造性劳动融入广大劳动者的内心并成为劳动者的自觉行为,让劳动光荣、劳动崇高、劳动伟大、劳动美丽成为新时代最美丽的风景线。

(四)新时代劳动教育要不断丰富其理论内涵,创新劳动教育的思路和方法

随着经济社会的发展,劳动教育的内涵必然呈现出新的特点,具体表现为出现新的劳动形态,如闲暇劳动、消费劳动、数字劳动等,而新的劳动形态的产生必然要求劳动教育在形式、内容、功能、实践等方面都做出相应的调整与改变。班建武认为,在新的时代背景下,应立足于社会劳动形态和时代特点,从立场、内容、功能、实践等层面阐发新时代劳动教育的内涵特征与实践路径。其中,劳动教育的立场实现了从形式到实质的改变,劳动教育的内容实现了生产与消费的统一,劳动教育的功能实现了从工具到存在,劳动教育的实践实现了从单一到整合。② 劳动教育的立场、内容、功能、实践的变化必将带来劳动教育理论上的创新和实践上的突破。从理论层面来看,新时代劳动教育理论创新必须基于正确的劳动价值观,秉持发展的内容观,坚持自由自觉的劳动人本观;从实践层面来看,构建开放性的劳动教育实践观,应坚持体力劳动与脑力劳动的统一,坚持物质性劳动与非物质性劳动的统一,坚持生产劳动与消费劳动的统一。

(五)新时代劳动教育要不断推进其话语表达方式和实践方式的创新

马克思主义劳动观在不同时代具有不同的时代特点和时代内涵,劳动教育的思路和方法也随之不断变化和发展。新时代劳动教育的开展应坚持辩证的发展观,必须基于不断发展变化的时代特点,根植于社会劳动实践形态的多样化和复杂化,不断创新劳动教育的思路和方法。在创新劳动教育的话语表达方式方面,政治话语创新要旗帜鲜明、立场坚定,应发挥理性动员、政治宣传、激发热情的作用,避免含糊其词、遮遮掩掩;学术话语创新要遵循学术表达和学科建设的现实需要,既

---

①习近平.在庆祝"五一"国际劳动节暨表彰全国劳动模范和先进工作者大会上的讲话[N].人民日报,2015-04-29(2).

②班建武."新"劳动教育的内涵特征与实践路径[J].教育研究,2019(1):21-26.

要有理论逻辑,能够做到旁征博引、观点鲜明、立场正确、逻辑严密,又要有实践逻辑,能够做到通俗易懂、反映现实、容易被读者接受;生活话语创新就是要回归劳动者的生活世界,关心劳动人民的生活疾苦,遵循劳动人民的生活实际,反映劳动者的生活诉求,与劳动人民实现心灵的沟通,用劳动人民听得懂、用得着、接地气的话语进行表达,这样才会产生亲和力和说服力。在劳动教育实践方式创新方面,应紧密结合发展变化的社会实际,主动适应信息化、数字化的发展需求,实现虚拟劳动实践与现实劳动实践的结合,实现物质劳动与休闲劳动、闲暇劳动、消费劳动等新的劳动形态的融合,满足人民日益增长的美好生活需要。

本章结语:中国共产党劳动教育思想的形成及发展表明,中国共产党的劳动教育思想始终坚持马克思主义的指导地位,始终坚持劳动教育的社会主义方向,这是新时代开展劳动教育的总方向和总基调;教育与生产劳动相结合是中国共产党开展劳动教育的基本原则,也是贯穿中国共产党劳动教育发展的主线;以促进人的全面自由发展为旨归,这是中国共产党劳动教育的价值立场。伴随着中国社会主义现代化建设的不断推进,中国共产党的劳动教育思想在传承中不断发展,在守正中不断创新,从封闭走向开放,从单一走向多元,反映了中国共产党劳动教育思想与时俱进的理论品格,彰显了中国共产党人对劳动教育规律、社会发展规律和人才培养规律的深刻把握,也是马克思主义劳动观与中国劳动教育实际相结合的必然逻辑。

第四章　新时代劳动教育的立德树人价值意蕴

新时代劳动教育是马克思主义劳动观中国化、时代化的内在要求,是落实立德树人根本任务的必然要义。2020年3月20日,中共中央、国务院发布的《关于全面加强新时代大中小学劳动教育的意见》(下面简称《意见》)指出:"劳动教育是中国特色社会主义教育制度的重要内容,直接决定社会主义建设者和接班人的劳动精神面貌、劳动价值取向和劳动技能水平……劳动教育是国民教育体系的重要内容,是学生成长的必要途径,具有树德、增智、强体、育美的综合育人价值。"[1]《意见》内容显示,劳动教育是新时代全面育人体系的构成要素之一,除了具有综合育人价值之外,对国家建设、社会建设和个体成长都具有重要价值。具体来讲,劳动教育能够全面提升劳动者素养,为中华民族伟大复兴提供人才支持;劳动教育在激发劳动者主体意识、构建和谐劳动关系、满足人民美好生活需要方面具有重要价值意蕴;劳动教育是促进个体人格完善、提高劳动者的劳动能力、丰富劳动者的社会关系、培育劳动者的劳动精神、实现人的自由全面发展的必由之路。

第一节　新时代劳动教育对实现中华民族伟大复兴的价值意蕴

当前世界正处于百年未有之大变局,国家能否抓住这一发展重要机遇、赢得战略主动,在一定程度上取决于广大劳动者的创新素养和劳动能力。构建知识型、技能型、创新型社会,全面提高劳动者的素养和能力,需要加强劳动教育。赵蒙成指出:"新时代发展实体经济,加快制造业发展、建设技能型社会,劳动教育是基础性工程,是事关我国社会与经济发展的根本战略,也是当下我国教育实践应有的基本内涵。"[2]在推动中国制造向中国创造、制造业大国向制造业强国转变,全面建设社

---

[1] 中共中央,国务院.中共中央国务院关于全面加强新时代大中小学劳动教育的意见[N].人民日报,2020-03-27(2).
[2] 赵蒙成.劳动教育为何重要——基于实践哲学的考察[J].湖南师范大学教育科学学报,2022(5):108.

会主义现代化国家和实现中华民族伟大复兴的过程中,劳动教育具有基础性、战略性、全局性地位和价值。

一、新时代劳动教育为全面提高劳动者素养和实现中华民族伟大复兴提供人才支持

恩格斯在《自然辩证法》一书中曾经提出,人类作为对象性存在物,人类要生存与发展,必须与自然发生交互关系,劳动作为人与自然进行物质交换的中介,劳动创造了人,也创造了人类生活,可以说,劳动是人类生活的前提和基础。"劳动创造了人本身"作为哲学命题来理解和把握的话,必须从生产力的构成因素谈起。劳动资料、劳动对象和劳动者是构成生产力的三个要素,在这三个要素中,作为劳动者的人是关键要素,也是生产力中最活跃、最具革命性的要素,因此劳动者才是生产力的核心。

人类社会的发展规律表明,人类社会发展的根本动力在于生产力的发展,这也是人类社会发展的普遍性规律。生产力的发展,除了依靠科技进步即生产工具的不断改进和革新外,更要依靠劳动者创新和创造能力即劳动素质的提高。尤其在当今时代,科技进步和劳动创造对生产力发展的贡献份额越来越大,但科技进步离不开劳动者的创新和创造,因此,加强劳动教育,不断提升劳动者的劳动素养是促进生产力发展的内在诉求。

劳动素养又称为劳动素质。从"劳动素养"的构成来看,"劳动素养"分为"劳动"与"素养"两部分,主体是素养,劳动是其定语。前文已经对"劳动"的概念进行了深入细致的阐述,用一句话来概括,劳动是人类区别于动物的一种特有的形式,作为人类赖以生存和发展的前提和依据,劳动通常包括体力劳动和脑力劳动两种形式。"素养"指"平日的修养"[1],而"修养"是"指理论、知识、艺术、思想等方面的一定水平,也指养成的正确的待人处事的态度"[2]。因此,"劳动素养"就是指劳动者在劳动过程中形成的与劳动相关的品质修养和行为能力。但对广大学生来说,他们还没有进入社会成为职业劳动者,因此青少年学生的劳动素养主要是通过教育活动帮助他们逐步形成与劳动相关的品质修养与行为能力,而这种教育活动主要就是指劳动教育。

2020年7月,教育部印发《大中小学劳动教育指导纲要(试行)》。该纲要明确

---

[1] 中国社会科学院语言研究所词典编辑室.现代汉语词典[M].7版.北京:商务印书馆,2016:1248.
[2] 中国社会科学院语言研究所词典编辑室.现代汉语词典[M].7版.北京:商务印书馆,2016:1475.

了大中小学生的劳动素养主要包括劳动观念、劳动能力、劳动精神、劳动习惯和品质等内容。① 大中小学生作为未来的社会主义事业建设者,树立正确的劳动观念,培养必备的劳动能力,培育积极的劳动精神,养成良好的劳动习惯和劳动品质,对于建设社会主义现代化国家和实现中华民族伟大复兴具有深远意义。因此,对于学生劳动观念、劳动能力、劳动精神、劳动习惯和劳动品质的培养,劳动教育责任重大且义不容辞。

第一,劳动教育端正劳动观念。劳动观念是指学生关于劳动的认知和综合思维活动,是劳动意识、劳动思想和劳动态度的综合性表达。意识是人脑对客观事物的内在反映,而劳动意识作为人的一种思维方式,是人的大脑对劳动活动和劳动过程的主观性表达。比如有些学生在劳动中形成"自己的事情自己做""一粥一饭当思来之不易""安全第一"等与劳动相关的思维,体现了尊重劳动、尊重劳动成果、尊重劳动者权利等意识。劳动意识是劳动观念的组成部分,劳动认知、劳动情感和劳动意志等都是劳动意识的表现形式。劳动意识影响着人的劳动行为、劳动态度和劳动习惯,积极的劳动意识是树立正确的劳动价值观的前提和基础,有助于形成科学的劳动思想。劳动思想是指导劳动教育的理论体系,由劳动的概念、判断、结构、价值等内容构成。马克思主义劳动观和习近平劳动观都是劳动思想的重要表现形态,也是新时代劳动教育的指导思想和核心内容,劳动教育的目的就在于帮助学生确立马克思主义劳动观,树立劳动最光荣、劳动最崇高、劳动最伟大、劳动最美丽的价值理念,让马克思主义劳动观内化于心,并成为个人的自觉行为。劳动态度是在正确的劳动价值观的引领下形成的热爱劳动、积极劳动的心理趋向。劳动态度影响和决定着个体的劳动行为,如乐于整理自己的房间、乐于打扫教室卫生、经常帮助父母做一些力所能及的家务劳动和生产性劳动,这些都是积极劳动和有担当的表现。学生的劳动意识、劳动思想和劳动态度综合表现为学生的劳动观念,而劳动观念又是学生劳动素养体系的重心。

长期以来,在以追求升学率为核心目标的教育导向下,很多学校和家庭淡化、弱化甚至虚化了劳动教育,造成人才培养过程中劳动教育的偏差和学生劳动素养的弱化。近年来社会上"宅男""宅女"现象越来越普遍,"啃老""佛系""躺平"等成为"时尚"的标签,折射出当下部分年轻人的劳动观念不够正确,一些错误的认

---

①中华人民共和国教育部. 大中小学劳动教育指导纲要(试行)[EB/OL]. http://www.gov.cn/zhengce/zhengceku/2020-07/15/content_5526949.htm.

知也影响着他们的行为方式。如果这部分群体是在校学生,则会严重危害学生个体成长和学校的人才培养质量。因此,必须加强劳动教育,要让学生积极参加劳动实践,形成尊重劳动、热爱劳动、劳动光荣等正确认知和思想观念,在真实自觉的劳动体验中丰富自己的生命活动,在规范自身的劳动行为中形成"以辛勤劳动为荣、以好逸恶劳为耻"的伦理意识,在各类志愿者活动或服务性活动中养成自立自强、服务社会的责任意识,在与劳模和大国工匠的互动中接受精神洗礼,培育对劳模精神、工匠精神、劳动精神坚定的信仰和信念。可以说,劳动观念的培育奠定了学生自我价值实现的基石,为他们的个体内涵发展注入了动能,也为他们今后服务社会、报效国家积蓄了能量。

第二,劳动教育提升劳动能力。劳动能力是人从事某种具体劳动和完成一定的工作任务所必须具备的知识、技能和体力等综合能力的总和,是人的自我发展能力、服务社会能力、创新创造能力等多维度的综合表现。劳动能力的提升通常要经历劳动认知的培养、劳动意识的确立、劳动技能的熟练掌握、劳动习惯的养成这样一个长期的复杂的过程。也有人提出,劳动能力是学生在劳动实践活动中,"通过自己的劳动行为充分发挥自己的操作技能、实践能力和创新能力,做到自我培养和自我判断,有能力组织和实现个体任务或是集体任务"[①]。

随着社会分工的高度专业化和精细化,社会对人的劳动能力的要求更加具体化。劳动能力包括从事体力劳动的能力和从事脑力劳动的能力。劳动者从事体力劳动的能力主要指劳动者自身的身体素质能力、劳动知识的储备与运用能力、劳动技能的熟练掌握程度和运用能力等,劳动者从事脑力劳动的能力主要指劳动者获得知识和创造知识的能力、劳动者掌握和运用信息技术的能力、劳动者在劳动实践中的创新思维和发展能力等。其中,劳动知识的储备和劳动技能的熟练掌握程度是劳动能力的核心。劳动知识是劳动主体在认识和改造客观世界的过程中劳动经验的积累与传承的结果,分为理论层面的科学文化知识和实践层面的经验知识。劳动知识既推动了社会生产力的发展和人类社会的进步,也促进了人类自身的全面发展和进步。劳动技能是指运用所学劳动知识和完成一定的劳动任务必须具备的劳动技术能力。劳动能力是劳动素质的重要构成,也是劳动教育的重要内容。

劳动能力与劳动教育是目的与手段的关系,劳动能力的形成与提高要通过劳动教育来完成,劳动教育的过程就是不断学习与积累劳动知识、提高学生劳动能力

[①] 廖婷.公立初中学生劳动素养问题研究——以广东省河源市源城区为例[D].广州:广州大学,2018:23.

和实现劳动创新的过程。首先,劳动教育要求各级各类学校加强对学生劳动知识的教育。依据学校劳动教育的目标,通过体系化和专业化的劳动知识的学习,要让学生熟悉劳动的起源、分类、发展历史等,掌握人类劳动对个人及社会发展的意义和价值,奠定学生成长发展所需要的劳动基本素养。其次,劳动教育要加强对学生日常劳动技能的培育。日常劳动技能包括熟练掌握和运用劳动工具的能力、完成简单的劳动项目所需要的技术能力、与他人团结协作的能力等。学生劳动能力的培养教育要与学生的认知和发展规律相适应,在不同年龄阶段劳动能力教育的内容应有所不同。小学阶段要求掌握最基本的从事家务劳动的能力,中学阶段教会学生掌握基本的生存和生活能力,如简单烹饪、使用吸尘器等科技化劳动工具等,大学阶段在掌握必备生活技能的同时还要具备一些通用性职业技术能力。再次,劳动教育要不断提高学生劳动创新和服务社会的本领和能力。劳动创新能力是指在劳动过程中运用劳动知识与劳动技能,对劳动实践中出现的各类问题提出创新性思维和创新性方法的能力,以及建立在劳动锻炼基础上的革新创造能力。如学生在参加劳动实践过程中,思考如何对劳动工具进行改造革新,如何对劳动流程进行优化,如何对人员组织进行改革,从而不断提升劳动效率。这些都是在劳动教育中激发出来的创新思维和创造能力,也是新时代对未来科技创新人才的素质要求。劳动知识、劳动技能、劳动创新三个要素是劳动能力结构体系的重要组成部分,在劳动教育中,加强对学生在劳动知识、劳动技能、劳动创新三方面能力的培养,有助于不断提升学生的劳动能力,为他们毕业后走上工作岗位,更好地适应新时代社会经济发展对人才的要求奠定良好的基础。

第三,劳动教育涵育劳动精神。劳动精神是关于劳动的理念认知和行为实践的集中体现,指劳动者在具体的劳动实践中体现出来的热爱劳动、积极劳动、辛勤劳动、创造性劳动等精神风貌和精神气质。劳动精神也是学生劳动素养的核心内容。从深层次理解,劳动精神又是劳动者个体的劳动观念、思维方式、行为方式等心理认知的凝练与升华,一个人在劳动中的表现都是受劳动精神引导与规范。"劳动精神是马克思主义劳动观中国化的时代性表达,是劳动者在劳动实践中形成的劳动认知、价值理念和实践智慧的凝练和总结,是推动社会进步的精神动力。"[1]劳动精神的形成有其深刻的理论源泉,马克思主义劳动观和劳动价值观是劳动精神的理论支撑。劳动精神的形成与一个民族的文化基因有着密切的关联,中华优秀

---

[1] 陈苏谦.培育新时代大学生的劳动精神探析[J].扬州大学学报:高教研究版,2020(3):79.

传统劳动文化是任何时代涵育劳动精神的民族文化基因和灵魂。劳动精神的形成离不开一定的时代特征,社会主义核心价值观是新时代劳动精神形成的价值支撑。不同时代劳动精神的表现是不同的,如在革命战争年代,劳动精神表现为自力更生、艰苦奋斗、不畏艰险、迎难而上的革命斗争精神;在社会主义建设时期,劳动精神表现为"为有牺牲多壮志,敢教日月换新天"的革命建设意志,雷锋精神、铁人精神是那个年代的精神特征;在改革开放的伟大实践中,广大劳动者以勇于拼搏、开拓进取、敢为人先、敢闯敢试的精神风貌,形成了"实干兴邦""创造伟大""劳动光荣"等时代精神;走进新时代,广大劳动者迎着浩荡东风,劈波斩浪、勇立潮头,谱写了"中国梦·劳动美"的新篇章。

劳动精神需要借助劳动教育来涵养和培育,新时代劳动教育应坚持马克思主义劳动观为指导,树立全面发展的育人理念,强化劳动实践创新,营造热爱劳动的氛围,将劳动精神的培育融入教育教学全过程。首先,新时代劳动精神的培育必须坚持马克思主义劳动观为指导思想。马克思主义劳动观从实践唯物主义的视角出发,阐明了劳动对人的形成及发展的意义,奠定了人类社会发展和人类历史形成与发展的基础,同时马克思主义劳动观也是迄今为止人类历史上关于劳动理论最具思想性、科学性、实践性、发展性的理论体系。其次,新时代劳动精神的培育应树立全面发展的育人观。自由自觉劳动是马克思主义劳动观的价值目标,也是实现人的全面发展的前提条件,而人的全面发展是共产主义社会的理想追求,因此,培育全面发展的人也是新时代劳动教育的应有之义。劳动是实现人的自我发展、自我完善进而实现人的全面发展的必由之路,新时代劳动教育应突出劳动精神的培养在促进学生全面发展和社会经济发展中的重要地位,深入挖掘学校在人才培养、专业建设、课程开发中的劳动精神元素,引导学生树立劳动光荣、劳动崇高、劳动伟大、劳动美丽的价值观,通过辛勤劳动、诚实劳动、创造性劳动实现人生价值,养成能吃苦、肯劳动、敢创造的劳动品格。再次,新时代劳动精神的培育应把劳动实践的体验与创新置于突出位置。家庭日常劳动、社会公益劳动以及生产性劳动作为劳动教育的常见形式,能够促使学生在劳动中学会自立自强,培养学生勤奋坚强、勇于克服困难、乐于奉献的劳动精神和热爱劳动的良好习惯,帮助学生从劳动认知到劳动实践实现自我突破、自我完善和自我发展,增强劳动认同,涵养劳动情怀。最后,新时代劳动精神的培育还需要学校营造尊重劳动、珍惜劳动成果、热爱劳动的氛围。学校应从舆论、人才培养、教育教学等方面融入劳动精神的培养与教育,应重视典型引领、精神激励、教育宣传等对劳动精神的涵育功能,做好课程建设、教学活动、课程思政等方面的劳动精神设计,营造出大力弘扬劳动精神的舆论氛围。

第四,劳动教育锤炼劳动品格,培育劳动习惯。劳动品格是劳动者在长期的劳动实践中养成的人格品质与修养,是个人对劳动的习惯性、自觉化行为及思维方式。劳动品格是个人劳动素养的综合性表征,也是个人恒久不变的独特精神气质。劳动品格具有鲜明的文化性、情感性、实践性等特点,勤劳、节俭、诚信、合作、责任、拼搏、坚毅等都是个人劳动品格的体现。

劳动品格是个体在劳动实践中养成的吃苦耐劳、坚毅勇敢、顽强拼搏、努力进取等品格特质。《大中小学劳动教育指导纲要(试行)》在劳动教育的总体目标中明确指出,学生要"能够自觉自愿、认真负责、安全规范、坚持不懈地参与劳动,形成诚实守信、吃苦耐劳的品质"①。劳动品格通常包括劳动自主、劳动诚信、劳动责任三个方面。劳动自主是指劳动者能够自觉自愿地参与劳动,并且参与劳动的心态是主动的、积极的、愉悦的,而不是消极的、被动的、苦恼的,劳动自主能够调动劳动者的个体能动性,促进自觉劳动习惯的养成;劳动诚信是指劳动者自觉遵守劳动规则,踏踏实实、兢兢业业的对待自己的劳动,做到认真负责,既能够尊重自己的劳动和劳动成果,也能够尊重他人的劳动和劳动成果;劳动责任体现出劳动者对待自己的劳动有着高度的责任意识和深厚的担当意识,劳动责任能够强化一个人对自己、社会、国家的责任意识和使命意识。

良好的劳动习惯是涵育优良劳动品格、培养劳动精神和提高劳动能力的关键,是全面提高劳动者实践能力的必要条件。劳动习惯是一种积极的劳动品质和心理倾向,是劳动者在长期的劳动实践中养成的,表现为劳动者热爱劳动、积极劳动、主动劳动等行为习惯。积极的劳动习惯有助于激发劳动者的劳动热情和劳动兴趣,促使劳动者自觉遵守劳动规则并规范自身的劳动行为。正如俄国教育家乌申斯基所言:"如果你能成功地选择劳动,并把自己的全部精神灌注到它里面去,那么幸福本身就会找到你。"②苏联教育家苏霍姆林斯基指出:"培养学生良好的习惯,防止养成不良的习惯,是一项重要的教学任务,良好的习惯首先涉及劳动和集体中的相互关系。良好习惯的形成和情操、情感生活的培养是相联系的,我们组织一些儿童生活和劳动,希望既能有助于他们形成良好的习惯,又能唤起和加深他们乐观愉快

---

① 中华人民共和国教育部. 大中小学劳动教育指导纲要(试行)[EB/OL]. http://www.gov.cn/zhengce/zhengceku/2020-07/15/content_5526949.htm.
② 乌申斯基. 人是教育的对象——教育人类学初探:上卷[M]//朱金媛. 语言的力量——名人名言. 武汉:华中科技大学出版社,2014:283.

的情感,在他们心中留下某种愉快的痕迹。"①

培育劳动品格和劳动习惯是劳动教育的重要内容。关于劳动教育和劳动品格、劳动习惯养成的关系,苏霍姆林斯基指出:"劳动教育能够提高道德性,学生在劳动中得到考验,确定自己的意志力。青少年应当参加具有社会意义,对建立和巩固苏维埃社会的物质技术基础起到一定作用的劳动,从而达到锻炼意志的目的。要在集体劳动的情感评价中鲜明地体现社会和公民精神,这是对形成学生意识和培养公民精神非常重要的一点。"②因此,劳动教育既是提高人才培养质量的内在需求,也是学生获得感得以实现的重要渠道,更是学生自身幸福感的来源。

劳动素养的基本内容结构包含思想层面、能力层面、精神层面和行为规范四个方面,这四个方面既互相区别,又相互补充、互为条件,共同构成劳动素养的完整内涵。其中,正确的劳动观念和劳动意识是劳动素养形成的前提和基础,劳动能力的提升是劳动素养形成的手段和方式,劳动精神是劳动素养深层次和灵魂层面的体现,劳动习惯和劳动品格规定了劳动素养的目标要求。少了任何一个方面,劳动素养的内涵都无法完整和圆融。劳动素养的四个构成要件都需要通过劳动教育进行培养和塑造,只有通过家庭、学校、社会不同领域的劳动教育,才能形成劳动者完整的人格,才能不断完善劳动者的道德品质,全面提升劳动者的劳动能力,最终使劳动者养成积极劳动、热爱劳动的习惯和品格。

新时代劳动教育应把培育劳动观念、提升劳动能力、涵育劳动精神、培养劳动习惯和劳动品格作为一项系统工程,需要家庭、学校和社会各个层面协同发力,形成育人合力,这样才能培养出具有完整和独立人格的劳动者。劳动教育只有用劳动精神引领劳动素养和其他各方面素质的发展,才能实现劳动者自由全面发展。因此,劳动素养的全面提升是全面建设社会主义现代化国家和实现中华民族伟大复兴的基础性工程,是社会主义现代化建设和中华民族伟大复兴的力量之源。

二、新时代劳动教育为实现中华民族伟大复兴培育"时代新人"

党的十九大报告提出要培养担当民族复兴大任的时代新人,广大青年要坚定理想信念,志存高远,脚踏实地,勇做时代的弄潮儿。这是党在全面建设社会主义现代化国家和实现中华民族伟大复兴的新的历史时期对教育提出的目标任务和历史使命。党的二十大报告提出:"广大青年要坚定不移听党话、跟党走,怀抱梦想又

---

① 苏霍姆林斯基.帕夫雷什中学[M].吕玢,译.武汉:长江文艺出版社,2021:17.
② 苏霍姆林斯基.帕夫雷什中学[M].吕玢,译.武汉:长江文艺出版社,2021:17.

脚踏实地,敢想敢为又善作善成,立志做有理想、敢担当、能吃苦、肯奋斗的新时代好青年,让青春在全面建设社会主义现代化国家的火热实践中绽放绚丽之花。"[①]党的十九大报告中首次提出"时代新人"的概念及目标要求,党的二十大报告对"时代新人"的内涵作了进一步的丰富,并对"时代新人"的要求作了明确和具体的规定。可以看出,"时代新人"的提出不仅是党和国家对我国教育事业的发展特别是学校思想政治教育提出的新要求,也是对社会主义国家人才素质结构的新规定。同样,劳动教育作为国家人才培养体系的重要组成部分,培育时代新人是新时代劳动教育的历史使命与责任担当。

(一)"时代新人"的概念解析及科学内涵

"时代新人"这一概念开始进入学界的研究和思考视域是在党的十九大后。"时代新人"是由"时代"和"新人"两个关键词构成的,"时代"是特指中国特色社会主义进入新时代这一历史方位,意味着经过一代又一代人的努力,中国特色社会主义建设进入了一个新的、关键的历史阶段;"新人"是指处于新时代这一时期的人,是走在时代前列的人,也是担当历史大任的人,意指实现中华民族伟大复兴的亲历者和见证人,这一代人将接过前人的接力棒,通过最后一步的努力和奋斗,将完成实现中华民族伟大复兴这一奋斗目标。根据对这两个关键词的解读,再结合党的十九大、二十大报告对广大青年的新要求,对"时代新人"可以做出这样的理解:"时代新人"是以中国特色社会主义进入新时代为历史方位,以新时代的广大青年为主力军,以担当民族复兴大任为历史使命,以有坚定理想信念、有能力本领、有担当意识、能吃苦耐劳、有奋斗精神为基本要求,是德智体美劳全面发展的社会主义建设者和接班人。

正确理解"时代新人"的概念是科学把握"时代新人"内涵的前提和基础。科学把握"时代新人"的内涵应立足于中国特色社会主义建设和实现中华民族伟大复兴对"时代新人"的内在规定和本质要求,结合党和国家关于"时代新人"的相关论述,明确"时代新人"的目标要求和培育路径。

第一,从目标要求来看,"时代新人"是社会主义建设者和接班人。培养什么人、怎样培养人、为谁培养人是党和国家的重大政治问题,也是教育的根本问题。2018年习近平在全国教育大会上指出:"培养什么人,是教育的首要问题。我国是

[①] 习近平.高举中国特色社会主义伟大旗帜 为全面建设社会主义现代化国家而团结奋斗[M].北京:人民出版社,2022:71.

中国共产党领导的社会主义国家,这就决定了我们的教育必须把培养社会主义建设者和接班人作为根本任务,培养一代又一代拥护中国共产党领导和我国社会主义制度、立志为中国特色社会主义奋斗终身的有用人才。"①从习近平的讲话可以看出,"时代新人"首先是一个政治性概念,科学把握"时代新人"的内涵,必须把"时代新人"与社会主义建设者和接班人密切结合起来,从政治的高度来理解"时代新人",培养"时代新人"是全面建设社会主义现代化国家和实现中华民族伟大复兴对人才培养提出的政治标准和政治要求。

第二,从历史使命来看,"时代新人"是担当民族复兴大任的人。党的十九大报告中提出的"培养担当民族复兴大任的时代新人"是首次在党的重大报告中从历史使命与责任担当的视角对"时代新人"提出的要求。一个时代有一个时代要面对的矛盾和问题,一个时代有一个时代的目标和要求,一个时代有一个时代的使命与担当,当前我国正处在世界百年未有之大变局和实现中华民族伟大复兴战略全局"两个大局"相互交织、交相碰撞的关键时刻,能否在这两个大局中赢得主动和竞争优势,最终取决于人这一核心要素。作为新时代的人和走在时代前列的人,生逢其时,要顺应时代发展变化带来的新要求和新挑战,要胸怀大局、主动作为、敢于创新、迎难而上,把担当民族复兴大任作为己任,有天将降大任的使命感和责任感,在新时代的大潮中砥砺前行,奋发有为。习近平提出,新时代中国青年要珍惜这个美好时代,要敢于担当和勇于担当,在历练和尽责中成长成才,"让青春在新时代改革开放的广阔天地中绽放,让人生在实现中国梦的奋进追逐中展现出勇敢奔跑的英姿,努力成为德智体美劳全面发展的社会主义建设者和接班人"②。

第三,从人才素质构成来看,"时代新人"是德智体美劳全面发展的人。2018年习近平在全国教育大会上提出,要"培养德智体美劳全面发展的社会主义建设者和接班人,加快推进教育现代化、建设教育强国、办好人民满意的教育"③。这一论述除了从建设者和接班人的视角对"时代新人"作出规定之外,还从素质结构方面对"时代新人"提出明确要求。关于人才素质结构,党和国家的文件中有众多不同的描述。比如有理想、有道德、有文化、有纪律的"四有"人才素质结构,有理想、有

---

① 习近平.坚持中国特色社会主义教育发展道路 培养德智体美劳全面发展的社会主义建设者和接班人[N].人民日报,2018-09-11(1).
② 习近平.习近平谈治国理政:第3卷[M].北京:外文出版社,2020:335.
③ 习近平.坚持中国特色社会主义教育发展道路 培养德智体美劳全面发展的社会主义建设者和接班人[N].人民日报,2018-09-11(1).

本领、有担当的人才素质结构,有理想、敢担当、能吃苦、肯奋斗的人才素质结构,等等。培养德智体美劳全面发展的人作为新时代党和国家教育的方针政策,是关于人才素质结构较高层面的表述和权威规定,也是从人的全面发展的视角来思考人才素质标准。人的全面发展还是共产主义社会关于人的发展的最终目标,马克思关于人的全面发展理论本身就蕴含了德育、智育、体育、美育、劳动教育的综合发展。"五育并举的教育理念继承、发展与创新了马克思主义关于人的全面发展思想和党的教育方针,揭示了新时代教育发展的基本规律。"①

第四,从精神风貌来看,"时代新人"是具有奋斗精神、开拓意识、创新能力和奉献精神的人。"时代新人"之所以和以往时代的人有所区分,除了具备担当民族复兴大任的这一重要历史使命之外,必须具备与时代发展要求相匹配的素质结构、能力要求、心理状态和精神面貌。习近平总书记高度重视当代青少年应有的精神风貌,号召广大青年用奋斗的精神激扬青春,用开拓的精神引领人生,用创新的精神开阔视野,用奉献的精神点燃梦想。这里的"奋斗""开拓""创新""奉献"既是习近平总书记对"时代新人"精神风貌的期待,也是青年成长成才的内在动因和力量源泉。习近平总书记对青年应具备的心理素质和奋斗精神提出明确要求,鼓励青年要历练乐观向上的心理素质,要积极进取,百折不挠,要善于从挫折中吸取教训,不断地超越自我,升华自己的人生。习近平总书记还高度重视青年的创新精神和开拓精神,他提出:"广大青年要有敢为人先的锐气,勇于解放思想、与时俱进,敢于上下求索、开拓进取,树立在继承前人的基础上超越前人的雄心壮志,以青春之我,创建青春之国家,青春之民族。"②总之,奋斗、开拓、创新、奉献作为"时代新人"的精神标志,它们与社会主义核心价值观的基本要求高度一致,是中国精神和时代精神的重要标识。

第五,从视野来看,"时代新人"是具有远见卓识的人。"时代新人"是担当历史大任的人,而担当历史大任必须胸怀大局,具有国际视野、历史视野。所谓胸怀大局就是要站在世界正处于百年未有之大变局和实现中华民族伟大复兴的战略全局来思考问题,既要客观看待百年未有之大变局带来的风险挑战,也要有应对大势的策略和宠辱不惊的心态,还要牢牢把握实现中华民族伟大复兴是不可逆转的历史发展趋势,要充满信心,坚毅前行。国际视野要求"时代新人"顺应世界发展大

---

①刘复兴,李淼.在新的历史征程上培养担当民族复兴大任的时代新人——新时代党的教育方针政策研究[J].中国人民大学教育学刊,2022(4):8.
②习近平.习近平谈治国理政[M].北京:外文出版社,2014:51-52.

势,既要有世界眼光,还要具有人类命运与共的世界情怀,在面对世界百年未有之大变局带来的各种困惑时,要具备独立思考和正确价值判断的能力。正如习近平所说:"新时代的中国青年,更加自信自强、富于思辨精神,同时也面临各种社会思潮的现实影响,不可避免会在理想和现实、主义和问题、利己和利他、小我和大我、民族和世界等方面遇到思想困惑,更加需要深入细致的教育和引导,用敏锐的眼光观察社会,用清醒的头脑思考人生,用智慧的力量创造未来。"[1]历史视野要求"时代新人"具备历史思维,树立大历史观,就是要从中华民族5000年的文明史、中国共产党100年成长发展的历史、新中国成立70多年的历史、改革开放40多年的历史中借鉴经验,吸取智慧,赓续精神,传承中华民族优秀文化基因,学会同历史对话,用历史认识过去,用历史把握当下,用历史照见未来。"时代新人"的提出既是党和国家在中国特色社会主义建设的伟大实践中不断探索的必然逻辑,也是顺应世界和历史大势,在改革开放的大潮中顺应全球化趋势的主动选择。

以上从目标要求、使命担当、基本素质、精神风貌和视野五个方面对"时代新人"的内涵进行了阐释,其中,社会主义建设者和接班人规定了"时代新人"的性质和方向,使命担当是"时代新人"本质性规定和核心要义,德智体美劳全面发展是"时代新人"的必备条件,精神风貌构成了"时代新人"的内在动力,国际视野和历史视野是"时代新人"的外部条件。这五个方面相互联系、相互支持、互为条件且相互补充,构成了对"时代新人"比较完整的理解与把握。科学理解"时代新人"的内涵是进一步培育和发展"时代新人"的前提和基础,努力培养担当民族复兴大任的"时代新人"也是全面建设社会主义现代化国家和实现中华民族伟大复兴的内在逻辑和客观要求。

(二) 培育"时代新人"的价值意蕴

"时代新人"既紧密结合"新时代"这一历史方位,又突出培育"新人"这一目标趋向,因此,"时代新人"的培育具有重要的时代价值和现实意蕴。具体来讲,培育"时代新人"是顺应社会主要矛盾发展变化的客观需要,是加快推进教育现代化建设的客观需要,还为进一步推进和践行社会主义核心价值观提供了着力点和总抓手。

第一,培养"时代新人"是顺应社会主要矛盾转变的客观需要。当前,中国特色社会主义进入新的历史时期,我国社会主要矛盾已经转化为人民日益增长的美

---

[1] 习近平.在庆祝中国共产主义青年团成立100周年大会上的讲话[N].人民日报,2022-05-11(2).

好生活需要和不平衡不充分的发展之间的矛盾。回应新时代社会主要矛盾的变化，解决当前社会发展、经济发展、文化发展中的突出问题，核心是人力资源的高质量充分供给，重点在于推进教育改革与创新，目标是全面提高人才培养质量、标准和规格，培育"时代新人"。因此，教育必须发挥为中国共产党治国理政服务、为中国特色社会主义建设服务的职责和作用，要与时俱进、应时善变、顺势而为，尤其是要树立长远发展目光，把对青年学生创新思维、创新能力和创新精神的培养作为重中之重。"要尊重和保护学生的创新意识，激发学生的创新兴趣，鼓励学生开展个性化、探究式的学习探索，鼓励学生面对问题时解放思想、开阔思路、突破常规，提出切实有效、与众不同的解决方案。"①唯有如此，才能为全面建设社会主义现代化国家输送符合时代要求的合格人才。

第二，培养"时代新人"是实现教育高质量发展，加快推进教育现代化建设的客观需要。当今世界，国际局势变幻莫测，科技发展日新月异，国际竞争异常激烈，而国际竞争的实质是综合国力的竞争，其中最核心元素是人才素质的竞争。对我国来讲，要想实现第二个百年奋斗目标，关键是人才，而教育承担着培育高质量人才的任务。建设教育强国，推动教育高质量发展，必须深化教育改革，积极培养具有共产主义理想信念和爱国情怀的人、具有优良道德品质和科学知识的人、具有拼搏进取精神和职业精神的人，此外，还要培育有责任担当、有创新思维、有国际视野的"时代新人"。正如习近平所说："全面贯彻党的教育方针，坚持优先发展教育事业，坚守为党育人、为国育才，努力办好人民满意的教育，在加快推进教育现代化的新征程中培养担当民族复兴大任的时代新人。"②

第三，培育"时代新人"为推进和践行社会主义核心价值观提供了着力点和总抓手。党的十八大报告分别从国家层面、社会层面和个人层面高度凝练和概括了社会主义核心价值观的内容体系，其中，爱国、敬业、诚信、友善是个人层面社会主义核心价值观的基本内容，其包含了"时代新人"的基本特点和目标要求。党的十九大报告把培育"时代新人"作为践行社会主义核心价值观的"着力点"提出来，培育"时代新人"成为推进和践行社会主义核心价值观的目标和总抓手。不难看出，"时代新人"与社会主义核心价值观在基本特点与目标要求上具有高度的契合性和内在关联性。习近平指出，要"发挥教育在培育和践行社会主义核心价值观中的

---

① 田海林.培养担当民族复兴大任的时代新人[N].人民日报,2022-10-28(9).
② 习近平.习近平谈治国理政：第4卷[M].北京：外文出版社,2022:339.

重要作用,深化学校思想政治理论课改革创新,加强和改进学校体育美育,广泛开展劳动教育,发展素质教育,推进教育公平,促进学生德智体美劳全面发展,培养学生爱国情怀、社会责任感、创新精神、实践能力"①。这充分说明,培养"时代新人"不仅是社会主义核心价值观的内在要求,也是推进和践行社会主义核心价值观的着力点和总抓手。

(三) 劳动教育与"时代新人"

劳动教育与"时代新人"具有内在关联性。劳动是幸福之源,而要想幸福就必须奋斗。在实现中华民族伟大复兴的历史进程中,一方面,所有的奋进者、开拓者、奉献者无一例外都是积极劳动者、勤奋劳动者、创新劳动者,他们所有取得的劳动成果和各类荣誉都要借助于劳动来实现,只有通过劳动才能实现经济发展、社会进步、文明提升的价值目标;另一方面,所有的奋进者、开拓者、奉献者同样具有"时代新人"的基本特征和精神特点,也就是说,劳动者和"时代新人"在一定时期有可能是重合的。习近平指出,幸福不会从天而降,美好生活需要用劳动来创造,而无论是幸福生活的创造,还是"时代新人"的培育,都离不开劳动教育。《意见》强调要加强劳动教育,构建"德智体美劳"全面培养的教育体系,这就为新时代学校有效开展劳动教育提供行动指南,也为培育"时代新人"提供政策依据,成为新时代各级各类学校劳动教育和培育"时代新人"的基本遵循。

第一,培养"时代新人"是全面贯彻党的教育方针的内在要求。"教育与生产劳动相结合"是马克思提出的造就全面发展的人的唯一方式,也是我党一贯坚持的教育基本方针。早在1958年毛泽东就提出,教育必须同生产劳动相结合,劳动人民要通过教育实现知识化,知识分子要参与生产劳动实现劳动化。1978年邓小平提出,在新的历史条件下必须要认真研究的问题,就是如何更好地贯彻教育与生产劳动相结合的方针问题。2021年,《中华人民共和国教育法》第五条修改为"教育必须为社会主义现代化建设服务、为人民服务,必须与生产劳动和社会实践相结合,培养德智体美劳全面发展的社会主义建设者和接班人"②。作为党的教育基本方针,作为培养德智体美劳全面发展的人的手段和方式,"教育与生产劳动相结合"在不同历史时期以不同的结合方式为国家培养了大批德才兼备的劳动人才。关于"时代新人"的内涵前文已做了大量阐释,"时代新人"是中国特色社会主义建

---

① 习近平. 习近平谈治国理政:第4卷[M]. 北京:外文出版社,2022:339-340.
② 全国人民代表大会常务委员会. 全国人民代表大会常务委员会关于修改《中华人民共和国教育法》的决定[EB/OL]. http://www.gov.cn/xinwen/2021-04/29/content_5603947.htm.

设者和接班人,同时也是德智体美劳全面发展的人,"时代新人"既有政治层面的规定和要求,也有党和国家在最高层面对人才素质规格的要求。基于对"时代新人"的要求和特点的认知,培养"时代新人"必须坚持教育与生产劳动的结合,必须坚持教育与生产劳动新的时代特点和新的劳动形态的结合,否则,培养"时代新人"就是纸上谈兵。因此,坚持"教育与生产劳动相结合"不仅是全面贯彻马克思主义劳动观的必然要求,也是培养"时代新人"的重要内容和应有之义。

第二,培养"时代新人"蕴含着对劳动素质的内容要求和对劳动教育的手段要求。德智体美劳是"时代新人"素质结构上的完整概括,开拓者、奋斗者、奉献者等是"时代新人"精神风貌上的表述,这说明,"时代新人"本身蕴含了对劳动素质的内容结构、劳动精神层面和劳动价值取向等方面的要求,也蕴含了对劳动教育目的和手段的要求。中共中央、国务院发布的《关于全面加强新时代大中小学劳动教育的意见》明确指出:"劳动教育是中国特色社会主义教育制度的重要内容,直接决定社会主义建设者和接班人的劳动精神面貌、劳动价值取向和劳动技能水平。"①《意见》指出劳动教育在中国特色社会主义教育中的职责和使命,突出了劳动教育在新时期人才培养中的战略性地位和意义。此外,"五育并举"的提出,也显现出劳动教育的综合性育人功能和基础性地位,突出了劳动教育以劳树德、以劳增智、以劳强体、以劳育美的功能和价值。总而言之,培养"时代新人"与劳动教育具有千丝万缕的关联,二者是内容与形式、目的与手段的关系,劳动教育在培养"时代新人"中具有不可替代的意义和价值,"时代新人"作为担当民族复兴大任的人,同样也需要劳动教育。

第三,培养"时代新人"蕴含着把劳动教育作为基本抓手和着力点的实践要求。前文所述,"时代新人"作为担当民族复兴大任的人,必须具有奋斗精神、开拓意识、创新能力和奉献精神,而培养"时代新人"的奋斗精神、开拓意识、创新能力和奉献精神,需要学生通过艰苦的劳动实践磨练和有计划有目的的劳动教育来完成。《意见》指出,劳动教育的总体目标是"通过劳动教育,使学生理解和形成马克思主义劳动观,牢固树立劳动最光荣、劳动最崇高、劳动最伟大、劳动最美丽的观念;体会劳动创造美好生活,体认劳动不分贵贱,热爱劳动,尊重普通劳动者,培养勤俭、奋斗、创新、奉献的劳动精神;具备满足生存发展需要的基本劳动能力,形成

---

①中共中央,国务院.中共中央国务院关于全面加强新时代大中小学劳动教育的意见[N].人民日报,2020-03-27(2).

良好劳动习惯"[①]。《意见》规定了劳动教育在培养勤俭、奋斗、创新、奉献等劳动品格方面的职责和作用,这也正是"时代新人"的内涵意蕴,充分体现了马克思主义劳动价值观的本质要求。而劳动教育不仅具有培养艰苦奋斗、吃苦耐劳的劳动品格等传统意义,还能够引领当代青年从虚拟世界回归日常生活世界,在培养青年的观察思考能力、开拓进取精神、创新创造能力等方面有着重要的时代意义。

"时代新人"是基于"两个一百年"奋斗目标提出的时代命题,全面建设社会主义现代化国家和实现中华民族伟大复兴的宏伟目标急需大批"时代新人"来完成,因此,培养大批能够将现代科学技术与生产劳动密切结合、体力劳动和脑力劳动协调统一的德智体美劳全面发展的人成为人才强国战略的一项重要任务。培育"时代新人"是实现大国崛起和民族复兴的希望所在,也是一项复杂而重大的系统工程,不仅要使他们精通相关专业或领域的科学知识与专业技能,还要重点突出创新精神、开拓精神、拼搏精神等劳动精神的培育,加强团结合作能力、组织协调能力、理论联系实际能力和利用现代科学技术创造性地解决问题能力的培养。而要想实现以上目标要求,加强劳动教育是一条不可或缺的途径。

三、新时代劳动教育是实现个人理想与中国梦的桥梁与纽带

首先,实现个人理想需要劳动教育。每个人都有自己的理想,个人理想是满足个人物质需要和精神需要的目标要求。因为每个人的追求和兴趣爱好各不相同,所以形成了多样化的、色彩缤纷的个人理想追求,如有的人想当科学家,有的人想当政治家,有的人想当艺术家,有的人想当工程师,有的人想当医生等等。理想没有高低贵贱之分,但个人理想必须与社会理想和国家理想保持方向一致,不能因为追求个人理想损害国家、社会和集体的利益。个人理想不能凭空实现,一是需要依靠个人的辛勤劳动和艰苦努力来创造。习近平强调:"我们的人民热爱生活,期盼有更好的教育、更稳定的工作、更满意的收入、更可靠的社会保障、更高水平的医疗卫生服务、更舒适的居住条件、更优美的环境,期盼孩子们能成长得更好、工作得更好、生活得更好。人民对美好生活的向往,就是我们的奋斗目标。"[②]总书记的讲话指出了全体人民的美好生活期待和个人理想,这些理想的实现需要依靠广大劳动者的努力奋斗,这是一个长期艰苦但是充满光明前景的历史任务。二是个人理想

---

① 中共中央,国务院.中共中央国务院关于全面加强新时代大中小学劳动教育的意见[N].人民日报,2020-03-27(2).
② 习近平.习近平谈治国理政[M].北京:外文出版社,2014:4.

的实现需要劳动教育。个人理想仅仅依靠艰苦努力是很难实现的,还需要劳动教育协助完成。劳动教育有助于个人树立正确的劳动价值观,掌握一定的劳动知识和劳动技能;有助于个人掌握与时代发展相适应的现代科学技术,培养创新性思维和创造性解决问题的能力;有助于个人养成勤奋努力、坚韧不拔、吃苦耐劳的劳动意识和劳动品格。因此,劳动教育是个人理想实现的必由之路。

其次,实现社会理想同样需要劳动教育。全面建设社会主义现代化国家、实现中华民族伟大复兴是当前全体中国人民的共同理想,它不仅符合全体中国人民的根本利益,同样也符合社会主义和人类社会发展的基本规律。党的十八大、十九大、二十大为全面建设社会主义现代化国家、实现中华民族伟大复兴指明了方向,也指出了未来社会理想的实践路向。全面建设社会主义现代化国家和实现中华民族伟大复兴需要全体人民的共同劳动,正如习近平所说,中华民族伟大复兴绝不是轻轻松松、敲锣打鼓就能实现的,需要全国人民奋发有为,砥砺前行,用劳动托起中国梦。在实现中华民族伟大复兴的历史进程中,开展劳动教育能够帮助个人认识自然规律、社会规律和人类自身发展规律,从而以更加主动、更加积极的态度认识自然、认识社会,以更强的综合素质和能力改造自然、改造世界和造福整个人类。因此,开展劳动教育要站在全体中国人民的立场上,在实现中华民族伟大复兴的宏大视域下,思考劳动教育在人才培养、科技创新、社会进步、民族振兴等方面的功用,要为劳动教育注入强大动能,使劳动教育为中华民族伟大复兴培养千千万万的高素质劳动者,在实现全社会共同理想的伟大征程中大有可为。

再次,劳动教育是实现个人理想与中国梦的桥梁与纽带。个人理想和社会理想之间不是割裂的,而是具有辩证统一关系,个人理想要服从和服务于社会理想,离开社会理想谈个人理想,就会陷入个人主义和自私自利的泥潭。劳动教育通过价值引领作用将个人理想与社会理想融合成为发展共同体和命运共同体,实现了个人理想与社会理想之间的平衡。通过劳动教育的引导,广大青少年自觉将个人理想、家庭幸福融入到实现中华民族伟大复兴的征程中,将个人梦与国家梦、民族梦、社会梦结合起来,把实现个体全面发展和人生幸福与国家发展结合起来,在实现个体人生幸福的过程中积极参与中国特色社会主义建设,自觉成为德智体美劳全面发展的社会主义建设者和接班人。

进入21世纪,随着经济全球化的进程不断加快,科学技术日新月异、迅猛发展,这给新时代的劳动教育既提出了挑战,也带来了新的发展机遇。如何发挥劳动教育综合育人功能,引领广大青少年德智体美劳全面发展,这不仅关系到教育强国和人才强国战略的实现,更关系到推进中华民族伟大复兴历史进程。新时代劳动教育要树立战略思维,用系统论眼光审视劳动教育与中华民族伟大复兴的关系,积极弘扬马克思主义劳动观和新时代中国特色社会主义劳动思想,以全面提升劳动者素质和劳动者能力为起点,以培育"时代新人"为抓手,搭建实现个人理想和中国梦的桥梁,让青春在全面建设社会主义现代化国家的火热实践中绽放绚丽之花。

第二节 新时代劳动教育对满足人们的美好生活需要、提升劳动者幸福感的价值意蕴

中国特色社会主义进入新时代的依据是我国社会的主要矛盾发生了重大变化,人民日益增长的美好生活需要同不平衡不充分的发展之间的矛盾成为当前的主要矛盾。人民群众日益增长的美好生活需要包括丰富的物质生活需要,也包括丰富的精神生活需要,此外,还涵盖了民主、法治、公平、正义等社会需要。美好生活需要离不开劳动和劳动教育,劳动教育能够激发劳动者的主体意识,调动广大劳动者参与社会生产的积极性和创造性,创造公平、正义的劳动氛围,构建人与人之间的和谐劳动关系,引导劳动者在劳动实践中创造幸福美好生活。

一、劳动教育有利于激发劳动者的主体意识,调动广大劳动者的积极性和创造性

(一)马克思关于人的主体性意蕴

人的主体性与劳动是密不可分的,劳动是使人成为人而不是动物的唯一方式,劳动使人有了主体意识从而成为主体性的存在。理解和把握人的主体性必须回归马克思关于"劳动创造人本身"重大哲学命题,这一命题蕴含着三个方面的主体性意蕴。一是人通过劳动锻炼能够独立行走,在劳动中产生了语言,劳动让人从猿实现向自然人的转变。正如恩格斯所说,在从猿转变到人的过程中,劳动起了决定性的作用,也就是说,劳动让人成为了自然人的存在,而人作为自然人的存在是人的主体性存在的物质基础和前提条件。二是人通过劳动摆脱物性存在成为有意识的人,即成为类的存在物。人类的存在标志着人的生命活动开始受人的意识支配,成为有意识的生命活动,而劳动促进了人的意识的发展。正如马克思所说:"人则使自己的生命活动本身变成自己意志的和自己意识的对象……有意识的生命活动把

人同动物的生命活动直接区别开来,正是由于这一点,人才是类存在物。"①人的主体性正是人作为类的存在物的外在表现,即人是自由自觉的存在,"因为人把自身当作普遍的因而也是自由的存在物来对待"②。三是人通过对象化劳动和劳动产品实现自我力量的确证。劳动作为人的对象化活动和自由自觉的活动,使人摆脱"物的依赖"实现自由自觉发展,成为具有自由意志和个性特点的人。马克思指出:"我在我的生产中使我的个性和我的个性的特点对象化,因此我既在活动时享受了个人的生命表现,又在对产品的直观中由于认识到我的个性是对象性的、可以感性地直观的因而是毫无疑问的权力而感受到个人的乐趣。"③马克思主义哲学自始至终高度重视人的自由个性发展与个性解放,强调人的主体意识和批判性思维在人类社会发展中的重要作用。

马克思关于人的主体性的阐释表明,所谓主体性,就是人类在改造客观世界的实践活动中表现出的自主性、能动性和自觉性,它们也是人在实践活动中主观能动性的外化和表现。主体性作为一个哲学概念,主体和客体是一对范畴,劳动实践则是联系主体和客体的桥梁和纽带,因此主体性和实践性紧密勾连在一起。实践性反映的是主体和客体的关系,离开实践性,人的主体性就无从呈现;离开主体性,就无法理解实践的意义和价值。正如学者詹艾斌所说,主体性"是人所特有的意识性表现,而人所特有的意识性在其现实性上必然发展和表现为主体性,表现为人所特有的'主观能动性',从而揭示出,人和世界的关系,从根本上说就是主体和客体的关系"④。又如马克思所说:"正像本质、对象表现为思想的本质一样,主体也始终是意识或自我意识,或者更正确些说,对象仅仅表现为抽象的意识,而人仅仅表现为自我意识。"⑤

人的主体性作为主客体相互作用表现出来的特性,它的发挥必须借助于劳动。劳动是人积极能动改造客观物质世界的对象性活动,正是在劳动过程中实现了主体与客体、主观与客观的统一。在一些学者看来,"和人的本质一样,人的主体性也是具体的、历史的,没有抽象的主体性。实践是人们获得主体地位的基本条件,由于人们在生产实践过程所结成的社会关系中所处的地位不同,使人具有不同的社

---

① 马克思.1844年经济学哲学手稿[M].北京:人民出版社,2000:57.
② 马克思.1844年经济学哲学手稿[M].北京:人民出版社,2000:56.
③ 马克思.1844年经济学哲学手稿[M].北京:人民出版社,2000:184.
④ 詹艾斌.论人的主体性——一种马克思哲学视点的考察[J].社会科学研究,2007(2):114-115.
⑤ 中共中央马克思恩格斯列宁斯大林著作编译局.马克思恩格斯全集:第42卷[M].北京:人民出版社,1979:162.

会本性,产生不同的利益和需要,有不同的内在尺度,人们往往从不同的思想、观点、方法出发去改造世界,表现出不同性质、不同方向的主体性。"①可以说,主体性作为哲学概念,与劳动有着内在的、天然的联系。

(二) 劳动教育与人的主体性

作为哲学概念的主体性与劳动具有天然的内在关联性。劳动是实现人自由全面发展的基本路径,理应成为各级各类学校教育的重要组成部分,人的主体性特点则为新时代的劳动教育指明了方向。要想充分发挥劳动教育的重要作用,必须把人的主体性发展及个性的自我实现作为目标。具体来讲,劳动教育通过以下几个方面激发人的主体性。

第一,劳动教育使人摆脱"物性"的奴役,获得"属人性"即类的属性。劳动教育通过引导人积极参与包括体力劳动和脑力劳动在内的改造客观世界的各类活动,促使人克服"劳动的目的就是获取各类物质资料"的庸俗化认知,引导人超越单纯的谋生目的,让人从物质主义、拜金主义的思想束缚中解放出来,加深对人与自然、人与社会、人与人的理解和认识。劳动教育引导劳动者个体形成对劳动的科学认知,激发劳动者的主体意识,让劳动者在充分地参与中增强劳动本领,提升劳动境界,体验生命过程,促进身心健康,塑造独立人格和主体意识。劳动教育促进劳动者养成积极的劳动习惯,养成尊重劳动和热爱劳动的优秀品格,最终通过诚实劳动和辛勤劳动创造属于人的生活。

第二,劳动教育引导广大劳动者获得精神上的满足和升华。劳动教育能帮助劳动者增长劳动知识、掌握劳动技能、提高劳动素质,从而促使劳动者创造丰富的物质财富,但这不是劳动教育的重点。劳动教育的重点在于引导劳动者树立正确的劳动价值观,认识劳动对生命的价值和意义,在劳动中体验生命活动的丰富多彩,在于激发劳动者对生命的存在和意义的深入思考,努力实现个体成长和个性解放,积极追求有尊严、自由的劳动生活,促使生命不断走向丰盈与圆融,使个体充分享受劳动的价值感和成就感,从而提升生命的质量,让生活更有意义和价值。

第三,劳动教育有助于激发劳动者的创新创造能力。劳动教育是一种赋予劳动者个体不断创造及自我超越的教育活动,个体接受劳动教育的过程也是实现自我成长、自我完善的蜕变羽化过程。劳动教育要重点培养劳动者的劳动兴趣,兴趣

---

① 薛克诚,洪松涛,吴定求.人的哲学——马克思主义人学理论新探[M].北京:中国人民大学出版社,1992:159.

是创新创造之源,只有充分调动并挖掘劳动者的兴趣及潜能,提高劳动者主动参与劳动的意识,激发创新思维和创造活力,才能使劳动者不断实现自我突破和自我超越。在科学技术日新月异的时代,劳动教育要更多地关注个体劳动与人工智能和数字化的有效结合,给劳动者提供更多创新发展和自我实现的际遇,帮助他们实现人的主体意识觉醒和劳动的自由自觉。

第四,劳动教育的价值还在于对个体的主体地位、人格尊严的高度重视和尊重,培养个体在社会活动中的自主性、独立性和创造性。劳动教育要摒弃传统劳动实践中"见物不见人"的异化现象,不能把劳动者看作碎片化的、单向度的人,不能将工具性价值作为衡量劳动者的标准。教育者要以人的方式来教化人,劳动教育一旦陷入教育者个体的单向度规训,就容易导致劳动者的物化、机械化、原子化,就无法实现个体潜能的充分发挥和个性的自由自觉。

总之,通过劳动教育培养劳动者的主体意识,能够促使劳动者充分挖掘自身的潜能,激发他们参与社会主义建设的积极性、主动性和创造性,养成热爱劳动、辛勤劳动、创造性劳动的良好习惯,创造更加丰富的社会物质财富和精神财富,从而更好地满足人民日益增长的美好生活需要。

二、劳动教育有助于孕育和谐劳动关系

劳动关系和谐是社会和谐的重要内容,是满足劳动者美好生活期待、实现人的自由发展的前提和基础,是构建社会主义和谐社会的必要条件之一,是推进治理体系和治理能力现代化的必然逻辑,是全面建设社会主义现代化国家和实现中华民族伟大复兴的内在保障。劳动关系和谐包括劳动者与自然的和谐、劳动者之间的和谐、劳动者与自身的和谐,和谐劳动关系的创造需要营造公平与正义的劳动环境,劳动者还应享有充分的劳动权利与劳动义务。劳动教育有助于发挥人在劳动过程中的自然属性、社会属性、精神属性,对于营造和谐劳动关系,实现人与自然的和谐、劳动者之间的和谐、劳动者与自身的和谐无疑具有重要价值。

(一)劳动教育实现人与自然的和谐共生

人与自然是生命共同体。一方面,作为共同体成员的人要想生存和发展,必须从自然界获取人自身生存和发展所必需的物质生活资料,以满足吃穿用住等各方面的生活需要;另一方面,自然界是人类赖以生存和发展的基础,为人类社会发展提供了物质生产资料和生存的依据。在马克思看来:"每一个单个的人,只有作为

这个共同体的一个肢体,作为这个共同体的成员,才能把自己看成所有者或占有者。"[1]又如恩格斯所说,劳动只有和自然结合起来并与自然发生关系,劳动才变得有价值,成为财富的源泉。但是,人作为主体在与自然发生关系的过程中,人对自然的索取不是无限的和随心所欲的,而是要取之有度,一旦人对自然的索取超过自然的承载能力以至于破坏这种共同体的和谐关系,就会受到自然的惩罚。恩格斯曾多次提醒人类,在自然面前千万不要自以为是,不要过分陶醉于对自然的胜利,因为人类对自然的每一次胜利,都会遭到自然界更为严重的报复。

劳动教育在处理人与自然的关系上的作用无可替代。劳动教育促使人自发的、积极主动的与自然界和生态系统发生各种关系,实现人与自然的能量交换和物质循环代谢,从而达成人与自然和谐共生。在一些学者看来,劳动教育是使人"回到自然,在与自然打交道的过程中进行体格锻炼,学习劳动知识,提升劳动技能和文化,培养劳动的道德观和价值观,提升审美能力的一种育人活动"[2]。具体来讲,劳动教育的作用通过以下三个方面来呈现:一是劳动教育帮助人深入自然、认识自然、研究自然,遵循事物发展客观规律,帮助人尤其是青少年学生树立正确的劳动观及劳动态度,明确人与自然界的认知关系;二是劳动教育帮助人学习各类劳动的科学知识,掌握一定的劳动技能和劳动方法,学会运用劳动工具并在生产的基础上不断改进劳动工具,激发人的创新精神与实践能力,充分发挥个人的主观能动性,实现生产技术的发明创造,以便更好地改造和利用自然;三是针对资本逻辑主导下人类对自然界无节制的利用和占有,劳动教育引导人在改造自然和利用自然的过程中要敬畏自然,尊重自然界中的各种生命,自觉保护自然和合理利用自然,尤其是要顺从自然规律,克服人与自然的异化,实现人与自然的和谐共生。

(二)劳动教育达成人与人之间劳动关系的和谐

马克思认为,劳动是人的本质性规定,劳动不仅创造了人,还创造了人类社会。伴随着劳动分工的存在和交往的发展,便产生了人与人之间的劳动关系,才有了社会人这一概念。而随着经济全球化的发展和社会分工的不断深化,人的社会人角色的重要性更加突出,劳动使得人与人之间的关系越来越密切,在人类社会关系的建立中劳动起着关键的纽带作用。正如马克思所言:"人的本质不是单个人所固有

---

[1]中共中央马克思恩格斯列宁斯大林著作编译局.马克思恩格斯文集:第8卷[M].北京:人民出版社,2009:124.
[2]肖绍明.劳动教育的生态自然观[J].教育研究与实验,2021(3):13.

的抽象物,在其现实性上,它是一切社会关系的总和。"①

劳动教育在引导人类遵守共同的劳动伦理规范中发挥积极作用。如劳资关系作为现代经济发展中最为重要的社会关系之一,劳资关系和谐是构建和谐劳动关系的重中之重,劳动教育引导劳资双方遵守共同的劳动伦理规范和劳动法律法规。首先,劳动教育引导企业管理人员自身要严格遵守劳动法律法规,要尊重和保护劳动者的权利与义务,保障劳动者的合法权益,给劳动者创造良好的工作环境;其次,劳动教育引导劳动者在生产过程中自觉遵守企业的规章制度,不断强化自身的主人翁意识和集体荣誉感,与企业构建命运共同体和利益共同体,与企业发展生存与共,尤其是当企业发展遭遇困境时应给予足够理解,同时引导劳动者要树立使命担当意识,在劳动中践行劳动精神、劳模精神和工匠精神,努力工作,为企业发展贡献力量;再次,劳动教育引导劳动者之间提高团队意识,培养团队精神,加强团队协作,精诚团结、相互包容、相互扶持,形成利益共同体和协作共同体。

劳动教育在协调个人与他人、个人与集体、集体与国家的关系中发挥联络和纽带作用。劳动教育教导广大劳动者树立正确的利益观,正确处理个人利益和集体利益、局部利益和整体利益、眼前利益和长远利益的关系,增强社会责任感和使命感。劳动教育能让劳动者明白,一个人在社会中要想得到充分发展,必须以广大人民的根本利益和社会共同利益为出发点,树立社会主义核心价值观,同时帮助劳动者在重视个体利益的同时,尊重他人利益、公共利益和集体利益,自觉把个人利益与社会发展融为一体,实现个体价值与社会价值的统一,从而构建和谐的劳动关系,促进社会和谐稳定。

此外,通过新时代劳动教育,可以帮助青少年在劳动中学会沟通、学会交往、学会合作,打造合作共赢、互惠互利、责任共担、利益共享的团队精神。

(三) 劳动教育达成人与自身的融洽

马克思指出,劳动使人同动物的生命活动区分开来,这一区分使人成为类的存在物。正是由于人是类的存在物,劳动才成为人的对象化活动,实现人的本质力量的自我确证,从而实现人的自由自觉,也即劳动使人成为自己的本质。那么,劳动教育在实现人的本质力量的自我确证方面发挥哪些作用呢?

首先,劳动教育使人获得劳动和生存所必需的知识和技能,满足个体的生存和

---

① 中共中央马克思恩格斯列宁斯大林著作编译局.马克思恩格斯选集:第1卷[M].北京:人民出版社,1995:60.

生活需要。可以说,劳动教育为个体全面发展奠定了物质基础,实现人的生存自由,使人获得存在感和安全感。其次,劳动教育有助于劳动者不断走向成熟和个体人格不断完善。劳动教育引领劳动者在劳动中体验劳动的艰辛和感受劳动的快乐,引导个体成长和发展,增强自身的获得感、幸福感、安全感。再次,劳动教育引导劳动者个体在劳动中充分发挥积极性与创造性,追求劳动幸福,享受劳动尊严,磨砺坚韧意志,培养勤俭节约、砥砺奋发、艰苦奋斗等劳动精神,完善个体劳动品格,促进自我和谐。正如学者班建武所言:"以劳动为中介所形成的丰富的社会关系,是人获得自我本质规定性的根本依据。人要获得发展,获得自我存在的价值感和意义感,都离不开劳动这样一种人的本质力量对象化的实践活动。从这个角度而言,劳动对于个人品德、智力、身体和审美的发展,乃至对于作为人的本质的丰富性的活动的提升,都有着非常重要的教育价值和意义。"[①]最后,劳动教育可以帮助劳动者抵制异化劳动带来的错误认知,摒弃劳动仅仅是谋生的手段、是为获得更多的物质财富而不断满足自身物质欲望的过程等想法。总之,劳动教育引导个体充分挖掘自身潜能,施展自身才华,提升自我认识,实现个性解放和人格全面发展。

(四)劳动教育引领劳动公平与劳动正义

劳动公平和劳动正义是构建和谐劳动关系的重要基础,是焕发劳动者的劳动热情、激发劳动者的内在动力、促使劳动者更好地完成工作任务、实现劳动者个人价值和社会价值的基本保障。和谐劳动环境是基于劳动公平和劳动正义原则构建的劳动场景,具体体现在劳动分配的公平、劳动关系的平等、劳动环境公平正义等方面。劳动分配的公平是指劳动财富和劳动产品公平合理的分配和处置,按劳分配原则就是新时代劳动公平分配的典型表现;平等的劳动关系是劳动正义的内在价值诉求,包括劳动权利与劳动义务关系的平等,劳动者身份地位的平等,实现劳动者的充分就业,反对劳动歧视和就业歧视,保障劳动需求的多样化和劳动选择的自由等;公平正义的劳动环境是指基于劳动公平和劳动正义原则来设计劳动制度,科学合理地安排劳动秩序,营造尊重劳动和劳动者的文化氛围,严格规范劳动者的工作环境,体现健康、安全、环保等人性化需求,公平正义的劳动环境也是劳动安全、劳动幸福的基本保障,有助于提高劳动效率和劳动者的获得感,实现劳动者的体面劳动。

劳动教育与劳动公平正义有着内在的关联性,从一定程度上讲,劳动教育促进

---

① 班建武.劳动与劳动教育的关系辨析及其实践意义[J].广西师范大学学报:哲学社会科学版,2021(2):56.

了劳动公平正义,劳动公平正义则为劳动教育提供外在保障。具体来说,劳动教育对劳动公平正义的促进作用体现在三个方面:一是劳动教育引导劳动者自觉学习与劳动相关的法律法规,正确认识各类劳动关系,充分了解自身享有的劳动权利和义务,促使劳动者既追求合法的劳动权利,又能自觉履行劳动义务;二是劳动教育促使劳动者积极参与职工代表大会和工会组织的活动,正确行使劳动权利,学会用法律保护自身的合法权益,并与广大劳动者一起共享我国改革发展的丰厚成果,自由享受自己创造的劳动果实;三是劳动教育引导劳动者与各种侵犯劳动权利和利益的行为作斗争,抑制异化劳动,帮助劳动者争取公平正义的劳动报酬和劳动待遇,享受安全、健康的劳动环境。

综上所述,劳动教育与劳动和谐是内在统一的辩证关系。劳动教育是构建各类劳动关系、实现劳动和谐不可或缺的重要因素之一,对劳动和谐具有重要的价值引领作用;劳动和谐是劳动教育的目标要求和价值追求,为进一步开展劳动教育、提高劳动者的素质提供内在支持和根本保障。

三、劳动教育助力社会主义核心价值观的培育和践行

劳动教育具有文化启蒙、文化创造、文化再生产和文化创新的功能。首先,劳动教育作为教育活动本身就是一种文化实践活动,劳动教育立足生活本身,融合大众文化进行文化和价值观的传递、创造和再生产,体现出劳动教育的价值传递和文化传承功能。其次,劳动是劳动教育的载体和媒介,人类通过劳动在与自然界和人类社会进行物质、能量和信息交换过程中创造出反映人类精神、代表人类价值和体现人类文化等精神文化产品,劳动教育则能够在人类改造自然和征服自然的物质文化活动中,借助一定的科学知识、技能和劳动工具创造出反映自然性、社会性和历史性的文化价值观,从这一层面上来讲,劳动教育具有价值观的塑造功能。社会主义核心价值观作为全社会共同认同和接纳的价值准则,体现出全社会共同的价值追求,是社会主义国家最大的文化自信,同时,社会主义核心价值观也是社会主义国家的劳动者在共同的劳动实践中形成的价值共识和价值目标。因此,社会主义核心价值观与新时代的劳动教育在目标追求上具有内在统一性,在教育内容上相互涵盖,在教育方式上互为补充、相互促进。

(一)劳动教育与社会主义核心价值观的目标追求相一致

劳动教育的目标是培养正确的劳动价值观。树立新时代正确的劳动价值观,就是在马克思主义劳动价值观的指导下,通过有目的、有计划地规划设计劳动教育的目标、内容和形式,帮助劳动者形成正确的劳动认知,养成热爱劳动的良好行为

习惯,培育勤俭节约、艰苦奋斗、开拓进取、坚毅果敢等劳动品格,形成热爱劳动、辛勤劳动、无私奉献等劳动精神,全面提升劳动者的劳动能力。马克思主义劳动价值观一方面立足于辩证唯物主义和历史唯物主义的世界观和方法论,阐释了劳动对于人的本质意义、劳动创造了人和人类社会、劳动创造了人类历史;另一方面,马克思通过对资本主义异化劳动这一概念的深入分析,批判了资本主义异化劳动造成的人与人、人与社会、人与自身等的异化及对立,提出只有扬弃异化劳动才能实现劳动的自由自觉。建立在劳动自由自觉这一前提下的人的自由全面发展是马克思主义的劳动价值目标,同样也是新时代劳动教育的价值目标,因此,马克思主义劳动观与社会主义劳动教育的价值目标具有内在同一性。

社会主义核心价值观包含着正确劳动价值观的内容和目标要求,社会主义核心价值观的培育本身就蕴含了正确劳动价值观的培养和树立。社会主义核心价值观是在马克思主义思想指导下我国全体劳动人民经过千辛万苦的劳动实践得出的正确结论,是我国全体劳动人民共同追求的价值目标,体现了社会主义国家的文化自信。社会主义核心价值观凝聚了全体劳动者对建设富强、民主、文明、和谐的社会主义国家的共同渴望,体现了全体劳动者对构建自由、平等、公正、法治的社会主义理想社会的共同期盼,还包含着对劳动者爱国、敬业、诚信、友善等劳动品格的基本要求。所以,社会主义核心价值观本质上也是新时代劳动教育的目标追求,社会主义核心价值观的培育和践行过程与正确劳动价值观的培养过程完全同向同行,社会主义核心价值观与劳动教育在目标追求上具有内在一致性。

(二)劳动教育服务于社会主义核心价值观的内容要求

新时代劳动教育服从且服务于社会主义核心价值观的政治诉求。培养德智体美劳全面发展的社会主义建设者和接班人是新时期党和国家的教育目标,劳动教育直接决定着社会主义建设者和接班人的劳动素质面貌、劳动价值取向和劳动精神风范,这说明劳动教育具有社会主义教育的重要特质,即具有鲜明的政治属性,具有服务于社会主义建设的重要功能。富强、民主、文明、和谐是社会主义核心价值观国家层面的建设目标,要想实现这一目标,必须借助劳动教育激发广大劳动者的劳动热情,使广大劳动者懂得中国特色社会主义是奋斗出来的,新时代也是依靠辛勤劳动创造出来的,离开了劳动和劳动教育,建设富强、民主、文明、和谐的社会主义国家就无从谈起。社会主义核心价值观从个体层面规定了爱国、敬业、诚信、友善的价值目标,而爱国、敬业、诚信、友善作为重要的劳动品格,既是公民个体适应未来社会发展的道德规范,也是新时代劳动教育的重要内容,只有人在改造自然和改造社会的劳动实践中才能获得。

　　劳动精神、劳模精神和工匠精神是社会主义劳动价值观的集中体现,弘扬劳动精神、劳模精神和工匠精神是培育和践行社会主义核心价值观的必然逻辑。同时,劳动精神、劳模精神和工匠精神彰显出新时代劳动教育在精神层面的目标追求,这也是劳动教育的核心和灵魂。劳动模范和大国工匠是劳动精神、劳模精神和工匠精神的杰出代表,是全体劳动者的精神旗帜。在具体的劳动实践中,劳动模范和大国工匠能够引领社会劳动风尚,激励广大劳动者在社会主义现代化建设中奋发有为、勇于拼搏、团结协作、积极向上,他们是推动社会发展和进步重要精神力量,也是践行社会主义核心价值观的精神标识和动力之源。

(三) 劳动教育是培育和践行社会主义核心价值观的重要抓手和着力点

　　劳动教育是培育和践行社会主义核心价值观的重要实践路径。社会主义核心价值观的形成不是一蹴而就的,单纯依靠课堂教学无法达到入脑入心的目的,需要一个长期的、反复的教育和实践养成过程,需要通过劳动体验强化认知进而形成价值认同。因此,劳动实践和劳动教育是培育和践行社会主义核心价值观重要抓手和必由之路。首先,劳动教育使社会主义核心价值观生活化。社会主义核心价值观要内化于心、外化于行,必须回归生活劳动实践。生活是最具鲜活性、最具感染性的教育活动,社会主义核心价值观教育只有与具体的生活劳动实践结合起来,发挥其对劳动者生活的价值指示和引领作用,才能升华劳动者的情感,提升劳动者的思想觉悟和道德认知水平,让劳动者切实体验到社会主义核心价值观的无穷魅力。正如习近平所说:"一种价值观要真正发挥作用,必须融入社会生活,让人们在实践中感知它、领悟它。要注意把我们所提倡的与人们日常生活紧密联系起来,在落细、落小、落实上下功夫。"[1]其次,劳动教育使社会主义核心价值观在劳动实践中的不断强化得到接纳和认同。劳动教育能够促使劳动者深入社会体察民情和国情,深切感受社会发展的日新月异和祖国的繁荣昌盛,引导广大劳动者科学地、理性地应对现代化建设中的各类难题,自觉抵制西方社会不良价值观的冲击和各类错误思潮的渗透,形成对国家、对民族正确的价值判断和价值认知,进而形成对社会主义核心价值观的自觉体认和价值认同。再次,劳动教育不断丰富和创新社会主义核心价值观的传播途径和实践载体。在社会主义核心价值观的形成过程中,劳动教育与社会主义核心价值观同频共振,这一过程需要劳动实践及劳动教育不

---

[1] 习近平.习近平谈治国理政[M].北京:外文出版社,2014:165.

断渗透和融入,劳动教育要为践行社会主义核心价值观搭建各级各类实践平台,要为培育和践行社会主义核心价值观提供各类资源支持。因此,劳动教育的过程同时也是社会主义核心价值观的价值生成、价值认同和价值实践过程。

劳动教育与社会主义核心价值观有着千丝万缕的内在关联性。社会主义核心价值观引领劳动教育全面提升劳动者素质,为社会主义现代化建设和中华民族伟大复兴凝心聚力,提供强大的精神力量和内在支持;劳动教育则在目标、内容和实践路向上为社会主义核心价值观提供全方位的帮助和支持,是践行社会主义核心价值观强有力的抓手。

第三节 新时代劳动教育对促进劳动个体自由全面发展的价值意蕴

人的自由全面发展理论是马克思主义人学理论的核心内容,也是关于人的解放和发展的重大理论命题,实现人类解放和发展是科学社会主义的崇高理想和价值目标,是人类社会发展和人类文明进步的必然趋势,也是人类从必然王国迈向自由王国的必由之路。

马克思主义关于人的自由全面发展思想在学术界、思想界至今仍闪耀着本真的人性光辉和崇高的真理光芒,是新时代学者进行理论研究和思想创新的火炬和灯塔,奠定了新时代劳动教育理论研究的思想基础,为新时代开展劳动教育提供了思路并指明了方向。新时代劳动教育应在马克思主义劳动价值观指导下,以促进人的自由全面发展为逻辑起点和价值旨归,充分发挥劳动教育在提升劳动者各方面素质和综合能力中的作用,挖掘劳动教育在完善个体人格、促进个体个性全面发展方面的功能,实现劳动教育在增进个体幸福感、创造个体美好生活方面的价值。

一、人的自由全面发展的时代意蕴

实现人的自由全面发展是贯穿整个马克思主义理论的马克思主义终极价值追求,也是马克思主义关于"解放全人类"的必然逻辑。人的自由全面发展包括人的自由发展和人的全面发展两个方面。马克思主义劳动价值观以异化劳动理论和剩余价值理论为依托,深刻揭示了在以私有制为主体的社会里人的劳动不自由状态和发展的畸形状况,因此,相对于私有制条件下人的异化状态而言,人的自由发展是指人在劳动中超越异化,摆脱被压迫、被奴役的生存状态,自主的占有自己的劳动、劳动产品和类的本质,从而获得自身的个性、人格、兴趣、爱好等最大程度的、不受外在目的束缚和强制的自主发展状况。人的自由发展更多是对人的个性获得解放的程度而言,是人的发展的独特性、自主性和主体性的具体表现,也是人在正确认识和把握客观规律的前提下从事的自由自觉活动,发展自己的多种能力。人的全面发展是人摆脱私有制条件下人的发展的单一性、片面性和畸形发展状态,是人的发展的广泛性、协调性和完整性的有机统一,既指人的各方面素质如能力素质、知识素质、人格素质、精神素质的全面提升,也指人的生命权、财产权、发展权和各项社会权利等的全面实现,以及人的个性潜能的全面展开,关涉的是人的解放广度。总而言之,人的自由全面发展可用一句话来概括:"从根本上来说就是人的自由不断走向全面而充分的发展,这是一个不断实现的历史进程。"①

人的自由发展和人的全面发展是辩证统一的关系,体现了人的发展的普遍性与特殊性的辩证统一,二者也是相互联系不可分割的统一体,既互为条件又互为目的。一方面,人的全面发展要以人的自由发展为基础和前提条件,人只有克服了外在的、异己的力量对人自身发展的各种限制和束缚,才能占有自己类本质并成为自由自觉的存在,才有实现全面发展的可能;另一方面,人的自由发展必然要以人的全面发展为目的和价值旨归,人的自由发展与人的全面发展在实现过程上具有统一性,人的个人能力、潜能、兴趣爱好的充分发展造就了人的丰富性、多样性和全面性,为人的全面发展创造条件,同时人的自由发展也是以人的全面发展为目的、自由个性和兴趣爱好的自觉养成过程和形成过程,其本质上就是人的全面发展过程,最终目的都是为实现人的全面发展。

从通常意义上来理解,人的全面发展体现在三个方面,即能力的全面发展、关系的全面发展和个性的全面发展。人的能力的全面发展是指人的劳动能力自由全面的发展,也即体力与脑力相统一、相协调的全面发展。其中,人的体力的发展主要是指人的生理能力即自然能力的发展;人的脑力即智力的发展主要是指人的精神创造能力的发展,包括人的认识能力、学习能力、思维能力、创造能力、审美能力等。人的关系的全面发展是马克思主义唯物史观的基础,在马克思看来,人是一种关系性存在,是一切社会关系的总和。整个人类社会的形成发展过程是以劳动为基础的各种各样的关系生成之过程。人的关系是一个复杂的系统,如以生存为基础而衍生的生命关系、生活关系等,以生产力为基础形成的社会关系则包括经济关

---

① 程从柱.劳动教育何以促进人的自由全面发展——基于马克思主义劳动观和人的发展观的考察[J].南京师范大学学报:社会科学版,2020(3):22.

系、政治关系、文化关系等。在所有的关系中,生产关系是最基本的社会关系。人的个性的全面发展是人的全面发展在新时代的新样态,是人的美好生活需要的不断满足。在新时代,人的个性的全面发展是人逐步摆脱拜金主义、物质主义、消费主义等各种功利主义的束缚而获得自我主体意识的彰显和自我价值的体认,实现对人的本质力量的完全占有。人的个性的全面发展包括人的主观能动性、自主性、独立性、创造性等的发展,在具体的实践中表现为人的潜能的充分展示、人格的不断完善、人的个性的自由发挥等。

二、新时代劳动教育与人的自由全面发展

劳动与人的自由全面发展具有内在的、本质的统一性。马克思的劳动观充分肯定了劳动是人的本质,人通过劳动实现对自己的本质力量的自我确证和对类本质的完全占有,而自由自觉的活动是人的类特性的体现。人类自由自觉的活动一方面说明人的活动不是随心所欲、毫无节制的生理本能的释放,也不是为满足个体的物质需求对物质生产资料的无限索取;另一方面,人类的活动必然要受自然规律的约束,还要受社会道德的、伦理的、法理的规约与限制,人类劳动在实现对动物性本能超越的同时获得个体精神力量的自我成长和理性的自由自觉。此外,人在劳动过程中为克服外在力量的束缚会不断发展自身的劳动能力,还会在反复劳动实践中获得新的劳动经验,体现了劳动的自由创造性特点。也就是说,"人的自我克制与生产劳动充分体现了人的意志自由性和对劳动产品的创造性,劳动被赋予了作为人的存在方式的文化性内涵"[①]。因此,人类劳动过程是理性的启蒙、自由创造性获得和精神文化普遍性获得过程。理性的启蒙和自由创造性获得彰显出个性的自由发展,人类劳动的精神文化普遍性获得为人的全面发展提供可能,从此意义上来讲,人类劳动过程是人的个性自由发展过程,也是全面发展能力普遍提升过程。

人的自由全面发展本身具有劳动教育的价值诉求。当前我国正处在实现"第二个百年"奋斗目标的关键时期,实现"第二个百年"奋斗目标最核心、最关键的要素是人才,需要大批全面发展的高素质劳动者做支撑,他们既要具备基本的劳动能力,还要具备创新思想和创新能力,此外,还要有全面发展的劳动素养,热爱劳动、积极劳动的情怀与道德觉悟。高素质劳动者的劳动能力、劳动素养和劳动觉悟不会自动提升,需要通过劳动教育来培养和塑造。由于社会分工的精细化,对劳动者

[①] 程从柱.劳动教育何以促进人的自由全面发展——基于马克思主义劳动观和人的发展观的考察[J].南京师范大学学报:社会科学版,2020(3):17.

的专业化水平、创造性要求越来越高,劳动者的学习能力、创新创造能力决定其是否适应现代化建设的发展要求,同时,劳动的精神性生产能力在未来社会发展中的地位将更加突出,体力劳动与脑力劳动在现代生产中的结合也会更加密切,这一切都将被纳入德智体美劳全面发展的人才培养体系之中,必将对人的全面发展提出更高要求。因此,与现代生产劳动普遍结合的劳动教育是满足劳动者劳动素养、劳动能力、劳动觉悟全面提升最有效的通道,还是满足人民日益增长的美好生活需要的内生动力。

新时代劳动教育应树立全面发展的教育观,全面发展的教育观也是马克思主义关于人类解放和实现人的自由全面发展的基本观点和必然逻辑。在新时代,全面发展的教育观意味劳动教育既要遵循劳动教育与人的全面发展的过程的统一,又要遵循劳动教育工具性价值与目的性价值的统一。劳动教育与人的全面发展的过程的统一蕴含着以劳动为载体自由劳动的创造过程与教育促进人的全面发展过程的统一,即人在劳动过程中劳动经验的积累和习得活动同时也是人实现自身发展的教育活动,是教育的劳动价值与劳动的自由发展价值的有机结合。劳动教育工具性价值与目的性价值的统一,一方面要关注劳动教育在具体的劳动能力培养、使劳动者获得更加丰富的物质财富方面的工具性价值,另一方面更要关注劳动教育在促进劳动者的精神发展即丰富人的生命、发展人的个性方面的内在价值需求,尤其要在激发劳动者个性自由发展和潜能的充分发挥方面有所作为。"深入到劳动的内在价值层次上来彰显对人自身作为劳动存在的价值关怀,突出劳动在释放人的自由天性和全面发展人的自由性中的根本教育价值。"[①]这样一来,教育与劳动对促进人的个性的自由生成与能力素质的全面发展就完全统一起来。

三、新时代劳动教育是促进人的自由全面发展的必由之路

实现人的自由全面发展,劳动教育是最基本也是最为有效的教育方式之一。从马克思主义价值论的视角来看,人的自由全面发展过程也是人生价值的不断生成和实现过程。人生价值是个人价值与社会价值的统一,衡量一个人的人生价值,不仅要依据其个体价值满足自身需要的实现程度,更要根据其对社会需要的满足程度和所做的贡献的大小。无论是个人价值的满足还是社会贡献的实现,都离不开劳动和劳动教育。因此,劳动教育承载着以促进个体劳动者的自由全面发展为

[①] 程从柱.劳动教育何以促进人的自由全面发展——基于马克思主义劳动观和人的发展观的考察[J].南京师范大学学报:社会科学版,2020(3):22.

目的进而实现社会全面进步的教育使命。"通过教育的途径和手段,将人的发展的最高境界贯穿在人的劳动实践中,或让劳动教育的最高要求和境界作为人对社会贡献的发展方向,以实现自己的人生目的。"①具体地讲,劳动教育作为促进人的自由全面发展的基本方式主要体现在四个方面,即劳动教育能够满足人的各方面的需要、提升人的各方面能力、全面提升人际关系、实现个性自由。

第一,劳动教育能够满足人的多样化需求。人的需要是多方面和多层次的,具有广泛性和多样性。人的多样化需求包括基本生活需要和更高层次的精神文化需要,是物质需要和精神需要的统一。当前,中国特色社会主义进入新时代,人民日益增长的美好生活需要成为最为普遍的需要。美好生活需要表明人们的需要由追求量的增长开始向质的综合提升转变,由追求物质的满足开始向追求自由、平等、正义、法治、安全、环保等更高层次的精神需要转变。美好生活需要是实现劳动创新和发展的内在动力,美好生活需要的满足过程是人不断走向自我实现、自我超越、自我创造的自由全面发展过程。然而,幸福不会从天而降,美好生活需要靠劳动创造,劳动和劳动教育是满足人们日益增长的美好生活需要的核心要义和主要抓手。劳动教育的本质在于教育人们树立正确的劳动价值观,引导人们尊重劳动、热爱劳动、辛勤劳动、创造劳动,劳动教育能使人获得新观念、新工艺、新手段和改造客观物质世界的新方法,让人在劳动中实现物质需要的不断满足和知识、创造、艺术等精神能力的不断发展。

第二,劳动教育能够促进人的能力全面发展。正如前文所述,人的能力的全面发展是指人的体力和智力在劳动实践中全面的发展,是人对自己本质力量的全部占有。人的体力的发展是指人的自然能力的发展,人的智力的发展是指在劳动实践中人的认识能力、学习能力、创造能力、审美能力等不断提升。劳动教育引导人积极参与生产劳动和各类服务性劳动,在劳动实践中体力得以提升,体能得以增强,达到强健体魄的效果。劳动教育还能引导劳动者充分发挥其主体性和自觉性,不断突破传统思维模式和已有的劳动方式而实现知识更新、工艺创新和方法创新,进而成为更加积极的、开创性的、探索性的自由自觉的活动,不断提升人的智力水平。因此可以说,劳动教育是促使劳动创新创造的外部力量,创新性劳动使人从自然性、盲目性的劳动走向创造性、自由自觉的劳动。

第三,劳动教育能够促进人的关系全面提升。人总是处于一定的关系之中,因

---

①张世豪,罗建文.论劳动教育与新时代人的全面发展[J].思想理论教育导刊,2019(11):126.

而成为关系性存在。人的自由全面发展的过程就是人的自然关系和社会关系的普遍性展开过程,人在正确认识和把握自然规律的基础上,通过人的能动性的发挥使自在的自然成为人化的自然,实现人与自然的和谐共生。人通过劳动实践与社会产生各种各样的联系,劳动不断拓展和丰富人的生活空间,完善人的意义世界和关系世界,从而使人与人之间在动态发展中实现命运与共、和谐共生。我国是以生产资料公有制为基础的社会主义国家,生产资料公有制决定了社会主义国家的劳动关系是以劳动者之间的相互合作为主要形式的新型劳动关系,在这种新型的劳动关系中,劳动者之间分工与合作的要求更高,个人与集体的关系更为密切。劳动教育的使命就是要合理地引导个体劳动者积极参与集体劳动,在集体劳动中培养每个人的合作意识和合作精神,发展其集体主义精神,促使每个劳动者在集体合作进程中不断发展普遍的交往关系和合作关系,在普遍的交往关系和社会关系的生成中实现人的自由全面发展。

第四,实现人的个性自由发展同样离不开劳动教育。个性自由发展是人的发展的最高状态,指人摆脱外在的束缚和被压迫、被奴役的生存状态成为自身的主人,以主人公的身份主宰自身的劳动和生活。在资本主义私有制条件下,人的劳动是异化的和不自由的,人的发展是畸形的、片面的和单一的,实现劳动者的个性解放只能是天方夜谭。而在社会主义公有制条件下,生产资料的公有制决定了劳动者不仅是社会的主人,更是国家和自身的主人,每个劳动者通过行使自身的主人翁权利实现真正的当家作主,在劳动教育实践中的表现也是积极主动的,每个人的主体性和独立人格都获得足够的发展空间,从而完全可能实现劳动的自由自觉和人的自由全面发展。

社会主义国家的劳动教育是以每个劳动者的真正解放为基础的教育,是以人的全面发展的方式完全占有自己的劳动和自己的类本质,能够使每个人的需要、兴趣、爱好、潜能等各个方面得到更好的发展。也就是说,社会主义国家的劳动教育本身蕴含着发展个体人格、丰富个体生命、提升劳动品格、促进个性自由的教育意义,是以劳动自由、劳动幸福和劳动文化构建为目的导向的教育方式。在劳动教育的引领下,每个劳动者可以随时走进自己构建的劳动文化世界中,体验劳动的自由自觉带来的满足感、充实感、价值感和幸福感,劳动者的个性、能力、意志、品格等都能得到充分展现,每个人的智性、德性、审美能力等都能得到全面而充分的发展。

总之,新时代劳动教育作为社会主义国家的重要教育内容和教育形式之一,实现了教育过程与劳动过程的完美融合和内在统一。这样的完美融合和内在统一使劳动教育的价值发挥得淋漓尽致,不仅体现在发展个人能力、创造更加丰富的物质财富以适应经济发展的工具性价值方面,更是体现在实现人的解放、促进个体自由全面发展的目的性和发展性价值方面。新时代劳动教育的价值在于,以提高个体劳动能力为基础,以全面丰富劳动关系和提升劳动素养为重点,以发展个体劳动创造能力为抓手,在不断满足人的物质生活需要的基础上不断满足人民日益增长的美好生活需要,从而实现人的自由全面发展。

本章结语:分析研究新时代劳动教育的价值,要以立德树人为根本出发点,以全面发展的劳动观和劳动教育观为统领,以马克思主义劳动价值观为指导,加强劳动教育价值的系统性和整体性研究,应把劳动教育的整体性价值和个别性价值、普遍性价值和特殊性价值、工具性价值和目的性价值之间的关系辩证统一起来,高度重视劳动教育在国家层面对全面建设社会主义现代化国家、实现中华民族伟大复兴的战略意义,深入研究并揭示劳动教育对构建和谐劳动关系、实现美好生活需要的社会性价值,充分彰显劳动教育对实现人的自由全面发展、创造幸福生活的个体价值。

第五章　新时代劳动教育现实省思及问题探源

第一节　新时代学校劳动教育的实施现状

为全面了解和深入把握新时代学校劳动教育的现状，课题组选择了北京工业职业技术学院、天津电子信息职业技术学院、南京工业职业技术大学、浙江机电职业技术学院、河南农业职业学院、湖北职业技术学院、延安职业技术学院、广东理工职业学院、四川工程职业技术大学、广西安全工程职业技术学院、大理护理职业学院、新疆生产建设兵团兴新职业技术学院、辽宁生态工程职业学院等全国13所高职院校进行调研，共计988名学生参与了问卷调查。这些学校的驻地涉及经济发达地区、经济中等发达地区和经济欠发达地区。

一、选择高职院校开展劳动教育调研的缘由

高等职业院校是我国教育体系的重要组成部分，根据2021年全国教育事业发展统计公报显示，全国共有高等职业院校1518所，其中本科高等职业院校32所，专科高等职业院校1486所。高等职业院校在高等学校中的占比超过50%。[①] 同普通中小学校和普通高等学校相比，高等职业院校同样具有普遍性教育的属性和功能，同样重视学生科学文化基础知识的学习和德智体美劳全面素质的培养与发展，但高等职业院校也有其自身的特殊性和独特性，尤其是独特的办学定位、人才培养要求和产教融合的教学模式，这对开展劳动教育来说，具有得天独厚的教育教学优势和条件。

第一，新时代高职院校的人才培养目标与劳动教育的目标具有内在一致性。高职院校的人才培养目标是培养为社会主义现代化建设服务的、面向生产一线从事专门性劳动、专业性生产的高素质技术技能人才。高素质技术技能人才既包含着对人才的劳动素质、劳动品德、劳动精神、劳动价值观等基本素质要求，也涵盖着

---

① 中华人民共和国教育部. 2021年全国教育事业发展统计公报[EB/OL]. http://www.moe.gov.cn/jyb_sjzl/sjzl_fztjgb/202209/t20220914_660850.html? eqid=9430ee820000e9ba00000005643fa467.

为实体经济和服务业发展提供生产性和服务性的技术技能要求。可以说,高职院校的人才培养目标蕴含了对劳动者的劳动素养和专业技能的要求,是与培养劳动技能存在内在关联的专业性教育,职业院校的劳动教育必然要与生产实践和专业发展密切结合起来。因此,高职院校的人才培养目标与劳动教育的目标、内容有着天然的内在关联性,提高劳动素养、培育劳动技能始终与劳动教育相伴相随,不可分离。此外,培养工匠精神、劳模精神和劳动精神是高职院校人才培养的价值导向和目标追求。工匠精神和劳模精神是新时代劳动精神的高度升华,是对民族精神和时代精神的丰富和发展,培养工匠精神、劳模精神和劳动精神是劳动教育精神层面和价值层面的内容要求,因此,也是劳动教育的应有之义和价值旨归。

第二,高职院校的专业建设和课程建设都蕴含着劳动教育的元素与载体。随着社会生产力的发展,社会分工越来越精细,造成专业生产领域也越来越精细化。为适应社会经济的快速发展和社会分工对专业技术人才的需要,职业教育发展可以说是恰逢其时,应大有作为,也大有可为。"科学技术的发展特别是技术的广泛应用,使产业实现了不断升级。生产劳动中简单技能岗位有减少趋势,综合型复合型技术技能人才成为社会需求的主流。职业教育需要随之转型升级,要加强基础课教育,让学生拥有更多的科学文化知识,注重学生综合素质培养;还要适时调整培养规格,实现从岗位到岗位群、从专业到专业群的转变,加强综合型、复合型技术技能人才培养。"[1]首先,高职院校需要借助科学的专业设置强化对专门性人才的培养,加强专业链与产业链、供应链的无缝对接,专门为各生产领域培养专业技术技能人才。其次,高职院校要在课程建设中体现专业性人才的发展需求。职业院校的各专业课程建设中都含有劳动教育的内容与目标要求,在教育教学过程中可经常性举办各类技能大赛,鼓励学生积极参与技能大赛提升自身的劳动素质和技术能力水平。可以说,高职院校的专业建设和课程建设本身也包含着劳动教育的课程内容与教学要求,职业教育需要不断调整专业设置、课程设置以满足现代社会经济发展对综合型、复合型劳动者的能力及素质要求,这与新时代劳动教育的内容和教育目标也是不谋而合的。

第三,高职院校的人才培养模式和教学特点与劳动教育相互融通、内在吻合。职业教育是国家人力资源开发的重要组成部分,肩负着为社会主义现代化建设培养多样化人才的重要使命,同时还担负着技术技能的传承与更新、促进就业创业等

---

[1] 赵伟.试论劳动、劳动教育和职业教育的关系[J].中国高教研究,2019(11):105-106.

重要职责,是广大青少年走向美好人生的重要通道。高职院校的教学模式和办学条件决定其相比其他学校具有得天独厚的劳动教育资源优势,校企合作、产教融合的办学特点让学生在接受专业教育的过程中能直接进入职场进行技术技能的培训与提升,通过技术技能的培训和劳动锻炼,能够培养学生对未来工作的岗位适应能力与职业兴趣,提升爱岗敬业、勤奋工作、善于钻研等劳动品质。此外,与其他学校相比,高职院校学生还具有得天独厚的实验实训条件,必须接受一定学时的、严格的实验实训教学,这一过程也是学生专业课程与劳动技术技能的双向学习过程。高职院校学生所具有的这些天然优势也决定了高职院校的劳动教育与专业教育同频共振,同向同行。

基于高职院校的人才培养目标与新时代劳动教育目标的统一性分析,根据高职院校的专业建设和课程建设与劳动教育高度契合的内在要求,结合高职院校的校企合作教学模式和注重实践的办学特征对劳动教育所具备的天然优势和资源条件,课题组选择高职院校作为深入开展劳动教育的研究对象,从劳动教育课的开设情况、劳动认知、劳动教育与未来职业和就业的关系、劳动品德和职业道德、劳动实践、劳动价值观、劳动教育的实施途径七个方面共设计了 34 个问题进行调研,基本涵盖劳动教育各方面的要求,以期对高职院校的劳动教育状况进行整体把握。

二、新时代高职院校劳动教育实施状况分析

下面针对高职院校劳动教育课的开设情况、劳动认知、劳动教育与未来职业和就业的关系、劳动品德和职业道德、劳动实践、劳动价值观、劳动教育的实施途径七个方面所设计的 34 个问题进行分析研究。

(一)劳动教育课的开设情况

2018 年,习近平在全国教育大会上提出,要"培养德智体美劳全面发展的社会主义建设者和接班人"。在这之后,劳动教育在各级各类学校都得到相应的重视,多数高职院校也把劳动教育纳入学校人才培养体系之中,在具体的课程设置和教育教学中均有所体现。对于"你所在的学校是否已开设专门的劳动教育理论课和实践课"这一问题,有 89.68% 的学生选择已开设,另有 10.32% 的学生选择未开设。对于"你认为职业院校是否有必要开设专门的劳动教育课"这一问题,有 85.83% 的学生选择有必要,有 3.44% 的学生选择没必要,另有 10.73% 的学生选择开不开都行(见图 5-1)。对于"你的专业课老师是否重视学生劳动精神和劳动素质的教育"这一问题,有 88.26% 的学生选择非常重视或重视,另有 11.74% 的学生选择一般或不重视(见图 5-2)。

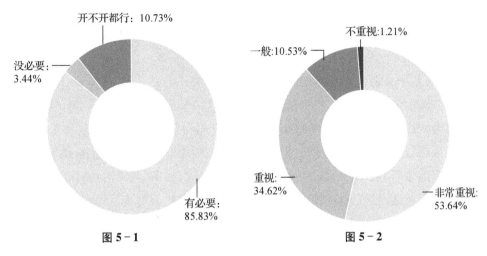

图 5-1　　　　　　　　　图 5-2

(二) 劳动的认知情况

调查显示,绝大多数学生的劳动认知程度比较高。如在"你对'一屋不扫,何以扫天下'的认识"问题选择中,只有3.74%的学生选择不认同,其他学生都选择了非常认同或认同。又如在"你对'民生在勤,勤则不匮'的态度"和"你对'生活靠劳动创造,人生也要靠劳动创造'的理解"两个问题的选择中,有98.48%的学生选择非常认同或认同,只有1.52%的学生选择不认同(见图5-3)。以上说明,高职学生既掌握一定的劳动基础知识,同时也具备相关的劳动认知能力。但是在"你对'劳动就是体力劳动,劳动教育就是教育学生热爱并参加更多的体力劳动'这句话的理解"这一问题的选择中,有51.12%的学生选择非常认同,有32.79%的学生选择认同,仅有16.09%的同学选择不认同(见图5-4),这表明,当前高职学生对新

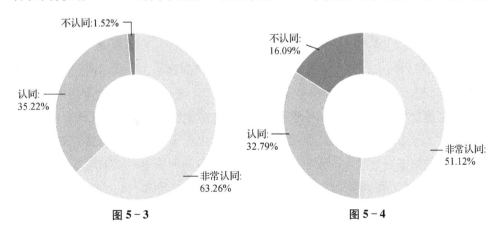

图 5-3　　　　　　　　　图 5-4

时代劳动的概念和内涵的理解存在偏差,对劳动教育的内涵和外延还把握不准,把劳动教育等同于体力劳动教育,如此一来,劳动教育的意义和价值就容易被消解和遮蔽。

(三)关于劳动教育与未来职业和就业的关系

在"你选择报考职业院校的原因是什么"这一问题的选择中,有50.61%的学生选择考试成绩,有42.61%的学生选择主动自愿,其他学生选择的是家长安排或随便填报(见图5-5)。在"你认为作为职业院校的学生,学好专业技术是否意味着人生有前途"问题上,大多学生的认识还是积极的,有64.58%的学生选择非常有前途或者有前途,另有32.89%的学生选择可能有前途,只有2.53%的学生选择没有前途(见图5-6)。上述调研显示,职业院校的学生在报考职业院校时的心理趋向与对未来职业前途的认识上还存在一定落差,一方面报考职业院校并不是积极主动的,另一方面对未来人生前途表现出积极的认同。

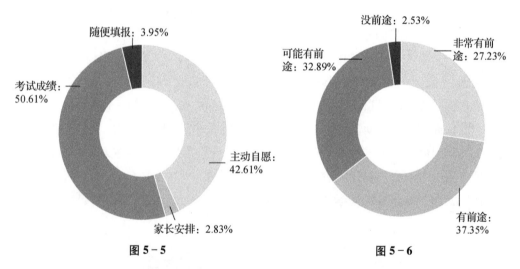

图5-5　　　　　　　　　图5-6

在"你对'劳心者治人,劳力者治于人'的看法"问题上,有94.94%的学生表示非常认同或者认同,仅有5.06%的学生选择不认同。但在"你对北大学子大学毕业后选择摆摊卖肉的看法"这一问题上,有92.31%的学生选择支持或非常支持,只有7.69%的学生选择不支持。这说明,多数高职学生在未来职业的选择方面与自身内心真实的想法有比较大的矛盾,一方面对体力劳动与脑力劳动的对立存在高度认同,另一方面又表示支持高学历的人从事简单的体力劳动。

在"你未来选择职业时首要考虑的因素是什么"问题上,有46.26%的学生选择薪酬待遇,有41.3%的学生选择职业兴趣,其他同学选择社会地位或实现自己的人生目标(见图5-7)。在"大学毕业后,你是否愿意接受一份以体力劳动为主且薪酬一般的工作"问题的选择中,只有35.83%的学生选择乐于接受,而39.98%的学生选择勉强接受,还有24.19%的学生选择不能接受(见图5-8)。

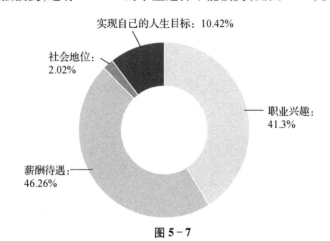

图 5-7

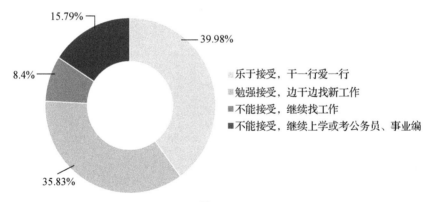

图 5-8

此外,在"你认为最理想的职业是什么"问题上,有38.77%的学生选择公务员或者事业编制人员,有17.21%的学生选择外企、民企白领或高级技术人员,有16.7%的学生选择国企员工,另有15.89%的学生选择自主创业者。这一调查结果显示,高职学生在未来职业的选择上,要么认同以脑力劳动为主的公务员或事业编制类的职业,要么认同国企员工职业或者薪酬待遇比较高的外企员工职业,即使有的学生选择了以体力劳动为主的职业,也仅限于从事技术型的职业。

(四)对劳动品德与职业道德的认识

在"一粥一饭当思来之不易,半丝半缕恒念物力维艰""烟台大学餐厅7名保洁员坚持5个月吃学生剩饭,以提醒学生节约粮食"和"职业无贵贱,任何职业都值得尊重和鼓励,任何一份职业都很光荣"三个问题上,多数学生都选择非常认同或认同,体现出对劳动、劳动成果的尊重,表现出较高的劳动品德和职业道德。但对"在餐厅用餐期间,当看到别的同学把吃剩的饭菜倒掉时你会怎么做"这一问题的调查显示,只有35.93%的学生选择上前进行劝阻,其余学生都选择了不劝阻(见图5-9)。在"你认为某历史学博士选择送快递和外卖来谋生为有尊严吗"这一问题上,虽然76.72%的学生选择有尊严,职业无贵贱,但仍有19.13%的学生选择非常没尊严或没有尊严(见图5-10)。

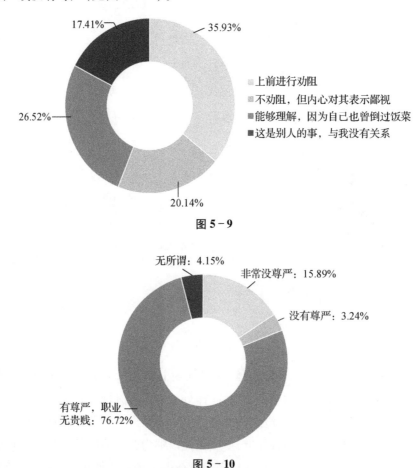

图5-9

图5-10

在"劳模精神、工匠精神、劳动精神对你学好专业知识和未来的发展是否有意义"这一问题上,有97.57%的学生选择非常有意义或有意义。在"你能说出几个全国劳动模范或大国工匠的名字"这一问题上,有33.5%的学生能说出3个或更多个全国劳动模范或大国工匠的名字,有55.56%的学生能说出1~2个,只有10.94%的学生1个也说不出。

上述调查显示,高职学生的劳动品德和职业道德整体水平还是比较高的,但有部分学生存在着自相矛盾的职业道德认知,一方面认同职业不分贵贱,表现出对不同职业的尊重,另一方面在看到别的同学浪费粮食时却表现出不劝阻、能够理解或无所谓的态度。

(五) 劳动实践参加状况

关于"学生是否经常参加家务劳动、社会服务活动和志愿者活动"的调查显示,只有36.36%的学生选择经常参加,有54.55%的学生选择偶尔参加,有9.09%的学生选择从不参加(见图5-11)。关于"参加家务劳动、社会服务活动和志愿者活动的个人意愿"的调查显示,有13.66%的学生选择主动自愿参加的,有74.7%的学生选择学校规定让参加的,还有9.82%的学生选择因为其他目的参加的(见图5-12)。关于"参加公共劳动、社会服务和志愿者活动对提升个人能力和未来的职业发展是否有价值"的调查显示,有97.57%的学生选择非常有价值或有价值。这些调查结果说明,大多数高职院校学生认识到参与社会实践活动对自身发展的意义和价值,但是学生参与社会实践活动的覆盖面不够广泛,参与的积极性、主动性不强,多数学生参与家务活动、社会服务活动的热情还有待进一步提升。

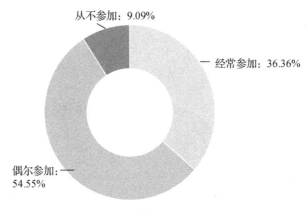

图 5-11

关于"大学期间,你是否参加学校组织的就业创业、技能竞赛、科技创新等活动"的调查显示,仅有32.79%的学生能够经常参加技能竞赛等活动,大多数学生选择的是偶尔参加或不参加(见图5-13)。关于"除了学校要求必须获取的技能证

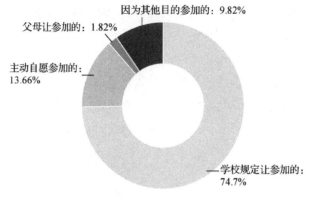

图 5-12

书外,你还取得了几项职业技能证书"的调查显示,有 45.14% 的学生没有获取任何证书,有 9.31% 的学生获取 3 项或更多项证书,有 14.98% 的学生获取 2 项证书,有 30.57% 的学生仅获取 1 项证书(见图 5-14)。

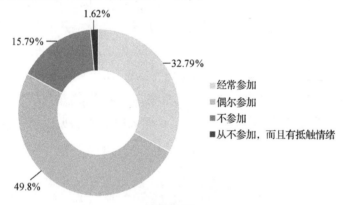

图 5-13

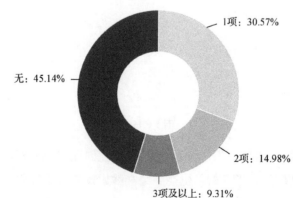

图 5-14

以上结果说明,高职学生参加社会服务活动、志愿者活动等社会实践活动的程度较低,参与积极性不高。即使与自身未来职业发展密切相关的职业技能大赛,超过半数的学生做不到经常参加甚至不愿参加,学校要求以外的职业技能证书获取情况也不容乐观。

(六)高职学生的劳动价值观

关于"新时代是属于奋斗者的时代,只有努力劳动才能成就自我价值"和"劳动光荣、劳动美丽、劳动崇高、劳动伟大"这两个说法的调查显示,95%以上的学生都选择了非常认同或认同。但对"你身边的同学对成为网红和明星的意愿如何"这一问题的调查显示,有21.26%的学生选择特别想,有29.35%的学生选择偶尔想过,有33.81%的学生选择顺其自然,仅有15.59%的学生选择从未想过(见图5-15)。

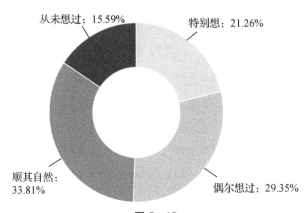

图5-15

上述调查结果表明,绝大多数学生从内心深处比较认同劳动成就自我、劳动光荣等积极向上的劳动价值观,但当自己面临职业选择的时候,多数学生仍然会选择付出较少、收获较大且报酬较高的职业,甚至部分学生热衷于明星、网红等能一夜暴富的职业。这说明,学生内心的价值取向与职业行为选择存在一定偏差。

关于"在学习之外,你的父母是否注重对你劳动习惯的培养与训练"的调查显示,虽然有58.2%的学生选择既重视学习,也重视劳动锻炼,但仍然有41.8%的学生认为家长不够重视他们劳动习惯的培养。关于"社会上哪些现象对你的劳动价值观的形成影响比较大"的调查显示,排在第一位的是房价过高,占70.55%;排在第二位的是社会环境急功近利,体力劳动者的社会地位较低;排在第三位的是社会上的明星、网红收入巨高,甚至能一夜暴富;排在第四位的是教育成本过高,努力工作也养不起孩子;排在第五位的是享乐主义、功利主义、拜金主义盛行(见图5-16)。

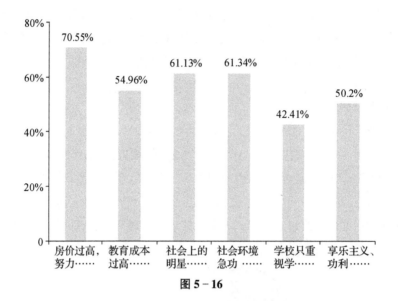

图 5-16

关于"影响学生正确劳动价值观形成的因素有哪些"的调查显示,排在第一位的是个别学生存在投机取巧行为,占 59.51%;排在第二位的是学校只重视学生的成绩和各类荣誉的获得,不重视劳动教育,占 57.39%;排在第三位的是学校的劳动教育课有名无实,存在虚化和形式化现象,占 49.8%;排在第四位的是学校的校园文化没有体现对劳动教育的重视,占 44.64%(见图 5-17)。

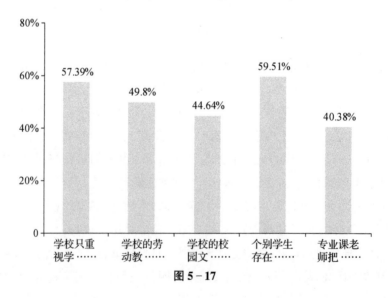

图 5-17

以上调查结果表明,当前影响学生劳动价值观形成的因素有很多。首先,社会大环境尤其是社会上一些功利性、世俗性的价值观对学生劳动价值观的形成影响很大;其次,学校教育对学生劳动价值的形成有着较大影响,同时家庭教育和其他一些因素也对学生劳动价值观的形成发挥着重要作用。

（七）劳动教育的实施途径

关于"当前应该通过哪些途径提升大学生的劳动素质和劳动能力"的调查显示,家庭教育排在第一位,占76.21%,下面依次为学校教育、社会教育、自我教育和实践教育(见图5-18)。这说明,家庭教育、学校教育、社会教育是提升学生劳动素质和劳动能力的重要途径。

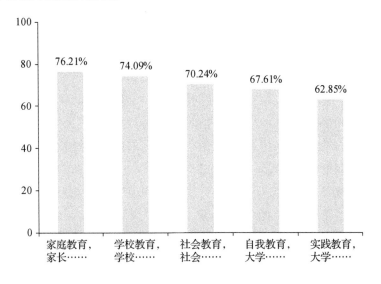

图 5-18

以上对全国13所高职院校的劳动教育的调查研究表明,当前高职院校劳动教育总体情况向上向好,多数学校均重视劳动教育,都能正常开设劳动教育相关课程;学生表现出较好的基本劳动认知和对劳动品德及职业道德的认同;在劳动教育与未来职业选择的关系上也表现出正相关倾向,多数学生认为职校学生未来的职业前景较好;在劳动实践方面,学生普遍认为参加劳动实践对自身成长具有一定意义和价值;在劳动价值观层面,学生也表现出较高的价值认同。但是,呈现的问题也不少,主要表现在以下方面:对相关概念把握不准,存在概念与概念之间边界混淆不清的状况;在劳动认知与行为选择上存在一定偏差,尤其是在劳动道德认知与道德行为选择上存在两难困境;参与劳动实践的积极性、主动性不高;虽然对劳动光荣、劳动崇高、劳动伟大、劳动美丽的价值观表现出较高的认同度,但在实际选择中,多数学生还是倾向于低付出、高回报和体面的工作,在价值认知与行为选择方面自相矛盾,甚至还存在严重的内在冲突,在一定程度上也反映了当今社会住房、教育、医疗等问题对学生劳动价值观的影响比较大;此外,社会上明星、网红一夜暴富的现象也冲击着大学生们的劳动价值观。

第二节 新时代学校劳动教育的现实困境

一、学校劳动教育地位与其应承担的职责使命严重失配

2018年9月10日,习近平在全国教育大会讲话中指出:"要努力构建德智体美劳全面培养的教育体系,形成更高水平的人才培养体系。"①2019年3月18日,习近平在学校思想政治理论课教师座谈会上再次强调,要"扎根中国大地办教育,同生产劳动和社会实践相结合,加快推进教育现代化、建设教育强国、办好人民满意的教育,努力培养担当民族复兴大任的时代新人,培养德智体美劳全面发展的社会主义建设者和接班人"②。劳动教育作为中国特色社会主义教育的重要组成部分,已纳入全面发展的人才体系,上升为国家最高层面的设计,承载着落实立德树人的重要职责和培养担当民族复兴大任时代新人的重要使命,其重要性和紧迫性不言而喻。前教育部长陈宝生也提出:"劳动教育是新时期党对教育的新要求,是中国特色社会主义教育制度的重要内容。加强劳动教育,关系到亿万青少年全面发展、健康成长,关系到国民综合素质的提升,关系到党和国家事业的兴旺发达,对培育和践行社会主义核心价值观,传承和弘扬中华民族优良传统,培养担当民族复兴大任的时代新人,具有重大意义。"③劳动教育的地位之重要、责任之重大、任务之艰巨、开展之迫切是显而易见、不言而喻的,劳动教育应该引起全社会和整个教育界的高度重视。

新中国成立后,"教育与生产劳动相结合"一直作为党和国家的教育方针被坚持和传承下来,劳动教育在党和国家教育事业中的地位是不容小觑的,应该受到高度重视。但事实上,劳动教育的命运似乎一直飘忽不定,在现实中时常陷入"说起

---

① 习近平.坚持中国特色社会主义教育发展道路 培养德智体美劳全面发展的社会主义建设者和接班人[N]. 人民日报,2018-09-11(1).
② 习近平.用新时代中国特色社会主义思想铸魂育人 贯彻党的教育方针落实立德树人根本任务[N].人民日报,2019-03-19(1).
③ 陈宝生.全面贯彻党的教育方针 大力加强新时代劳动教育[N].人民日报,2020-03-30(12).

来重要,做起来次要,忙起来不要"的尴尬处境。尤其是在功利主义和消费主义的冲击和影响下,中小学的学校教育被大量的应试科目所占据,高校则被各类专业科目所填充,劳动教育无论在时间上和空间上都无法得到体现,没有自己的领地,得不到应有的关注。这在一定程度上消解了劳动教育的意义,劳动教育形态遭遇异化和曲解,劳动教育的价值被扭曲,学校劳动教育虚化、弱化、边缘化也就成为司空见惯的事情。

自2018年习近平总书记在全国教育大会上发表重要讲话之后,劳动教育再次引起教育界的高度关注,这一现象在课题组的调研中也能够得到反映。在调研中有89.68%的学生选择本校已开设劳动教育课,只有10.32%的学生选择没有开设;关于"开设专门劳动教育课程必要性"问题的调查显示,有85.83%的学生选择有必要,有3.44%的学生选择没必要,另有10.73%的学生选择开不开都行。这说明开展劳动教育再次被各级各类学校提上日程,但在学校劳动教育的实践中呈现的问题还比较突出,尚未形成整体上重视劳动教育的育人氛围。第一,劳动教育并未真正纳入学校人才培养方案和教育教学规划,也没有建立科学合理的劳动评价和督导机制,个别学校的劳动教育仅仅体现在课程表中以应付相关检查和装点门面,劳动教育实际上处于缺位状态。第二,对劳动教育的内涵和外延把握不准。有的学校或教师用打扫卫生甚至体罚的形式替代劳动教育,没有"将劳动价值观、劳动态度培养与劳动技能(动手能力)的培养有机统一起来……如何结合不同学段的学生特点,设计进阶性的劳动价值观教育、幸福观教育、劳动奋斗教育、珍惜劳动成果教育等,是一个有待研究的问题"[1]。第三,劳动教育的边界不清晰,管理混乱。劳动教育尚没有明确的归属,有的学校把劳动教育课归于思政课,有的学校把劳动教育课归入专业技术课程,有的学校还把劳动教育归于后勤部门进行管理。第四,劳动教育的师资匮乏,多数学校的劳动教育课由辅导员或思政课教师进行授课,没有专门的劳动教育教学师资队伍。第五,劳动教育缺乏科学性、规范性和针对性,表现为没有严格的教育教学计划和教学大纲,课时安排也比较随意,没有严格按照国家规定的课时标准来开展等。上述种种问题表明,当前学校劳动教育已经背离了劳动教育的目标和价值追求,与劳动教育在党和国家教育方针中的地位失配,劳动教育培养担当民族复兴大任的时代新人和社会主义建设者和接班人的职责使命恐难达成。

---

[1] 何云峰,宗爱东.中小学劳动教育的现状、问题及对策[J].青年学报,2019(1):9.

二、学生的劳动认知与行为选择严重分离

知行合一就是思想认知与行为选择要保持一致,即把知识的学习与实践体验结合起来。知行合一是我国古代思想家王阳明最早提出来的,近代教育家陶行知在借鉴美国教育家杜威"教育即生活"思想主张的基础上,对知行合一思想进行了创新和发展,提出"行是知之始,知是行之成"的教育理念,说明知行合一即理论与实际结合的重要性。在劳动教育的调查中发现,学生的劳动认知与他们的行为选择呈现出巨大的偏差和自相矛盾的现象。

对学生劳动认知的调查显示,绝大多数学生有着比较正确的劳动认知,对我国优秀劳动文化、劳动职业道德和劳动价值观都表现出非常高的认同感,具体表现在以下几个方面:一是在对学校是否有必要开设劳动课的认识上,有85.83%的学生认为有必要,表现出高度的认同感。二是在对我国优秀传统劳动文化的认识上,学生同样具有高度的认同感。如对"一屋不扫,何以扫天下"的认识上,有96.26%的学生选择非常认同或认同;对"民生在勤,勤则不匮"的认识上,有98.48%的学生选择非常认同或认同;对"生活靠劳动创造,人生也要靠劳动创造"的理解上,同样有98.48%的学生选择非常认同或认同。三是在对劳动品德与职业道德的认识上有高度的认同感。如对"一粥一饭当思来之不易,半丝半缕恒念物力维艰"的认识上,有98.89%的学生选择非常认同或认同;对"烟台大学餐厅7名保洁员坚持5个月吃学生剩饭,以提醒学生节约粮食"的认识上,有38.46%的学生选择非常认同,有50.05%的学生选择认同,他们都认为保洁阿姨的行为对教育学生珍惜劳动成果具有说服力。四是在对劳动价值观的理解上也表现出高度的价值认同。如对"新时代是属于奋斗者的时代,只有努力劳动才能成就自我价值"的认识上,有95.44%的学生选择非常认同或认同;对"劳动光荣、劳动美丽、劳动崇高、劳动伟大"的认识上,有96.96%的学生选择非常认同或认同。

但是,学生的行为选择并没有表现出与劳动认知高度一致的认同度。一是在劳动教育与未来职业和就业关系的认识上,绝大多数学生把薪酬待遇作为未来就业的首选条件,表现出对以体力劳动为主的工作的抵触情绪。如在"未来选择职业时首要考虑的因素"的选择上,有46.26%的学生把薪酬待遇放在第一位,只有41.3%的学生选择了职业兴趣;在"大学毕业后,你是否愿意接受一份以体力劳动为主且薪酬一般的工作"的选择上,只有35.83%的学生选择乐于接受,而39.98%的学生选择勉强接受,还有24.19%的学生选择不能接受,也就是说有64.17%的学生选择勉强接受或不能接受一份以体力劳动为主且薪酬一般的工作;在"你认为最

理想的职业是什么"的选择上,有55.47%的学生选择公务员、事业编制和国企员工,另有17.21%的学生选择外企、民企白领或高级技术人员,只有3.95%的学生选择各类企业中的体力劳动者或者普通技术人员。二是在劳动实践中学生也明显表现出不够积极和不情愿的一面。如对"你是否经常参加家务劳动、社会服务活动和志愿者活动"的选择上,只有36.36%的学生选择经常参加,其余学生选择偶尔参加或不参加;对"参加家务劳动、社会服务活动和志愿者活动的个人意愿"的选择上,只有13.66%的学生选择主动自愿参加的,而74.7%的学生选择学校规定让参加的。

上述分析结果表明,知行统一作为当代大学生应遵守的基本行为规范,在当前大学生的劳动教育中却高度的不一致,反映出当代大学生对待劳动、劳动与职业、劳动与就业、劳动与人生理想等方面比较矛盾的心理状态,这也暴露出当前学校劳动教育还存在很多问题,需要在很多方面加强改进。如劳动教育的综合育人功能乏力,鄙视体力劳动以及体力劳动与脑力劳动二元对立的现象仍然存在,劳动教育在德智体美劳"五育"体系中的基础性地位弱化,劳动教育功利化趋向和工具性价值趋向在当代大学生的劳动认知中仍然占据突出位置,劳动教育促进人的全面自由发展的功能淡化,劳动教育的本真意义和精神价值迷失,高职院校劳动教育实效性较低,等等。

三、劳动教育的内涵不能适应时代变化发展的现实需求

随着人类步入信息化时代和数字化时代,新的科技革命必然带来劳动和劳动教育的形态、内涵的根本性变革。信息技术和科技革命导致劳动的内涵更加科技化和知识化,劳动的外延更加广泛,人类也从传统的以生产为中心的时代开始迈向以消费为中心的时代。同时,随着信息技术的广泛应用,人类社会分化出以符号为媒介的生产、服务、消费、分配等诸多领域,所有事物都能以符号的方式被生产出来,这一变化导致劳动关系的复杂化和多样化。正如肖绍明、扈中平所说:"劳动过程中人、自然与社会,以及劳动与资本之间的辩证关系因为插入了更多、更多、更强、更复杂的中介,促使劳动的自然辩证法、经济辩证法、社会辩证法,乃至人本辩证法等发生巨变,劳动关系更加复杂多样。"[①]

劳动内涵的知识含量、技术含量增加和劳动关系的复杂化,要求我们必须用发展的眼光来审视和把握新时代劳动教育的内涵和外延。我们不能简单照搬甚至套

---

① 肖绍明,扈中平.新时代劳动教育何以必要和可能[J].教育研究,2019(8):45.

用传统的"教育与生产劳动相结合"理念来开展劳动教育,更不能简单地把某一具体的教育活动与劳动结合起来就认为是开展了劳动教育,而是应当在新的时代背景下,基于"信息化、数字化给劳动教育带来的新挑战,继续坚持劳动成为教育的重要手段,不简单地以劳动为荣,又需要在工业社会背景下增加劳动的技术含量,通过劳动学到劳动技能、观念和价值,补充学校课堂教育的不足"①。只有树立发展的劳动教育观,不仅要重视信息化时代劳动形态的变化,及时更新和调整学校劳动教育的内容,把休闲劳动、消费劳动、数字劳动等内容纳入劳动教育教学内容中,更要重视学生在劳动中意义层面和价值层面的成长,"随着现代社会劳动技术程度的不断提高,劳动逐渐从丰富人的关系的重要场域异化为单子式个体的生产机器,迫切需要通过劳动教育重新建构学生与自然、社会、他人的丰富关系,使学生在劳动中享受作为可能性存在的人的美好"②。唯有如此,学生才能通过劳动了解劳动人民的艰辛,培养对劳动人民的情感,形成勤俭、勇敢、刻苦、坚毅、奋进等劳动品格,树立劳动美好、创造伟大等劳动价值观,激发劳动的积极性、主动性和创造性。而此种意义上的劳动教育才具备育人价值功能。正如班建武所言:"以劳动为中介所形成的丰富的社会关系,是人获得自我本质规定性的根本依据,人要获得发展,获得自我存在的价值感和意义感,都离不开劳动这样一种人的本质力量对象化的实践活动。"③

遗憾的是,由于当前对劳动教育内涵理解的片面性和滞后性,多数学校的劳动教育的理念仍然停留于传统"教育与生产劳动相结合"的初级阶段,把劳动教育片面理解为某一具体的教育类型与劳动的结合,用传统的生产劳动替代当前复杂的劳动形态,造成劳动教育脱离教育的本质属性,背离教育的基本规律。这从课题组的调研结果中可见一斑。

一是基于体力劳动与脑力劳动对立的视角来解读劳动教育的内涵。在体脑对立观念的影响下,劳动教育只是在"形式上"实现了教育与生产劳动的结合,用参与生产劳动完全代替教育,劳动教育的内容基本上以体力劳动为主,高度重视生产性和技术性方面的教育内容,片面强调体力性劳动教育对学生思想改造、动手能力提高的价值。本次调研结果也充分确证了这一点。如对"劳动就是体力劳动,劳动教育就是教育学生热爱并参加更多的体力劳动"这句话的理解上,有51.12%的学

---

① 肖绍明,扈中平.新时代劳动教育何以必要和可能[J].教育研究,2019(8):45-46.
② 班建武."新"劳动教育的内涵特征与实践路径[J].教育研究,2019(1):24.
③ 班建武.劳动与劳动教育的关系辨析及其实践意义[J].广西师范大学学报:哲学社会科学版,2021(2):56.

生选择非常认同,有32.79%的学生选择认同;对"劳心者治人,劳力者治于人"的看法中,有47.98%的学生选择非常认同,46.96%的学生选择认同。这表明传统体力劳动与脑力劳动分离的状况还严重影响着新时代劳动教育的开展。

二是劳动教育的工具理性价值与意义性价值相悖。工具理性的劳动教育更多的是追求劳动教育的生存价值而非劳动教育的意义价值。追求劳动教育的工具理性价值是一种功利化和世俗化的教育心态,在我国中小学中表现尤为突出。中小学校和家长都把学生的成绩奉为圭臬,常常有意识地淡化劳动教育,或者不愿意让孩子花费时间从事家务劳动,给他们以错误的劳动价值观的引导。高校则以专业知识和学科知识的学习作为大学生学习生活的主要内容,劳动教育也是围绕着专业知识和专业技能的提升而展开。尤其高职院校,对技术知识和技能的培养高度关切,劳动教育完全专业化和技能化。在工具理性价值取向支配下,劳动教育演化为劳作教育、工艺教育、生产教育、专业教育等的代名词。如对"大学期间,你是否参加过学校组织的就业创业、技能竞赛、科技创新等活动"的调查显示,有32.79%的学生选择经常参加,有49.8%的学生选择偶尔参加,这也反映出高职院校和学生对专业知识和专业技能培训的重视,使得本来具有意义性价值的劳动教育被工具理性的价值追求所淹没。

三是教育世界与劳动世界的分离。教育世界与劳动世界本来应该是持续互动或相互联通的,应在互动或联通中实现理论与实践的结合。而当前学校在开展劳动教育的过程中,教育世界与劳动世界被人为地割裂开来,由于习惯性使用作为载体的劳动取代劳动教育,使本来具有教育意义的劳动与教育失去了内在链接,虽然比较注重劳动形态的多样化和丰富性,因劳动教育的整体规划和专业设计不够科学合理,缺乏专业的教师配备和合理的时间规划,劳动成为劳动教育的目的性追求而忽略其教育性的内在追求,劳动教育的意义价值、人文价值、审美价值受到冷遇,劳动教育的全面育人的功能难以有效释放。

综上分析,当前学校的劳动教育囿于传统教育与生产劳动形式上的结合模式和思维方式,劳动教育不能指向人本身的自由与解放,造成劳动教育与其本质目的背离,与德、智、体、美形成对立而不是相互融通,只注重教育的工具性价值而非教育的生命意义的展现与对美好生活的追求,劳动教育活动是被动参与而非积极主动参加。在调研中发现,自愿主动参加志愿者活动和各种服务性活动的学生仅占13.66%,有74.7%的学生是因学校的规定才参加的。传统劳动教育的痼疾使得劳动教育远离真实的生活世界,脱离社会发展实际,难以激发学生的劳动兴趣和积极性,导致学生的内在潜能得不到挖掘,不能有效培养学生尊重劳动、热爱劳动的习惯,学生无法真实体验劳动带来的光荣和快乐。同时,由于劳动过程中缺乏沟通与互动,无法促进交流及增进学生间的感情,也许在某一方面提高了学生的身体素质和劳动技能,但无法真正培养学生吃苦耐劳和团结互助的精神。

四、劳动教育的形态与劳动教育的本质呈异化状态

随着信息技术和科技革命的飞速发展,我国产业领域中第三产业的比重越来越大。第三产业的广泛兴起对第一、第二产业产生严重的冲击,同样,第三产业催生出的新的劳动形态也必将对传统劳动形态产生严重的冲击,劳动形态"呈现出多样化的叠加形态,生产与技术、知识与价值、信息与文化、时间与空间等劳动要件的耦合比任何时代都更加复杂,更加多样"①。因此,新时代的劳动教育要与时俱进,应紧密结合时代发展变化对劳动教育提出的新诉求,以系统观为统领,以辩证发展的劳动观加强内容、活动、载体、课程、师资等多方面的资源整合,否则,单纯依靠传统的单一性的劳动实践形态将无法承载新时代劳动教育的艰巨任务。这就是说,"劳动教育要把直接劳动教育和间接劳动教育、学科劳动教育和活动劳动教育、个人劳动教育和集体劳动教育、校内劳动教育和校外劳动教育多形态劳动教育充分融合,重视将劳动教育与其他学科课程知识有机结合,构建起整合性的劳动教育实践体系"②。

然而,我国学校劳动教育并未跟上知识化、信息化时代的发展要求,劳动教育在教育理念、内容和实践形式上依然沿袭传统的劳动教育。由于劳动教育惯性使然,劳动教育在实践中表现出教育内涵简单化、教育方式休闲化和教育性质异化等众多问题。

首先,劳动教育最大的问题就是被误解为参加简单的体力劳动或技艺学习。学校劳动教育的组织方式通常有以下几种:一是组织学生参加公益性的活动,如志愿者活动、社会服务活动等,走进街道、社区、敬老院等校外场所参加劳动实践活动;二是组织学生参加生产性劳动,如通过顶岗实习、校企合作、产教融合等方式让学生走进企业和工厂,接受相关生产性劳动实践锻炼;三是组织学生参加劳动技术活动课,让学生在劳动中掌握一些专业技术,提升劳动能力;四是组织学生参与校园卫生清洁工作和学校花草树木的绿化养护工作等校园义务劳动,以及让家庭困

---

① 班建武."新"劳动教育的内涵特征与实践路径[J].教育研究,2019(1):23.
② 班建武."新"劳动教育的内涵特征与实践路径[J].教育研究,2019(1):25.

难学生参与食堂执勤等勤工俭学活动。从学校经常性开展的劳动教育组织方式来看，当前学校劳动教育中体力性劳动和技艺性劳动占比较高，与知识化、信息化相关的、有助于学生创新性品质提升的劳动教育活动组织明显不足，劳动教育的内涵与形态呈现简单化倾向。

其次，劳动教育被当作休闲娱乐的方式。在应试教育和就业形势的双重压力之下，无论是中小学校还是高校，学生的学习生活都不轻松，尤其高职院校，学校和学生都把大部分时间和精力用在升学和就业两件大事上。作为全面发展教育体系的重要组成部分的劳动教育常常受到冷遇，甚至被当作学生休闲娱乐或者放松的方式。很多中小学校常常在一些重要考试之后组织学生参与乡村生活体验或者从事一些相对轻松的劳动体验，比如春游、秋游、夏令营之类的活动，让学生在参观或体验中放松心情、获取快乐、调整自我。一些高校经常组织学生参加校园文化实践活动，借助这些活动提升学生的劳动实践能力，但学生参加此类活动多半迫于完成学校思想政治教育任务；有的高校会借助一些重要节假日组织学生参与义务植树活动、志愿者活动或其他所谓研学类活动，这些活动常常打着劳动教育之名却并未进行具体的劳动教育内容设计，因缺乏科学设计、精心组织和教育引导，最终沦落为"走过场""搞形式""完成任务"等虚假劳动。这些做法严重背离了劳动教育的本质。

再次，劳动教育沦为惩罚学生的手段。劳动能丰富人的生命状态，充盈人的精神生活，拓展人的各种关系，提升生命的内在价值，学生参加劳动原本是对生命的体验和对人生意义与价值的追寻。然而在学校教育中，不知何时劳动沦落为惩罚学生的手段和工具，个别教师会在学生犯错误的时候用打扫卫生或其他类似的体力劳动来体罚学生，一些家长会在孩子不用心学习的时候带孩子去搬砖头、捡垃圾，让他们体验劳作之苦，以此来督促他们用心学习。教师和家长的这些做法无疑从心理上加重了学生对劳动的厌倦和反感，背离了劳动教育的初心使命，在一定程度上增加了学校开展劳动教育的阻力。

最后，劳动教育形式的简单化。当前多数学校的劳动教育比较关注作为教育载体意义上的劳动，导致劳动教育既是手段又是目的。当把作为手段的劳动教育与作为目的劳动教育混为一谈时，教育的价值便从劳动中剥离开来，只会过度强调学生参加各种形式的体力劳动或者技能性劳动，只会关注学生某一方面劳动能力的培养教育，而对劳动教育的育人价值置之不理。一旦劳动教育失去其价值追求或灵魂，便会带来"有劳动无教育"的不良后果。对职业院校来说，劳动教育的单一化就是劳动教育的技能化和职业化倾向比较突出,此类劳动教育容易消解劳动教育的本真性和实践体验,不利于劳动效果的实现。

综上所述,当前劳动教育中存在几类误区。从劳动的本体论意义上来讲,遮蔽了劳动这一对象化活动在实现自我力量确证方面的价值,使人作为类的特征无法显现,同样也遮蔽了劳动作为人类自由自觉的活动在解放人和实现人的全面发展方面的价值。从劳动教育的育人功能来讲,简单地用参加劳动替代劳动教育,将掩盖劳动教育在丰盈人的生命质量、提升人的素质、发展人的能力等方面的价值,削弱劳动教育在其他四育中的基础性地位;也是对劳动和劳动教育的污化和畸形化,把本来美好的劳动生活演变为严重负面的心理体验,其结果必然是劳动教育在解放人和实现人的全面发展方面的作用难以实现。

第三节　新时代学校劳动教育不力的现实归因及根源探寻

从前文的调研分析可以看出,当前学校劳动教育存在育人不力、形态异化、功能失效等诸多问题。深入研究其中缘由,有以下几个方面的影响因素:从认识层面来看,认知粗浅、相关概念把握不准是导致劳动教育开展不力的制约因素;从文化层面来看,传统小农文化和当前低俗文化导致劳动价值观出现扭曲和错位;从现实层面来看,应试教育和市场经济的双重挤压造成劳动教育虚化和边缘化;从制度保障层面来看,制度供给不力和资源匮乏导致劳动教育拳脚难展,实施乏力。

一、认知粗浅及相关概念含混不清导致劳动教育的开展差强人意

(一)体力劳动与脑力劳动的二元对立观念制约着新时代劳动教育的开展

体力劳动与脑力劳动的二元对立是私有制条件下因阶级剥削的存在及社会阶层分化而造成的劳动者之间不平等的现象,并随着我国封建科举制度的发展得到了固化。在我国封建制度下,读书仅是少数人享有的权利,广大劳动者则无权接受教育,教育世界与劳动世界是相互分离的。因此,"劳心者治人,劳力者治于人""学而优则仕""万般皆下品,唯有读书高"等既是封建科举制度的产物,也是体脑对立的传统劳动文化理念倍受推崇的体现,并广泛渗透在当代社会的各类劳动关系之中。

在我国社会发展的不同历史时期,体力劳动与脑力劳动相分离在教育中也是有所体现的。如民国时期我国著名教育家陶行知先生高度重视劳动教育,他提倡劳动教育应与生活实际结合起来,以学生参与体力劳动为主要方式,把学生参与劳

动的过程体验和劳动情感体验结合起来,并把智能的、情感的、道德的、审美的体验与劳动教育融为一体。新中国成立后,教育与生产劳动相结合作为我国社会主义教育的基本方针发挥了积极作用,但在具体的劳动教育实践中却过多强调体力劳动的教育改造作用,劳动教育曾一度沦落为政治改造的工具。改革开放以后,由于科学技术在经济发展中的作用越来越大,党和国家非常重视教育与生产劳动在结合的内容、方法上的创新与突破,但由于对科学技术的高度重视和对技术理解的片面性,把劳动教育等同于劳动技术教育,体力劳动仍然是劳动教育的主流方向,劳动教育被错误地理解为凡劳动就有教育作用,劳动教育就是技术技能训练的教育,体力劳动与脑力劳动相对立的错误认知仍然未被突破。

当前,科学技术在经济增长因素中的比重日益加大,劳动形态也越来越复杂化和多样化,尽管党和国家采取了一系列举措以消解体力劳动与脑力劳动的对立,但在现实的劳动教育中体力劳动与脑力劳动的对立并未完全消失,"劳动教育畸变为技艺学习,劳动教育畸变为休闲娱乐,劳动教育畸变为惩罚手段"[①]。在学者徐海娇看来,体力劳动与脑力劳动的对立在劳动教育目的、方法、手段等各方面都有所体现,"就是劳动教育目的的外在化,劳动教育方法的规训化,劳动教育途径的去身体化,劳动教育环境的去自然化等"[②]。这一现象在本次调查中也有非常明显的体现,有94.94%的学生选择了非常认同或认同"劳心者治人,劳力者治于人"的说法,另外,有很多学生毕业后不愿从事以体力劳动为主的工作。

(二)对"教育与生产劳动相结合"的理解偏差制约着新时代劳动教育的开展

"教育与生产劳动相结合"是资本主义机器大工业发展的必然产物。基于对资本主义机器大工业生产的深刻分析,以及大多数产业工人及其子女不能脱离生产劳动去学校接受教育实际状况,为全面提高资本主义生产力,既能满足机器大工业的发展要求又能培养出全面发展的人,马克思提出,在未来的社会主义或共产主义社会里,只有实现教育与生产劳动的普遍结合,才能培养出全面发展的人和满足现代大工业的发展要求,从而提高社会生产力。成有信基于对马克思主义"教育与生产劳动相结合"的背景、条件及发展趋势的分析,提出:"教育与生产劳动的结合是现代社会发展的规律之一,也是现代教育发展的重要规律之一,是现代教育和生产劳动的结合。"[③]

[①] 檀传宝.劳动教育的本质在于培养劳动价值观[J].人民教育,2017(9):46.
[②] 徐海娇.劳动教育的价值危机及其出路探析[J].国家教育行政学院学报,2018(10):22-23.
[③] 成有信.简论教育与生产劳动相结合[J].河北师范大学学报:教育科学版,2003(2):24.

新中国成立后,"教育与生产劳动相结合"作为我国社会主义教育方针一直被沿袭和传承,但在实施过程中还存在众多理解上的偏差。第一,有人认为"教育与生产劳动相结合"作为我国社会主义教育方针,是区分社会主义与资本主义的标志。这种理解忽略了教育与生产劳动的结合是现代社会发展的产物和现代教育的特征,导致在实际的劳动教育过程中不能用发展的、联系的观点来对待教育与生产劳动的结合,更不能用历史的观点促进教育与生产劳动的结合,使"教育与生产劳动相结合"理论在劳动教育中得不到正确理解和有效贯彻实施。第二,"教育与生产劳动相结合"被误解为教育与以体力劳动为主的生产劳动相结合。这就把劳动教育与以体力劳动为主的教育活动等同起来,劳动教育仍然囿于体力劳动的范围之内,既是对现代教育的误解,也是对新时代劳动教育的诟病。对此,成有信提出:"现代教育从本质上就是现代科学技术再生产和现代生产工作再生产的手段,同时也是使科学这个潜在的生产力转化为现实的生产力的中介。因此,科学已经明显成了现代生产力的基础,也成了现代教育的基础。"[①]现在教育本质的改变使"教育与生产劳动相结合"的内涵也随之发生变化,而且二者结合的深度和广度都比以往更加密切。第三,"教育与生产劳动相结合"被理解为传统教育与传统生产劳动的结合,把以脑力劳动为主的新型劳动形态排除在生产劳动之外。随着社会的发展,传统的以体力劳动为主的劳动逐渐被以脑力劳动为主的知识劳动、创造劳动所替代,同时数字劳动、消费劳动、休闲劳动等新型劳动形态广泛应用于第三产业之中,教育与生产劳动的结合应该突破传统意义上生产劳动的形态,把上述新型的劳动形态涵盖进去,这样才能实现现代教育与生产劳动现实的、具体的结合。

上述理解上的偏差导致在实际工作中"教育与生产劳动相结合"的效果不佳,也使劳动教育的真正价值无法实现。

(三)相关概念边界不清、解读迷离影响着新时代的劳动教育的有效开展

劳动、劳动教育、劳动教育实践活动、职业教育等概念被广泛应用于劳动教育的理论研究和实践中,对相关概念的澄清是有效开展劳动教育的基础和前提,但在实际操作中,部分人并没有真正理解上述概念之间的区别与联系,而是把相关概念混为一谈,错误使用。在现实中,主要有以下几方面的误解。

第一,对劳动与劳动教育两个概念之间的区别和联系把握不准,把参与劳动与开展劳动教育划为等号。劳动是人类改造客观世界的物质实践活动,人类通过劳

[①] 成有信.简论教育与生产劳动相结合[J].河北师范大学学报:教育科学版,2003(2):26.

动从自然界获取人类生存和发展所需要的物质生活资料和精神文化产品。劳动教育是一种育人活动,劳动教育的目的不是为了获取某种生活资料,而是借助劳动全面提升人的综合劳动素养,通过劳动体验丰富人的生命情感,塑造人的健全人格,从而促进人的全面发展。由于对劳动与劳动教育混淆不清,劳动教育在具体的实践中演化为繁重、枯燥的劳动锻炼或者劳动技能的学习,使具有普遍性教育特征和教育价值的劳动教育被理解为劳累、痛苦和受压迫的代名词,劳动教育不是致力于培养正确的劳动价值观和良好的劳动习惯,也未能致力于培养正确的劳动态度,而是为了完成某种任务而进行的劳动,这样就遮蔽了劳动教育本体论意义上的丰富个体生命、促进人的全面发展的价值。由于对劳动与劳动教育概念的误读,衍生出把劳动教育资源的开发看作对劳动资源的开发,用劳动成果取代对劳动教育效果的评价。正如班建武所言:"劳动教育由于在观念上缺乏对劳动与劳动教育关系的正确认识,导致了实践上用劳动代替劳动教育的不良倾向,从而在很大程度上影响了劳动教育育人目标的有效实现。"①

第二,淡化了劳动教育的特殊性,把劳动教育课程化和学科化。劳动教育课程化和学科化的具体表现为,劳动教育把加强劳动课程建设和劳动课堂教学作为开展劳动教育的主渠道,这样一来,劳动教育就成为学校的事,与其他部门关系不大,劳动教育的内涵与外延也极大受限。实际上,劳动教育本身涵盖着一定的劳动教育理论课程,具有理论上劳动知识学习和实践上劳动技能培养相结合的特征,但这并不能取代参与劳动实践对全面提升劳动者素质的意义和功能。

第三,把劳动与生产劳动混为一谈,把劳动教育等同于参加生产劳动,没能及时把握新时代生产劳动内涵和外延的变化。

第四,把劳动教育等同于职业教育。职业教育的教学内容及教学方式方法有很多方面与劳动教育存在交叉或重叠,从一定意义上来讲,职业学校校企合作的办学模式及实验实训条件对开展劳动教育具有巨大的优势,职业院校的劳动教育对培养高技能人才和高素质的劳动者理应发挥更大作用。在当前,虽然我国建有世界上最大规模的职业教育体系,但是我国高素质劳动人才短缺的状况并没有真正缓解,职业教育对国家高技能人才的贡献率不足30%,这和发达国家职业教育对高技能人才的贡献率在40%以上还有较大差距。这表明职业教育在培养高技能劳动者方面并没有发挥应有的作用。从劳动教育与职业素质培育深度融合的层面来

---

① 班建武.劳动与劳动教育的关系辨析及其实践意义[J].广西师范大学学报:哲学社会科学版,2021(2):54.

讲,学生对以体力劳动为主的职业仍然抱有偏见,以技术技能培养为主的职业教育和普通教育的同等地位并没有真正体现,劳动教育所具有的优势与特色也无法充分发挥。

二、传统小农劳动文化和功利主义劳动文化催发劳动价值观的扭曲和错位

(一)传统重劳心轻劳力的小农劳动文化对体力劳动的鄙视成为新时代劳动教育的重大阻力

受封建等级观念和封建礼教的影响,"学而优而仕""万般皆下品,唯有读书高""劳心者治人,劳力者治于人"等封建礼学文化无不彰显着读书的极端重要性,读书做官成为古代读书人的普遍愿望。这一文化传统也受到以孔孟为代表的儒家文化的尊崇,在这一文化影响下,从事劳心工作成为人们尤其是读书人的职业追求和价值目标,也成为社会普遍的价值取向并一直影响到现在。从事体力劳动的人则被称为"小人",由此衍生出的小农意识、等级观念使体力劳动成为被鄙视和不屑的职业,这一观念也深深地影响了整个社会的劳动价值观。

在当今社会,这种错误的劳动认知一直存在,表现在教育领域就是追求高学历、高学位,而近年来硕士研究生报考比例不断攀高就有力地证明了这一现象。正如费正清所言:"中国的教育有着悠久、复杂的历史,它的一些观点和看法至今仍有影响,例如脑力和体力自然是分离的,学问应通过国家服务社会;正统观念是维护秩序的关键等。"[①]

在重劳心轻劳力的传统小农劳动文化影响下,学校劳动教育淹没于应试教育对学习成绩的追逐之中,同时也淹没于高等教育对学科知识的推崇之中。虽然劳动教育在党和国家的重要文件中多次被强调,但在现实的学校教育中不得不为应试教育和学历教育让路,其自身的发展屡屡遇冷也就在预料之中了。

(二)拜金主义、享乐主义、消费主义等不良社会思潮造成的价值真空对劳动教育形成冲击与影响

拜金主义、享乐主义、消费主义等社会思潮建立在资本逻辑基础之上,是当代物质主义的表现形式。拜金主义、享乐主义、消费主义常常借用金钱来满足个人的贪欲,沉迷于奢靡浮华的物质生活和对物质财富的无限占有,把捞取金钱和获取物质财富的多少当作衡量人生价值和社会地位的指标,把物质追求、生理享乐看作是

---

① 费正清.观察中国[M].傅光明,译.成都:四川人民出版社,1992:159.

生活的轴心,强调物质享受和消费至上,而忽略了作为类存在的人对类本质的最高追求。拜金主义、享乐主义、消费主义把追求金钱和物质财富奉为人生圭臬,造成人与物的颠倒、物质与精神的颠倒、目的与手段的颠倒,"其本质是剥削阶级的人生理论,反映了具有社会物质生活资料支配权的剥削阶级恣情纵欲,追求腐朽、糜烂的生活方式的必然状态"①。马克思对拜金主义作了极为形象的描述:"金钱贬低了人所崇奉的一切神,并把一切神都变成了商品。金钱是一切事物的普遍的、独立自在的价值。因此它剥夺了整个世界——人的世界和自然界——固有的价值。金钱是人的劳动和人的存在的同人相异化的本质;这种异己的本质统治了人,而人则向它顶礼膜拜。"②马克思又进一步指出:"在利己的需要的统治下,人只有使自己的产品和自己的活动处于异己本质的支配之下,使其具有异己本质——金钱——的作用,才能实际进行活动,才能实际生产出物品。"③由此可见,在资本主义制度下,金钱一方面显示出无比强大的物质上的威力,另一方面对人的精神意志产生意想不到的麻痹和控制作用。

当人的头脑被拜金主义、享乐主义、消费主义全面占领,就自然而然形成拜金主义、享乐主义、消费主义的人生观和价值观。这一人生观和价值观将对整个社会风气和人的身心造成极大危害,它会使人把物欲的满足、感官的享受作为人生追求的主要目标和最高价值,使过度消费、奢侈消费成为社会各阶层相互模仿、竞相攀比的行为,使人为了追求金钱和财富丧失人格尊严、礼义廉耻和道德节操,甚至铤而走险,不惜走上违法犯罪的道路,最后落得千夫所指、万人唾弃的下场。从劳动价值层面来分析,拜金主义、享乐主义、消费主义追求的是不劳而获或少劳多获的生活方式,奉行的是巧取豪夺、及时享乐、今朝有酒今朝醉的人生信条。在我们社会主义国家,在实现中华民族伟大复兴的关键时刻,拜金主义、享乐主义、消费主义显然是与当前国家所倡导的用劳动托起中国梦、社会主义是干出来的、中华民族伟大复兴要靠劳动实现等价值目标背道而驰、离心离德。

受拜金主义、享乐主义、消费主义等不良社会思潮及其人生观和价值观的影响,人的物质追求与精神追求错位、手段与目的颠倒、感性与理性暧昧,劳动不再是丰富人生体验、赋予人生价值和意义的目的性追求,而是获取物质利益的手段;不再是自由自觉的活动,而是被强迫和强制性的痛苦活动。这样一来,投机取巧、走

---

① 罗国杰.中国伦理学百科全书:伦理学原理卷[M].长春:吉林人民出版社,1993:463.
② 中共中央马克思恩格斯列宁斯大林著作编译局.马克思恩格斯文集:第1卷[M].北京:人民出版社,2009:52.
③ 中共中央马克思恩格斯列宁斯大林著作编译局.马克思恩格斯文集:第1卷[M].北京:人民出版社,2009:54.

捷径等发财致富方式将成为时尚追求,辛勤劳动、诚实劳动、创造性劳动则变得无足轻重,甚至被贴上无能或者智力低下的标签。正如学者张志丹所说:"当代严酷的现实表明,人类生产实践和交往实践日益脱离文化滋养和价值牵引而在很大程度上走偏,在新媒体驱动下的物质消费主义,推动着极端消费、过度消费、疯狂享乐、娱乐至死,而生活的物化、价值的虚化和生活的意义则趋向'瞬间感觉、技术游戏'的'片面化生存'变为不争的冷酷现实。"①在拜金主义、享乐主义、消费主义人生观和价值观面前,学校劳动教育失去其价值根基和价值支撑,没有了根和魂,劳动教育显得苍白无力甚至无能为力。

(三)网络文化中的"快餐文化""恶搞文化"等导致劳动价值观的庸俗化

当一个社会中低俗、媚俗、庸俗成为普遍现象,物质追求取代了精神追求,直接的后果就是礼崩乐坏、道德沦丧。当前,受各种不良社会思潮的影响,人们的生活世界里充斥着各类"快餐文化""恶搞文化",各种炫富、露富、显摆冲击着人的视觉,腐蚀着人的肌体和精神,各种感官享受和视觉冲击麻醉着人的理性,干扰着人的判断。丹尼尔·贝尔在《资本主义文化矛盾》一书中对这一现象做出如下解读:"认为体验本身是最高价值,一切事物都有待开发,一切体验均被允许——至少在想象层面,如果不是在生活中真的加以实行的话。在对行为的合法化中,钟摆远离限制,摇摆到放松那一端。"②贝尔进一步指出:"文化领域中的根本变化是个人的含义从存在变成了自我,与此同等重要的是从控制约束向认可冲动的转变。"③在各类不良文化的冲击下,庸俗代替高雅,刺激代替理性,使人的精神和灵魂无法安于当下,无从构建自己丰富的内心世界和纯洁的精神生活。又如贝尔所说:"对独立自主的寻求,想要脱离赞助人或所有机构的愿望,在现代资本主义中都得到了表达,而没有限制的自我,这个概念是其极致……驱动企业主和艺术家的,都是无止无息寻觅新奇、再造自然、刷新意识的冲动。"④丹尼尔·贝尔对资本主义文化矛盾的描述与当下网络文化中的低俗现象有着极为惊人的相似。

低俗、媚俗、庸俗的普遍化容易滋生社会新的精神鸦片,会腐蚀人的理想信念和意志毅力。"快餐文化""恶搞文化"的兴风作浪必将导致人的崇高理想信念丧失、道德滑坡、行为失范和价值观扭曲,表现在劳动领域就是贪图安逸享乐,追求与

---

①张志丹.解构与超越:当代物质主义的哲学追问[J].南京师范大学学报:社会科学版,2017(1):29.
②贝尔.资本主义文化矛盾[M].严蓓雯,译.南京:江苏人民出版社,2007:18.
③贝尔.资本主义文化矛盾[M].严蓓雯,译.南京:江苏人民出版社,2007:17.
④贝尔.资本主义文化矛盾[M].严蓓雯,译.南京:江苏人民出版社,2007:14.

众不同,喜欢标新立异,崇尚不劳而获,期望一夜暴富或天上掉下馅饼,甚至滋生投机心理和冒险心理。而勤俭节约、艰苦奋斗、拼搏奋进等优良劳动传统与人的生活渐行渐远,诚实劳动、辛勤劳动、创造性劳动遭受嘲讽或成为一种软弱无力的教诲,劳动光荣、劳动美丽、劳动崇高、劳动伟大的价值观逐渐为现实社会物质主义和世俗主义所消解,成为美丽的道德谎言,尤其是青少年群体对劳动光荣、劳动幸福、创造伟大的认同度普遍下降。

三、应试教育和市场经济的双重挤压导致劳动教育的虚化、弱化和边缘化

时代是思想之母,任何思想创造或者教育活动都会刻上时代的烙印,劳动教育也不例外。当前我国的劳动教育受两方面因素的冲击和挤压比较明显,一方面是受应试教育的影响,学校劳动教育在人才培养中的地位被弱化和边缘化;另一方面是受市场经济大潮的影响,市场经济大潮的冲击造成人的劳动价值观错位,使劳动教育在培养正确的劳动价值观方面显得力不从心。

(一)当前学校教育的知识化和功利化倾向导致劳动教育的虚化和弱化

长期以来,应试教育是我国独特的人才选拔制度,学校的人才培养方式也是围绕它开展。应试教育的本质是以知识为中心,关注学生理论知识和专业能力的提升,最终目标是升学和就业,因此教育的功利化倾向比较明显。应试教育的外在表现就是"唯分数论英雄",体现在我国中小学教育中就是把考试成绩作为衡量学生优劣的标准,也是评价教师工作成绩的指标,为追求考试成绩,各个学校把大量的时间都分配在与考试相关的学科和课程中,与考试无关的课程则相应遭遇冷眼,对待劳动教育也是如此。应试教育在高校的表现首先就是名牌学校、热门专业受到学生的追捧;其次就是学科中心化或者专业化,与考研、升学有关的课程就会受到学校和学生的青睐,与就业紧密关联的课程和提升学生综合素养的课程也同样会受到学校和学生的高度重视。这种功利化、外在化、工具化的教育教学倾向使得培养学生劳动素质和劳动价值观的劳动教育基本成为摆设。自2020年《关于全面加强新时代大中小学劳动教育的意见》颁布以来,各个学校为应对教育行政部门的检查评估,象征性地开设了劳动教育课,但因对劳动教育的价值和育人功能认识不足,劳动教育在学校教育中的边缘化地位从根本上没有得到扭转。

同样,应试教育对家庭的影响也过犹不及。中国家长对孩子学业成绩的关注度堪称世界之最,孩子成绩好也成为所有家长的最大心愿。为迎合自身功利化追

求和提高孩子的考试成绩,家长不惜倾其所有,给孩子报各类培训班和特长班,让孩子学习各类乐器,而且包办了所有的家务劳动、志愿者活动等对孩子成长非常有价值的活动,并产生了"孩子只要考试好,其他一切都好"的错误认知,孩子劳动素质的养成和劳动精神的培育在应试教育面前显得微不足道。

劳动教育的本质在于通过参与各类劳动,让学生在体验劳动的过程中感受生命的丰富多彩,孕育美好的道德品质,享受自由自觉劳动的本真意义;让学生在体验劳动的过程中培养劳动意识,养成良好的劳动习惯,培育积极的劳动态度,掌握必要的劳动技能,树立正确的劳动价值观,提升自身的劳动素养。但是,应试教育和功利化教育的直接后果就是学生不会劳动,更为严重的后果是造成学生缺乏劳动意识、劳动习惯和劳动素养,不愿意劳动,不珍惜劳动成果,劳动能力弱化甚至缺失。

(二)市场经济的功利化、世俗化追求导致劳动教育的功能异化和意义弱化

改革开放以来,我国市场经济快速发展并不断走向成熟。但市场经济在创造巨大生产力的同时,其负面效应也不断凸显。"在市场化改革过程中,市场的自发盲目性因缺乏必要的约束(如治理缺位、GDP 崇拜等)也会不断爆发出来,由于社会主导价值取向是利益驱动、功利至上,主流价值观遭遇'冷遇',相应的理想垮掉、信仰的缺失就是逻辑之必然。与此同时,物质主义还有复杂的思想文化根源。比如全球广为流布的'经济学帝国主义'及其所彰显的主导价值观——功利主义,对当代物质主义有着重要影响。"[1]尤其是市场经济所奉行的 GDP 标准导致对物质主义的过度崇拜,市场经济的逐利本质和利益最大化追求造成了社会上"没有限制的欲望"的增长和累积,物质主义的泛滥导致人的异化,使人丧失基本的人格尊严和道德操守而陷入对物质追求无限贪婪之中,人屈从于物质成为金钱或物的奴隶。这一现象从经济领域渗透到社会的各个方面,造成人生观和价值观的扭曲和错位,就如同新教伦理精神与资本主义经济发展的关系。"新教伦理曾被用来规定有限节制的积累,但自从新教伦理跟资本主义社会分离后,接下的就只有享乐主义了,资本主义体系因此失去了它的超验伦理。"[2]"当社会中的每个人都加入到'想要更多'的队列中,并将这种欲望视为合理,而资源却是有限的时候,我们就可以看见政治需求和经济限度之间紧张关系的基础。"[3]

---

[1] 张志丹.解构与超越:当代物质主义的哲学追问[J].南京师范大学学报:社会科学版,2017(1):29.
[2] 贝尔.资本主义文化矛盾[M].严蓓雯,译.南京:江苏人民出版社,2007:19.
[3] 贝尔.资本主义文化矛盾[M].严蓓雯,译.南京:江苏人民出版社,2007:21.

当金钱至上、急功近利、唯利是图等价值观充斥着社会各个角落的时候,劳动各领域就会相应发生同化效应,表现在劳动观上就是人的趋利避害、见好就收、无利不起早的本性会积极响应,趋而附之。在马克斯·韦伯看来:"只有当财富诱使人们游手好闲、贪图享受时,它才是一种不良之物;只有当取得财富的目的是为了以后生活惬意、无忧无虑时,它才是一件坏事。"①

市场经济的功利化、世俗化一方面造成人对物质的贪得无厌和精神上的沉沦堕落,而失去了与他人同甘共苦、团结协作的品质和艰苦奋斗、勇于进取的精神;另一方面导致劳动教育意义和功能的异化。新时代劳动教育的意义和功能在于回归生活世界,体验生命的意义与价值,完善个体人格,培养劳动品德,提高劳动素质,培育担当时代大任的社会主义建设者和接班人。受市场经济的功利化、世俗化的影响,劳动教育的意义和价值迷失,劳动教育的功能弱化蜕变,劳动者的价值观发生扭曲,这从社会上一些年轻人疯狂追求低付出、高收益的职业可见一斑。

四、制度供给不足和劳动教育资源匮乏导致劳动教育实施乏力

劳动教育作为一种教育形态,应该和其他教育一样得到相应的保障和支持。劳动教育的有效开展离不开教育行政部门的顶层设计、教育主管部门严格的制度约束以及财力、物力、人力等方面的有力保障,而从当前我国劳动教育的现实情况来看,劳动教育各级各类制度供给不足、财政支持乏力、教师资源匮乏等不能给劳动教育以有效支持,也是劳动教育不能有效开展的最直接缘由。

(一)制度供给不足导致劳动教育开展不力

劳动教育的制度供给来自各个层面,有法律层面的,也有行政部门的规章制度,还有学校教育教学方面的制度设计,但从当前来看,上述制度供给都不够充裕。首先,缺乏开展劳动教育的法律法规。虽然我国有《中华人民共和国宪法》《中华人民共和国教育法》《中华人民共和国劳动法》等相关法律对劳动者的权利和义务做了相应的规定,但和德国、日本、美国等国相比,围绕劳动教育的具体法律法规还显得相对单薄。制度是开展劳动教育的基本保障,劳动教育只有建立起与国家法律、法规及各项制度的内在联系,才能为劳动教育切实提供有效保证。其次,缺乏开展劳动教育的整体性教育行政规划。当前,劳动教育虽然是我国德智体美劳全面育人人才培养体系的重要组成部分,但从国家层面而言缺乏开展劳动教育的行政规划,从地方层面而言缺乏来自地方教育主管部门的具体制度规定,"与劳动教

---

① 韦伯.新教伦理与资本主义精神[M].黄晓京,彭强,译.成都:四川人民出版社,1986:151-152.

育相关的理论研究、总体规划、教学组织、资源配置、经费保障不够到位,致使开展劳动教育的动力不足、效果不佳,碎片化、形式化、随意化严重"[1];同时,专门配套劳动教育的指导机构和检查评估机构也没有相应地建立起来,更没有专门的负责人来执行这项工作,使劳动教育的开展失去政策依据;再加上缺乏基本的管理规范和科学有效的评价机制,劳动教育的质量难以科学衡量,劳动教育的有效开展难以为继。再次,缺乏开展劳动教育的整体性教育教学规划和顶层设计。虽然大多数学校都根据国家要求开设了劳动教育课,但劳动教育并未真正纳入学校的人才培养计划,也没有建立劳动教育方面的相关制度规范,对劳动教育的职责划分、资源配置、考核管理、师资保障等缺乏统筹规划、宏观指导、组织协调、检查监督等,劳动教育也未能与专业建设、课程建设、课堂教学实现有机联结,而是被简单理解为设置几学时的理论课和实践课。有的学校甚至把劳动教育归入后勤部门管理,这与劳动教育"五育并举"的地位和"综合育人"的功能显得格格不入。"在许多地方课程的实施中,劳动教育是理论上抽象存在,实际上虚化;理念上强调,实操上弱化;名义上强化,课时上减化;口头上重视,课程上淡化。"[2]最后,缺乏开展劳动教育的家庭、社会、学校的协同规划制度。自2018年习近平总书记在全国教育大会发表重要讲话以来,劳动教育的社会地位和育人功能都有较为明显的提升,但劳动教育仅仅在学校受到重视和得到落实,学校、社会和家庭并未真正形成联动机制,学校、社会和家庭对劳动教育资源的使用缺乏深度融合,这也是劳动教育开展不力、效果不佳的直接原因。

(二) 物质文化基础的薄弱使得劳动教育的开展缺乏物力、财力等支持

劳动教育作为学校人才培养的重要组成部分,作为一种独立学科形态,同其他各类教育一样,需要财力、物力和人力方面的资源作保障。一定的财力、物力和人力支持是有效开展劳动教育的物质基础。劳动教育的物力、财力保障既有来自学校的支持,也有来自社会和家庭方面的支持,需要学校、社会和家庭共同为劳动教育创造空间和提供财力、物力保障,把直接的和间接的、校内的和校外的、个人的和集体的等各方面的劳动教育资源进行有效整合。

但是,和德育、智育、体育、美育"四育"相比,目前大多数学校劳动教育缺乏最基本的财力、物力保障,劳动教育专项经费不能及时划拨,开展劳动教育所需要的

---

[1] 王洋.高校劳动教育现状与推进策略[J].沈阳师范大学学报:社会科学版,2020(4):105.
[2] 徐长发.新时代劳动教育再发展的逻辑[J].教育研究,2018(11):14.

各种实践基地如劳动教育服务基地、创客中心、学生事务发展中心、会议会展策划中心等都支持不力,以劳动文化产品为载体的劳动教育文化育人基地、网络实践基地和宣传平台,以及劳动教育技能训练基地和校外劳动教育实践基地等都比较匮缺,相关配套设施不够完善。同时,校园的物质环境缺失学校发展中涌现的劳动模范、大国工匠等精神元素,对自身在办学过程中形成的吃苦耐劳、艰苦奋斗、开拓进取等劳动文化精神也弘扬、承接不力。劳动教育物力和财力保障不力使学校开展劳动教育缺乏底气,精神文化元素传承不力使学校开展劳动教育缺乏底蕴和动力。可以说,劳动教育物质文化基础的薄弱在一定程度上削弱了劳动教育在立德树人方面的基础性地位和作用,劳动教育的综合育人功能大打折扣。

需要进一步指出的是,随着高校办学经费的不断提升,多数学校推进以服务外包为主体的后勤社会化改革。这一改革的结果就是,学校可以用更多的时间来开展教学工作,但开展劳动教育的空间却受到约束和限制。同样,随着社会智能化水平的不断提升,扫地机器人、智能厨房机器人等的推广在一定程度上干扰了家长对劳动的认知,容易滋生未来生活不需要人力劳动的错误理念,导致家长不再通过开展家务劳动引导小孩形成正确的劳动价值观。学校原本可以为学生提供劳动锻炼的空间受到压缩,学生劳动锻炼的机会也大大减少,不但导致学生劳动意识淡薄、劳动技能欠缺、劳动态度消极,劳动的价值感和意义感等精神性需要也无法得到满足。

总之,如果劳动教育失去了所需要的物质技术支持和社会文化氛围,其内生动力将会严重不足,既无法调动师生们参与劳动教育的积极性,也难以培养学生的劳动能力,那么开展劳动教育只是停留在口头层面就不足为怪了。

(三)师资力量的匮乏使劳动教育缺乏应有保障

劳动教育作为一种教育实践,必然需要一定数量和质量的师资队伍作保障,学生也需要专业化的教师进行引导和科学培养。当前,我国学校开展劳动教育的教师队伍无论在数量、质量方面还是在教师的职称结构、年龄结构等方面都存在诸多亟须改进的问题。首先从教师数量来看,无论是专职教师还是兼职教师,劳动教育的师资数量明显不足,尤其是多数学校还没有完善劳动教育学科体系,劳动教育专职教师岗位设置或引进受限,同时也缺乏吸引力。目前学校劳动教育主要是由校内兼职教师来承担,有时也聘请社会上的劳动模范、大国工匠来开展劳动教育,不能形成专兼职有效结合的专业化劳动教育师资队伍,不能有效支持劳动教育的开展。其次从教师质量来看,缺乏高水平的师资队伍是学校劳动教育开展不力的关键因素。高水平的教师不仅要具备劳动教育教学技能,而且应具备相应劳动教育研究能力,这是有效开展劳动教育教学的核心要义。由于高水平师资队伍的缺乏,导致劳动教育实效性差、层次低,劳动教育的质量和效果自然不尽如人意。再次从教师的学历层次、职称结构和年龄结构来看,存在着劳动教育教师学历层次偏低、职称比例不均衡且整体偏低和年龄偏大等问题,再加上缺乏专业培训、科学研究等学习交流平台,与之相适应的学科体系、学术体系、专业体系无法形成,劳动教育无法与其他学科深度融合,劳动教育的效果自然大打折扣。

综上所述,我国劳动教育开展不力的深层次原因主要有以下几个方面:一是观念层面上对体力劳动与脑力劳动的关系认识上的偏差、对"教育与生产劳动相结合"的不当理解、对相关概念的边界把握不准等,使当前学校的劳动教育仍然停留在体力劳动等浅层面上进行,劳动教育无法深入到学生的生命成长、人格完善、精神愉悦和价值提升等层面;二是文化上的约束是影响劳动教育有效开展最深层次的因素,市场化、功利化、低俗化的价值观及各种不良社会思潮的存在使劳动教育成为功利主义和物质主义的训练场,丰富学生生命活动、塑造学生正确价值观的劳动教育在功利主义和物质主义的影响下不得不悄然退场;三是劳动教育总是与时代发生这样那样的紧密关联,在应试教育和市场经济等各种现实因素对劳动教育的冲击和影响下,劳动教育的功能和意义丧失,无法回归学生的生活世界;四是制度供给、物质供应、师资力量等保障不力使得劳动教育陷入说起来重要、做起来次要的尴尬境地,劳动教育的实效性差就成为现实中无法回避的问题。

本章结语:尊重事实、把握现状是新时代有效开展劳动教育的前提和基础,也是开展劳动教育研究的最重要、最核心的思想,而要想充分了解新时代学校劳动教育开展的现状,必须紧紧围绕最能反映劳动教育的特点和规律的内容加强研究。高职教育处于中学教育和大学教育之间,基于高职院校的人才培养目标、内容、模式等与劳动教育的实践规定存在高度契合,课题组以这一学段作为研究对象开展调研,体现了学校劳动教育普遍性与特殊性的统一。调研结果反映出高职院校劳动教育存在既具有共性又具有个性的问题,如劳动教育现实地位与其承担的职责失配,劳动教育中知与行脱节、传统与现代不相适应、形态与本质异化等,上述问题的呈现将为进一步开展学校劳动教育提供事实依据。弄清这些问题的根本原因是深入开展劳动教育的必要环节,加强对观念层面、文化层面、现实层面、制度层面等方面的原因剖析将为有效开展劳动教育扫除思想、文化及实践上的种种障碍,厘清未来开展劳动教育的思路,也为学校劳动教育有效开展提供学理依据和事实支撑。

第六章　新时代劳动教育落实立德树人根本任务的实践路向

劳动教育与德、智、体、美四育一起构建出我国教育人才培养体系的完整结构，与德、智、体、美四育相比，劳动教育既具有其他教育的普遍性特征，也具有自身的特殊性要求。因此，新时代劳动教育落实立德树人根本任务的实践，应兼顾一般性和特殊性的特点及要求，既要突出原则性，又要不失灵活性；既要强化学科性建设，更要注重体制机制和文化建设；既要关照理论，又要重视实践。具体来讲，新时代劳动教育的实践应在全面加强党对教育工作的领导下落实立德树人根本任务，要以正确原则为指导，以内涵建设为抓手，自觉遵循劳动教育自身的规律和特征，整体推进大中小学劳动教育一体化，构建家校协同、校际互通、内外联动的劳动教育育人机制，营造尊重劳动、热爱劳动、崇尚劳动的文化氛围，充分发挥劳动教育在立德树人等方面的综合育人功能，不断提高劳动教育的科学化、规范化水平，增强劳动教育的针对性和时效性。

第一节　新时代劳动教育应坚持的统一性原则

劳动教育的基本原则是新时代有效开展劳动教育的基本要求，是劳动教育立德、立教、立人的根本遵循，也是兴德、兴教、兴人的内在逻辑。在立德树人视域下开展劳动教育应把握好以下几个原则：一是坚持思想性与时代性的统一，二是坚持体力劳动教育与脑力劳动教育的统一，三是坚持内容与形式的统一，四是坚持工具性价值与存在性价值的统一，五是坚持普遍性与特殊性的统一，六是坚持理论性与实践性的统一。

一、坚持劳动教育思想性与时代性的统一

新时代劳动教育贯彻落实党的教育方针，应在培养什么人、怎样培养人、为谁培养人根本问题上瞄准关键点，做好文章。因此，劳动教育落实立德树人根本任务，围绕培养什么人这一根本问题，必须坚持思想性与时代性的统一，既要用正确的思想、科学的理论指导劳动教育,又要顺应时代发展对人才培养的新诉求,积极回应并解决时代发展所提出的问题。

劳动教育的思想性体现在两个方面,一是指劳动教育本身具有思想教育、政治教育等教育属性,具有塑造正确价值观的功效;二是体现在其指导思想、教育目标和教育内容等方面,具体来讲,劳动教育就是要坚持马克思主义劳动观为指导,以塑造无产阶级世界观、人生观和价值观为目标,以弘扬自力更生、艰苦奋斗、勤俭节约等劳动精神为重要内容,以提高劳动者社会主义劳动觉悟为核心。在革命战争年代和社会主义建设初期,劳动教育在改造个体劳动者和小资产阶级使其成为自食其力的劳动者方面发挥了特别重要的作用,通过劳动教育,大批小资产阶级、工商业者、旧知识分子成为热爱社会主义的劳动者,积极为社会主义建设贡献力量。新时代劳动教育应以正确的劳动价值观为引领,高度重视劳动者的主人公地位,尊重一切劳动和劳动者,充分发挥劳动者建设社会主义的积极性和主动性,弘扬新时代劳动精神和劳模精神,抵制不劳而获、一夜暴富、贪图享乐等一切错误思想。劳动教育的思想性和政治属性不言而喻。

劳动教育的时代性是指劳动教育具有不断发展变化、与时俱进的特点。劳动教育的时代性要求我们要用辩证的思维和发展的眼光来看待新时代的劳动教育,在变与不变的辩证统一中正确把握劳动教育目标、内容和要求。一方面要正确领会劳动作为人的本质力量的对象化活动,在劳动创造人、劳动创造人类社会和人类历史方面的本质作用是不变的,另一方面又要及时了解新时代劳动教育的任务、目标、方式方法的新变化,把握劳动形态的多样性、丰富性和劳动关系的复杂化。例如随着时代和社会的发展变化,劳动教育目标由社会主义建设初期培养有社会主义觉悟的有文化的劳动者转变为新时代培养德智体美劳全面发展的社会主义建设者和接班人。当前,由于劳动形态、劳动关系等方面的变化导致劳动教育的内涵和外延都发生相应变化,数字教育、生态教育、闲暇教育、对话教育成为新时代劳动教育的重要方式,而因数字化、信息化的广泛应用衍生出非物质劳动、数字化劳动、共享劳动等成为新的劳动形态,劳动教育应根据劳动形态的变化及时调整劳动教育的目标、内容与相关要求,增强劳动教育的针对性和适应性。

二、坚持体力劳动教育与脑力劳动教育的统一

体力劳动和脑力劳动是人类社会实践活动的两个方面,新时代劳动教育既不等同于参加简单的社会生产和各类社会实践等体力劳动,也不等同于纯粹的科学研究和知识生产、智力创造等脑力劳动,不能用任何一种劳动来替代另一种劳动,

劳动教育应该是体力劳动与脑力劳动的统一。正如苏霍姆林斯基所言："通过手脑结合,努力将体力劳动打造为提升和完善精神的一个领域,由此吸引青年男女。学生在创造物质财富的同时,也在考察、试验、研究自然界规律,学习技术和工艺规则,完善工艺流程。"①

在人类社会发展史上,体力劳动和脑力劳动曾产生过两次分离。第一次分离是代表贵族阶级或统治阶级利益的教育从生产劳动中分离出来;而随着现代科学技术的进步,与资本主义机器大工业发展相伴而来的是劳动分工的高度社会化,高度的社会化分工导致体力劳动与脑力劳动产生第二次分离,使劳动者的教育从生产劳动中分离出来。马克思针对机器大工业时代体力劳动与脑力劳动第二次分离现象提出"教育与生产劳动相结合"的思想。随着现代信息技术的深入发展,科学技术作为第一生产力在现代生产中发挥越来越突出的作用,教育与生产劳动需要实现新的结合,就是达到体力劳动与脑力劳动高度的统一与融合。正如学者檀传宝所说:"机器大工业、现代社会的分工导致体力劳动和脑力劳动的第二次分离,也必将促进两者在更高水平上的结合。社会主义教育应当努力贯彻教育与生产劳动相结合原则,以培养具有健全体力和脑力的新型劳动者、不断提升自由个性的全面发展的人。"②可见,体力劳动与脑力劳动的统一是教育与生产劳动相结合的新发展,是现代生产和社会发展的必然趋势。

2020年颁布的《关于全面加强新时代大中小学劳动教育的意见》指出,劳动教育要"以体力劳动为主,注意手脑并用、安全适度,强化实践体验,让学生亲历劳动过程,提升育人实效性"③。在新时代,坚持体力劳动与脑力劳动的统一是党和国家对劳动教育的基本要求,是实现人的自由全面发展的必然要义,是贯彻落实立德树人根本任务的必由之路,也是培养德智体美劳全面发展的社会主义建设者和接班人的战略选择。习近平指出："在我们社会主义国家,一切劳动,无论是体力劳动还是脑力劳动,都值得尊重和鼓励;一切创造,无论是个人创造还是集体创造,也都值得尊重和鼓励。"④可见,体力劳动与脑力劳动的统一是习近平劳动教育观的重要内容,也是新时代劳动教育应坚持的基本原则。

---

① 苏霍姆林斯基.帕夫雷什中学[M].吕玢,译.武汉:长江文艺出版社,2021:260.
② 檀传宝.劳动教育的本质在于培养劳动价值观[J].人民教育,2017(9):47.
③ 中共中央,国务院.中共中央国务院关于全面加强新时代大中小学劳动教育的意见[N].人民日报,2020-03-27(2).
④ 习近平.在庆祝"五一"国际劳动节暨表彰全国劳动模范和先进工作者大会上的讲话[N].人民日报,2015-04-29(2).

三、坚持劳动教育内容与形式的统一

内容与形式是劳动教育的两个重要范畴。内容与形式是辩证统一的关系,如果没有内容,形式就失去载体和依托;同样,如果没有形式,内容就无法体现出来。劳动教育内容决定着其开展的方式方法,劳动教育形式是其内容的具体展开和现实实践方式,在实践过程中劳动教育必须坚持内容与形式具体的、完全的统一。

坚持劳动教育内容与形式的统一,首先要把内容的设计置于优先地位,但要避免实际工作中劳动教育点子多、花样不断翻新,但徒有其名、没有实际内容的状况,而应根据一定的社会发展要求,针对不同的教育对象,有目的、有计划地设计并实施带有教育性和价值引导性的教育内容和教育信息。学校劳动教育就要依据党和国家对人才培养的政策要求,遵循教育对象在不同年龄阶段的成长规律和发展需要,以及为完成特定的教育目标和教育任务来制定相应的教育内容。从整体上讲,新时代劳动教育的内容要在马克思主义劳动观的指导下,以培养社会主义建设者和接班人为目标,促使学生掌握基本的劳动知识和劳动技能,养成一定的劳动意识和良好的劳动习惯,塑造热爱劳动、积极劳动的劳动态度,具备勤俭务实、吃苦耐劳的劳动品质,树立劳动光荣、劳动崇高、劳动伟大、劳动美丽的价值观,培养诚信、坚毅、勇敢、创新等劳动精神。另外,劳动教育的内容还要体现发展性,要结合新时代劳动形态发展变化的实际情况,与时俱进地设计劳动教育的内容。

当然,劳动教育的有效开展不能脱离一定的载体和表达形式,丰富多彩的教育形式往往使抽象的教育内容形象化、生动化和趣味化,从而潜移默化地影响学生,起到事半功倍的效果。劳动教育的形式是劳动教育在实际工作中的具体展开,形式的设计通常要根植于劳动教育的目标诉求和具体的内容要求,还要结合具体的教学大纲和教学计划。劳动教育的形式非常丰富,最常用的形式包括劳动理论知识教育和劳动实践教育、直接的劳动教育和间接的劳动教育、课堂之内的劳动教育和课堂之外的劳动教育、学校内劳动教育和学校外劳动教育、课程劳动教育和活动劳动教育、个体劳动教育和集体劳动教育等。如课堂劳动教育主要是以灌输学生劳动知识为目的进行专门的劳动课程设计来开展劳动教育,课外劳动教育是在课堂之外通过勤工俭学活动和志愿者服务活动实施劳动教育,校外劳动教育则通过参加生产性劳动和各类社会服务性活动来开展劳动教育。

坚持劳动教育内容与形式的统一,一方面要把握好劳动和劳动教育的关系,弄清谁是形式谁是内容,切忌习惯性地用参加劳动这一具体形式代替对学生的劳动教育。劳动的功能在于它的体验性、实践性、生产性,劳动教育的功能在于它的育

人属性和成人性,劳动和劳动教育的目的不同,不能用劳动代替劳动教育。另一方面要避免劳动教育中一些常见的误区和陷阱,如把专门的技术技能培训、休闲娱乐活动甚至体罚行为等当作劳动教育,或者用特定的形式取代具有教育意义的内容,要防止"本末倒置"。

劳动教育坚持内容与形式相统一,厘清了作为载体的劳动与劳动教育的关系,把劳动教育的育人属性和学生成长的规律性统一起来。这也是劳动教育实现其价值目标和综合育人功能的本质要求。

四、坚持劳动教育工具性价值与存在性价值的统一

劳动具有满足人的生存生活需要的价值和满足人的精神需要、愉悦身心的价值。同样,劳动教育也有满足人的生存需要的技艺性外在价值和满足人的发展需要的素质性内在价值,是工具性价值和存在性价值的统一。

马克思认为,劳动是体现人的类本质的活动,人作为类的存在首先要借助劳动创造丰富的物质财富和精神财富从而满足人的肉体存在及其生活各方面的需要。劳动教育的首要任务是服务和满足于人作为类存在的各类需要,立足于人的生活和生存发展的基本需求,培养人具有社会发展所必需的劳动意识、劳动知识和生存技能,养成良好的劳动习惯和吃苦耐劳的劳动品格,砥砺劳动意志品质,提升劳动能力和创造才能,从而获得在未来社会生存和发展的能力。从这一层面来看,劳动教育是为了解决人的生存和更好的生活问题,是作为谋生手段的工具性价值而存在。正如马卡连柯所言:"在苏维埃国家里,每一种劳动都应当是创造性的劳动,因为这种劳动完全是为了创造劳动者的社会财富和国家文明。教育学生从事创造性的劳动是教育者的特别任务。"[①]

现代科学技术和生产力的发展带来了劳动形态的新变化,人类劳动的存在性价值日益彰显,人的劳动越来越多地朝着自由的有意识的劳动方向发展,劳动日益成为个体意志和生命的对象化活动。劳动使人的自我力量得以确证,自我价值不断得到提升,人的存在感和意义感更加凸出。在马克思看来:"动物只是按照它所属的那个种的尺度和需要来构造,而人懂得按照任何一个种的尺度来进行生产,并且懂得处处都把内在的尺度运用于对象;因此,人也按照美的规律来构造。"[②]因此,劳动教育应在立足于人的生活和生存需要的基础上,更加注重人的存在感和意

[①] 吴式颖,等.马卡连柯教育文集:下卷[M].北京:人民教育出版社,2005:529.
[②] 马克思.1844年经济学哲学手稿[M].北京:人民出版社,2000:58.

义感的获得,通过有教育意义的劳动,重构人与人、人与自然、人与社会等各类关系,提升人的生命品质和审美品质,实现人的生命广度与深度的不断拓展,人的生命关系的不断丰富,使人的身心得以愉悦,在劳动中体验自由自觉的创造性活动带来的美好生活。

劳动教育坚持工具性价值和存在性价值相统一,符合劳动教育的基本规律和本质要求,是实现人的自由全面发展的必然要求,也是创造丰富的物质财富和精神财富、促进人类社会发展的必由之路。

五、坚持劳动教育普遍性与特殊性的统一

劳动教育作为教育的一种独立的形态,和其他教育形态一样,是社会主义教育的重要组成部分,具有教育的一般性规律。劳动教育是根据社会一定发展阶段对劳动者素质所提出的目标要求,向受教育者传授一定的劳动知识和劳动技能,培养他们具备社会发展所需要的劳动能力和各方面的劳动素质。劳动教育的目标、内容、根本任务要与党和国家的教育目的、教育任务保持高度一致,劳动教育要处理好为谁培养人、培养什么样的人以及如何培养人三个教育根本问题。劳动教育的规律性还体现在要遵守教育的一般规律,即遵守知识传递的规律、遵守学生成长成才的规律、遵守教师职业发展的规律等。

劳动教育的特殊性在于劳动教育虽然是一种独立的教育形态,同时也是德育、智育、体育、美育的重要内容和有力支撑,劳动教育必须与德育、智育、体育、美育充分融合起来才能全面提升劳动者素养,发挥综合育人的作用和功能。劳动教育一旦脱离其他教育将独木难支,劳动教育自身的目标和功能也就无从实现。正如苏霍姆林斯基所言:"只有当劳动能丰富个人和集体的智力生活,能以多种内容充实智力兴趣和创造兴趣,能提升道德层次和美感时,它才能成为教育的力量"[①]

劳动教育的特殊性还体现在劳动教育具有关系属性、集体属性和创造属性。劳动教育的关系属性表现在劳动是一种社会性活动,人类为了生存必然要与自然界发生关系,通过劳动获取生存所必需的物质生产资料;而人在劳动中获取生存所必需的物质资料的同时还间接地形成人与人之间的物质生产关系,创造出丰富的交往关系。在马克思和恩格斯看来:"无论是通过劳动而达到的自己生命的生产,或是通过生育而达到的他人生命的生产,就立即表现为双重关系:一方面是自然关

[①] 苏霍姆林斯基.帕夫雷什中学[M].吕玢,译.武汉:长江文艺出版社,2021:248.

系,另一方面是社会关系;社会关系的含义在这里是指许多个人的共同活动。"①劳动教育的目的就包括丰富人的生命活动,拓展人的社会关系,促使人的生命关系更加丰富多彩。劳动教育的集体属性表现在劳动教育要想实现培养劳动兴趣和劳动爱好、锤炼劳动品格、更好服务社会的目标,就必须依托集体,只有通过集体并在集体中才能培养劳动者的团结协作精神、责任意识和奉献意识。此外,集体的正向评价在一定程度上能够极大地激发劳动者的劳动热情,让劳动者在获得存在感和价值感的同时能够进一步强化自身的集体荣誉感和强烈的责任感。劳动教育的创造属性在于劳动教育强调通过手脑结合达到人的智力和体力的协调发展。即通过手脑并用让学生在劳动中掌握技能,让脑力劳动在提升体力劳动效率方面贡献更多的智力和技术元素,使体力劳动融入更多的思考、观察和科学研究,以开发劳动者的智力,激发劳动者的创造潜能。新时代劳动教育要体现时代特征,"适应科技发展和产业变革,针对劳动新形态,注重新兴技术支撑和社会服务新变化。深化产教融合,改进劳动教育方式。强化诚实合法劳动意识,培养科学精神,提高创造性劳动能力。"②

总之,坚持劳动教育普遍性与特殊性的统一,是劳动教育遵循党的教育方针的必然要求,是全面提高劳动者的劳动素养、培育劳动精神和劳模精神、树立正确的劳动价值观的必然选择,是促进劳动者德智体美劳全面发展的价值旨归。

六、坚持劳动教育理论性与实践性的统一

劳动教育具有学科教育的属性,更具有实践教育的属性,劳动教育必须坚持理论和实践的统一,把握好知与行、学与做的辩证关系。

习近平曾经说过:"我们党一贯重视理论工作,强调理论必须同实践相统一。理论一旦脱离了实践,就会成为僵化的教条,失去活力和生命力。实践如果没有正确理论的指导,也容易'盲人骑瞎马,夜半临深池'。"③

首先,知是行之始。劳动教育的有效开展必须以一定的科学理论为基础,劳动教育的理论性通常体现在以下几个方面。一是劳动教育本身就是围绕对劳动、劳动教育、劳动哲学等概念的认知、内涵的把握、特征的理解以及劳动价值体现等构建的知识体系,这一知识体系为劳动教育的开展提供了基本原理指导,树立了科学

---

① 马克思,恩格斯.德意志意识形态:节选本[M].北京:人民出版社,2003:24.
② 中共中央,国务院.中共中央国务院关于全面加强新时代大中小学劳动教育的意见[N].人民日报,2020-03-27(2).
③ 习近平.论党的宣传思想工作[M].北京:中央文献出版社,2020:131.

的思维方式,规范着劳动教育的行为。二是劳动教育具有丰富的学科内涵。劳动学、劳动哲学、劳动伦理学、劳动教育学构成劳动教育的学科范畴,这些学科体系为劳动教育提供科学的理论支持。三是劳动教育的理论性还体现在具有科学的理论做指导。马克思主义是新时代劳动教育的指导思想,马克思主义关于劳动创造了人及人类社会、劳动推动人类历史的形成与发展、异化劳动理论、劳动与交往的关系理论等为劳动教育奠定了理论基础,也是开展劳动教育的理论依托。马克思主义关于"教育与生产劳动相结合"的理论指引着新时代劳动教育基本方向、思路和方法,"劳动与人的全面发展"思想规定着新时代劳动教育的价值选择。因此,新时代劳动教育必须以马克思主义劳动观为指导,强化对劳动教育概念、范围和基本原理等基础理论的学习,还要加强对劳动教育学科理论的学习,唯有如此,劳动教育才有底气和底蕴。

　　其次,行是知之成。实践是认识的来源和基础,是推动认识发展的基本动力。列宁认为:"实践高于认识,因为它不仅具有普遍性的品格,而且还有直接现实性的品格。"[1]列宁同时指出:"实践的观点是辩证唯物论的认识论的第一的和基本的观点。"[2]可以说,物质生产实践是马克思唯物史观的逻辑起点,同时也是劳动教育的逻辑起点。新时代劳动教育要注重实效,实现知行合一,必须牢牢把握劳动教育的实践性特征,劳动教育实践也是检验劳动教育理论正确与否的标准。具体来讲,劳动教育实践应从三个方面来理解。第一,劳动教育的目标是实践性的。劳动教育目标要依据学校的人才培养方案和教育教学特点来设定,通常有知识目标、能力目标和情感态度价值目标等。如劳动教育的能力目标主要在于提高劳动技能和劳动者综合能力素质,劳动教育的情感态度价值目标主要在于丰富劳动者的生命体验,培养劳动者积极劳动、热爱劳动的态度和价值观,这两个目标的实现都要借助于劳动实践来完成。第二,劳动教育的内容是实践性的。劳动教育实践的内容有来自家庭方面的家务劳动,也有来自日常的生产实践劳动,还有各类服务性劳动等,无论哪类劳动实践都离不开劳动者的主动参与和动手操作。第三,劳动教育的载体是实践性的,劳动是劳动教育的载体。从载体意义上讲,劳动是主观见之于客观的社会实践活动,也是人类改造客观世界的能动性活动,以劳动为载体开展劳动教育符合劳动教育的特点,也符合党和国家关于教育与生产劳动相结合的基本要求,还

---

[1]中共中央马克思恩格斯列宁斯大林著作编译局.列宁全集:第55卷[M].北京:人民出版社,1990:183.
[2]中共中央马克思恩格斯列宁斯大林著作编译局.列宁全集:第18卷[M].北京:人民出版社,1988:144.

是实现人的全面发展的必由之路。正如班建武所言:"劳动教育更多指向是一种以劳动为主要教育途径的教育形态;即凡是通过劳动所进行的教育教学实践,都是载体意义上的劳动教育。"①因此,基于载体视角的劳动教育更能体现其实践性。劳动教育的实践性有助于消解长期以来劳动与教育相脱节的现象,避免出现有劳动无教育的问题。

新时代劳动教育坚持理论与实践的统一,就是坚持知识传授与技能培养的统一,坚持思想引领与能力提升的统一,坚持学校教育与社会教育的统一,坚持自我发展与服务社会的统一。只有坚持理论与实践的统一,才能既把握住劳动教育的规律性和导向性,又提高其针对性和实效性。

总之,新时代劳动教育的"六个统一"原则是有效开展劳动的基本遵循,涵盖了劳动教育思想性、时代性、科学性、规律性、价值性、实践性等各方面的要求,并从内容与形式、手段与目的、现象与本质、理论与实践等方面规定了劳动教育的方向和具体实施准则,既体现出劳动教育的守正创新,也为新时代有效开展劳动教育提供全面指导。

第二节 新时代劳动教育落实立德树人根本任务的科学意蕴

全面把握劳动教育的内容应立足于时代,直面劳动教育的现实问题,根据时代的发展变化不断赋予其新的内涵。因此,开展劳动教育既要用历史的、发展的思维来看待不同历史时期的劳动教育理论成果和实践做法,又要保持开放的、包容的态度来对待不同领域、不同国家的理论成果和有效经验,也就是用辩证唯物主义和历史唯物主义的思维方法吸纳、借鉴人类历史上的有益成果来开展劳动教育。基于"加强劳动教育,落实立德树人"这一根本要求,新时代劳动教育应在推进马克思主义劳动观中国化时代化的基础上,实现劳动教育与德智体美四育互为一体,加强劳动教育与思想政治教育、创新创业教育的融合与创新,用劳动精神、工匠精神和劳模精神引领劳动教育。只有把劳动教育置于不同视域下来理解和把握,实现劳动教育在不同领域的视界融合,才能真正落实立德树人根本任务。

一、核心要义:推进马克思主义劳动教育思想的中国化时代化

推进马克思主义中国化时代化是马克思主义自身创新发展的内在要求,是解

---

①班建武.劳动与劳动教育的关系辨析及其实践意义[J].广西师范大学学报:哲学社会科学版,2021(2):56.

决中国革命、建设和改革发展中所有问题的必然逻辑,也是党的百年历史经验的实践总结。党的二十大报告指出:"实践告诉我们,中国共产党为什么能,中国特色社会主义为什么好,归根到底是马克思主义行,是中国化时代化的马克思主义行。"①这是被党的百年发展历史所证明的具有真理性的信条,实现马克思主义中国化时代化是继续推进中国特色社会主义发展的不二法门。

马克思主义把物质资料的生产活动作为历史唯物主义的逻辑起点,深刻揭示了劳动与人的本质性关系,提出了劳动创造了人和人类历史这一伟大的历史唯物主义观点。异化劳动理论是马克思主义劳动观的伟大创举,马克思在其异化劳动理论中深刻揭示了资本主义异化劳动的种种表现及资本主义私有制根源,通过对异化劳动的批判揭示了资本主义对劳动者的剥削和压迫,指出只有消灭资本主义的剥削和压迫,才能建立一个人人平等自由的美好社会,共产主义社会就是马克思恩格斯为人类擘画的理想社会形态。社会主义社会是消灭了剥削和压迫的社会,每个人都作为社会主义建设的主体力量而存在,每个劳动者都是自身的主体,通过劳动实现对自身本质力量的确证和占有,通过劳动实现人性自觉的、完全的复归。习近平指出:"在我们社会主义国家,一切劳动,无论是体力劳动还是脑力劳动,都值得尊重和鼓励;一切创造,无论是个人创造还是集体创造,也都值得尊重和鼓励。"②社会主义劳动观与马克思主义劳动观在本质和目标追求上是根本一致的,都是为了人、向着人的理想而劳动。

马克思主义劳动观是资本主义工业化时代的产物和理论成果,只有与中国实际问题相结合,实现马克思主义劳动观的中国化时代化,才能用来指导中国的劳动教育。因此,必须坚持马克思主义劳动观与新时代的融合,要不断研究新情况,着眼新时代教育中最为迫切的现实问题,创新发展马克思主义"教育与生产劳动相结合"新内涵,实现马克思主义劳动观与社会主义劳动实践的有机结合;坚持实干兴邦,用劳动托起中国梦,倡导社会主义是通过辛勤劳动干出来的,新时代也是依靠劳动创造出来的。新时代劳动教育落实立德树人根本任务,必须辩证运用马克思主义的立场、观点和方法,马克思主义劳动观既为我们提供了超越资本主义异化劳动的思路和方法,也为我们解决当前社会主义劳动关系中存在的各类矛盾和劳动

---

① 习近平.高举中国特色社会主义伟大旗帜 为全面建设社会主义现代化国家而团结奋斗[M].北京:人民出版社,2022:16.
② 习近平.在庆祝"五一"国际劳动节暨表彰全国劳动模范和先进工作者大会上的讲话[N].人民日报,2015-04-29(2).

教育中的问题提供思想指导。我们必须坚持解放思想、实事求是、与时俱进,紧紧抓住当前我国生产力发展与人才供给之间的矛盾,适应时代发展带来的新变化和面临的新语境,科学设计劳动教育的目标、内容、思路与方法,创新劳动教育的内涵,为满足生产力的快速发展和实现中华民族伟大复兴培养高素质劳动大军,努力推进马克思主义劳动观中国化时代化。

二、基本要求:劳动教育与德智体美四育互为一体

2018年,习近平在全国教育大会上提出:"要努力构建德智体美劳全面培养的教育体系,形成更高水平的人才培养体系。"[①]习近平总书记关于新时代开展劳动教育的一系列重要指示,显示了劳动教育在落实立德树人根本任务、全面提高人才素质和促进人的全面发展中的重要地位和作用,尤其强调了劳动教育在培养德智体美劳全面发展的社会主义建设者和接班人中极端重要和无可替代的作用。

在德智体美劳人才培养体系中,劳动教育既是德智体美四育的基础和纽带,也是以实现德智体美四育为目的和内容的综合性实践活动。可以说,劳动教育与德智体美四育是辩证统一的关系,如果劳动教育离开德智体美四育,劳动教育自身的价值和意义就会消解;如果德智体美四育离开劳动教育,其教育内容和教育目的就无从实现。

第一,劳动教育与德智体美四育一起构成完整的人才素质结构,德智体美劳五育并举的人才培养体系不仅凸显了劳动教育的独立性和不可替代性,更是突出劳动教育在全面提高人才素质中的综合育人功能。

第二,劳动教育具有独特的育人价值,这一价值的发挥同样要与其他四育紧紧结合在一起。劳动教育不仅使人获取满足生活需要的基本知识和劳动技能,更能让人在劳动中获得科学知识,提升劳动美德,锻造强健体魄,培养社会责任感,获得生命的价值和意义。

第三,劳动教育在培养时代新人方面也与其他四育相互渗透、密不可分。劳动教育是培养时代新人必不可缺的重要环节,能够使人不断适应时代发展变化的要求,及时掌握时代发展的新思想、新技术和新要求,通过系统的理论学习和实践锻炼,最终成长为既具有丰富知识和熟练技能、又具备一定劳动美德和创造能力的社会主义劳动者。

---

① 习近平.坚持中国特色社会主义教育发展道路 培养德智体美劳全面发展的社会主义建设者和接班人[N].人民日报,2018-09-11(1).

第四,德智体美育人功能的实现需要以劳动教育作为载体和支撑。德育借助劳动教育,能够培养学生热爱劳动、珍惜劳动成果、尊重劳动人民等优良美德,养成勇敢、坚毅等劳动品格,具有服务社会的崇高道德;智育只有通过劳动教育才能激发学生的聪明才智,发展学生的个性,培养学生的创造力;体育通过与劳动教育的融合,有利于引导学生养成竞争和合作意识,激励学生勇于拼搏、开拓进取,磨练学生的意志力,铸造坚强勇敢的品格;美育只有通过劳动教育才能塑造学生发现美、欣赏美和创造美的能力,不断提升学生的审美意识和审美情趣。劳动教育只有与四育一起才能发挥以劳树德、以劳增智、以劳强体、以劳育美的作用,从而实现其综合育人的价值。

德智体美劳五育并举是党和国家人才培养的新要求,既体现了劳动教育独特的价值和作用,又体现了劳动教育以劳树德、以劳增智、以劳强体、以劳育美的综合育人价值和功能,是劳动教育目的性追求与价值性追求的统一。正如苏霍姆林斯基所说:"实现全面发展需要智力、体力、道德、劳动和美学的教育相互作用,使教育的这些方面成为一个统一的、整体的进程……就是培养明理,有着高尚的心灵、灵巧的双手,以及尊重的态度对待社会的其他成员,珍惜、爱护、尊重他人的劳动、精神尊严、智慧和美的人。"①苏霍姆林斯基的劳动教育思想充分说明了劳动教育与其他四育之间相互联结、相互促进、协同育人的重要性和必要性。

三、鲜明导向:劳动教育与思想政治教育的有机结合

劳动教育与思想政治教育作为两类不同形态的教育,两者具有各自独立的目标、内容和要求,承担着不同的育人职责,但又互相联系、互相渗透、互为一体。思想政治教育为劳动教育指明了方向,规定着劳动教育的性质;劳动教育的内容和要求与思想政治教育有着许多交叉重合之处,劳动教育为思想政治教育实践提供载体和实践理路。

思想政治教育规定了劳动教育的方向和性质。"思想政治教育是指社会或者社会群体用一定的思想观念、政治观点、道德规范,对其成员施加有目的、有计划、有组织的影响,并促使其自主地接受这种影响,从而形成符合一定社会一定阶级所需要的思想品德的社会实践活动。"②思想政治教育的目的在于全面提高人们的思想政治素质和道德素质,促进人的自由全面发展,培养有理想、有本领、能担当的时

---

① 苏霍姆林斯基.帕夫雷什中学[M].吕玢,译.武汉:长江文艺出版社,2021:7.
② 陈万柏,张耀灿.思想政治教育学原理[M].3版.北京:高等教育出版社,2015:4.

代新人,促使人们为全面建设社会主义现代化国家、实现中华民族伟大复兴而奋斗。思想政治教育的这一规定回答了培养什么样的人、为谁培养人、如何培养人三个教育根本问题。在一些学者看来,新时代"高校思想政治教育要更为深刻地激励当代大学生主体精神世界的发展和创新,更为深刻地激发当代大学生实现中华民族伟大复兴中国梦的坚定信念,更为扎实地激扬当代大学生对中国特色社会主义的道路自信、理论自信、制度自信和文化自信"①。可以说,思想政治教育鲜明的思想性和政治性为新时代劳动教育提供思想引领和价值导向,奠定了新时代劳动教育的基本遵循。

劳动教育的内涵顺应了思想政治教育的内容和目标要求。新时代劳动教育主要内容和要求体现在引导学生掌握一定的劳动知识和劳动技能,养成良好的劳动习惯和积极的劳动态度,全面提升劳动素质和劳动能力,培育敬业、诚实、勤俭、进取的劳动价值观,以及劳动创造人和劳动创造人类历史的唯物主义思想观,培养热爱劳动和热爱劳动人民的情感;教育学生只有通过辛勤劳动、诚实劳动、创造性劳动才能拥有美好生活,收获有意义的人生,要自觉抵制拜金主义、享乐主义、消费主义等不良社会思潮,自觉成长为德智体美劳全面发展的社会主义建设者和接班人。劳动教育的内容和要求说明劳动教育具有社会主义属性,也是思想政治教育的应有之义,是思想政治教育在劳动实践中的具体体现。

培育和践行社会主义核心价值观是思想政治教育的首要任务,劳动教育作为培育和践行社会主义核心价值观的载体和重要方式,同样承担着弘扬和践行社会主义核心价值的使命和职责。从这一层面来讲,劳动教育与思想政治教育同向同行,一体同源。此外,劳动教育的本质和核心就是培育敬业、诚实、勤俭、进取的劳动价值观,而劳动价值观也是社会主义核心价值观的重要组成部分,爱国、敬业、诚信、友善作为社会主义核心价值观在个体层面的规定,与劳动价值观存在诸多关联和内容上的重合。因此,劳动价值观的养成过程同样也是社会主义核心价值观的培育和践行过程。

劳动教育为思想政治教育构建实践平台,是思想政治教育的载体和实践方式之一。思想政治教育具有鲜明的实践性特质,思想政治教育的实践性在于:一方面,思想政治教育理论是在思想政治教育实践活动中形成的知识体系,是对长期的

---

① 顾海良.新时代高校思想政治教育的理论指导和发展理念——学习习近平新时代中国特色社会主义思想[J].思想理论教育导刊,2018(1):8.

思想政治教育实践经验和教训的概括、总结和升华,也是对思想政治教育丰富的实践经验材料分析和抽象的结果;另一方面,社会实践是形成正确的思想认识的动力与源泉,思想政治教育只有通过实践才能了解和把握思想政治教育本质和规律,才能为学生成长发展提供思想指导和价值引领。实践性同样是劳动教育的独特属性,"劳动教育是在生产劳动过程中,帮助受教育者形成正确的劳动观点,培养热爱劳动、热爱劳动人民的思想感情,养成良好的劳动习惯的途径"①。离开实践,劳动教育将成为无本之木、无源之水。思想政治教育的实践性和劳动教育的特点决定了思想政治教育的实施必须以劳动教育为载体和手段。

劳动教育是提高思想政治教育实效性和针对性的必由之路。思想政治教育的本质是讲道理,但是理论只有回到实践中并接受实践的检验,才能证明理论的正确性和科学性。马克思主义作为科学正确的理论,是思想政治教育的重要内容之一,也是被中国革命、建设和改革的实践证明了的正确的思想。因此,思想政治教育原理和相关理论只有回归生产和生活实际,才能指导人的正确行动,帮助人们在实践中正确认识问题、分析问题和解决问题。学校思想政治教育实践活动就是借助一定的劳动教育让学生在实践中不断感受和发现问题的本质,领悟人生的价值和意义,体验理论的魅力和精髓,帮助学生树立马克思主义劳动观和价值观。唯有如此,思想政治教育才能说服人、感染人、教育人,才能发挥对社会实践的理论指导和思想引领作用,以实现学生思想道德素质的全面提升。

劳动教育和思想政治教育的关系表明,思想政治教育是以立德树人为根本任务、中心环节和立身之本的教育活动,劳动教育落实立德树人根本任务,必须与思想政治教育相互借鉴、相互贯通、相互促进。

四、重要选择:劳动教育与创新创业教育的相互贯通

劳动教育与创新创业教育具有高度契合性。劳动教育中蕴含着创新创业的内在需要与价值诉求,创新创业的实施离不开劳动教育的支持,二者你中有我,我中有你,始终紧密联结、相伴而行。具体来讲,在实践导向上,劳动教育与创新创业教育具有内在贯通性;在人才培养目标上,劳动教育与创新创业教育具有一致性;在人才培养过程上,劳动教育与创新创业教育具有统一性。

首先,劳动教育与创新创业教育相互贯通是由劳动教育和创新创业教育自身的特点所决定的。第一,劳动教育是具有创造性的实践活动。劳动教育将人的体

---

① 郑永廷.思想政治教育方法论[M].修订版.北京:高等教育出版社,2010:135.

力劳动和脑力劳动紧密结合在一起,并促使人在观察、试验等劳动中融入思考、研究等科学元素,以开发劳动者的智力和潜能,实现人的创造能力的提升。这说明劳动教育本身具有创新创业的意蕴和内涵,具有创新创业的内在诉求。第二,创新创业教育本身要借助劳动教育来实现。创新创业教育是在理论学习和实践训练中不断激发学生对科学知识的兴趣、挖掘学生创新素质和创业潜力、不断提高学生的创业素养和劳动实践能力的过程,是融合智力劳动与复杂劳动的综合实践活动过程,创新创业教育目标的实现需要以劳动为媒介和载体,需要劳动教育给予全方位的支持。第三,随着现代科学技术的新发展和信息时代的全面到来,人类的劳动被赋予更多的科学技术元素和智能化元素,体力劳动和脑力劳动的区分越来越小,劳动不再是谋生的手段,人类的劳动过程成为人的个性和兴趣的自由发挥过程,劳动教育与创新创业教育已经完全自发地融合在一起。第四,现代科学技术的任务就是通过劳动揭示现实世界和客观物质世界的本质和规律,从而对世界的发展做出正确的判断和预测,用以指导现实生活中人们的实践活动。现代科学技术的发展本身就是知识生产和信息技术再生产过程,就是兼探索性、突破性、创造性一体的实践活动,是不断进行创新创造实践的过程,创新实践既是知识经济的必然逻辑,也是劳动教育的应有之义。因此,新时代劳动教育被赋予更多的新内容和新要求,劳动教育与创新创业教育在人才培养目标、教育内容、实践导向和人才培养过程等方面存在更多的吻合和一致性,劳动教育与创新创业教育的内在深度融合成为社会发展的必然趋势,也是实现教育现代化的必由之路。

其次,劳动教育与创新创业教育的相互贯通是我国人才强国战略驱动所致。党的二十大报告指出:"必须坚持科技是第一生产力、人才是第一资源、创新是第一动力,深入实施科教兴国战略、人才强国战略、创新驱动发展战略……"[1]可以说,党的二十大报告从战略层面对我国未来的人才培养规格提出明确要求,把培养造就拔尖创新型人才、全面提高人才自主培养质量作为兴国强国的重要任务。劳动教育作为党和国家人才培养战略的重要内容,必须主动适应国家人才强国战略和创新驱动战略的发展要求,致力于建设规模宏大、结构合理、素质优良的高水平劳动者大军,加强与创新创业教育的相互沟通和联络,为实现我国经济高质量发展和产业结构调整提供创新型人才支持。因此,劳动教育与创新创业教育的相互融通

---

[1] 习近平.高举中国特色社会主义伟大旗帜 为全面建设社会主义现代化国家而团结奋斗[M].北京:人民出版社,2022:33.

是培养高水平劳动者的必由之路,是助推人才强国战略的重要之举。

再次,劳动教育与创新创业教育的相互贯通是对发达国家成功经验的借鉴与吸纳。发达国家在劳动教育与创新创业教育的结合上积累了成功的经验,在创新创业方面形成了比较成熟的、具有一定借鉴价值的成果。如德国创新创业教育的突出特点是学校与企业之间形成良性互动和无缝对接,企业常常通过举办创意大赛和项目化实训活动为学生搭建了形式多样的实践锻炼平台,引导学生关注技术前沿的发展动态和革新状况,激发学生的创新创业意识和能力;美国的创新创业教育始终强调全社会的共同参与,提倡终身创新创业教育理念的养成;日本的创新创业教育强调分阶段实施和分类指导的方针,从小学、中学到大学高度重视学生创新创业能力和创新创业精神的一体化训练与教育;新加坡强调从政策层面给予创新创业教育强有力的支持与引导;等等。这些发达国家都把创新创业教育融入人才培养和劳动教育全过程,重视创新创业教育对促进国民经济发展和劳动者素质提升的重要作用,实践经验也表明,创新创业教育的实施需要劳动教育做支撑,创新创业教育需要劳动教育协同配合来完成。

五、价值旨归:加强劳动精神、工匠精神和劳模精神的培育

劳动精神、工匠精神和劳模精神是劳动教育的灵魂,是马克思主义劳动观的中国化时代化表达,是中国精神的重要基因和时代标识,是推动社会发展进步的内生力量,是实现中华民族伟大复兴的精神标识。2020年11月24日,习近平在全国劳动模范和先进工作者表彰大会上指出:"大力弘扬劳模精神、劳动精神、工匠精神……我们培育形成了爱岗敬业、争创一流、艰苦奋斗、勇于创新、淡泊名利、甘于奉献的劳模精神,崇尚劳动、热爱劳动、辛勤劳动、诚实劳动的劳动精神,执着专注、精益求精、一丝不苟、追求卓越的工匠精神。"[①]可以说,劳动精神、工匠精神、劳模精神是对以爱国主义为核心的民族精神的生动凝练和升华,是对以改革创新为核心的时代精神的高度概括,是鼓舞党领导下的全体劳动人民不畏艰辛、迎难而上的强大精神动力。劳动精神、工匠精神和劳模精神是习近平对广大劳动者劳动实践的充分肯定和高度赞扬,是对马克思主义劳动价值观的拓展和升华,是社会主义核心价值观的集中体现,是新时代劳动教育的重要内容。

劳动精神是劳动者对劳动的积极体认并在实践中身体力行的集中体现,也是劳动者对自身力量的自我确证。劳动精神从思想层面表现为尊重劳动、崇尚劳动、

---

① 习近平.在全国劳动模范和先进工作者表彰大会上的讲话[N].人民日报,2020-11-25(2).

热爱劳动,从行为层面表现为劳动者辛勤劳动、诚实劳动、创造性劳动,从价值层面表现为劳动光荣、劳动崇高、劳动伟大、劳动美丽,是劳动认知、劳动行为和劳动价值观的统一。工匠精神是指劳动者在自己的职业岗位所表现出的执着专注、精益求精、一丝不苟、追求卓越的职业精神,是对产品质量的无限追求精神与人的内在品格的统一,是在长期的劳动实践中形成的一种职业素养和职业品格。工匠精神体现了人的外在劳动与内在精神的高度统一,也是人的工作世界与内心世界的高度契合。劳模精神体现了忘我工作、追求一流、无私奉献、开拓进取等职业道德素质和职业精神,是对做出不平凡贡献的广大普通劳动者的最高褒奖。劳动精神、工匠精神和劳模精神是激励广大劳动者爱岗爱国、不懈奋斗、奉献进取的内在精神动力,是激发广大劳动者劳动热情、创造潜能的动力之源,为实现中华民族伟大复兴提供强大正能量。

劳动精神、劳模精神和工匠精神具有一脉相承又内在统一的关系。首先,工匠精神、劳模精神都是劳动精神的高度体现,都是民族精神和时代精神的高度凝练,劳动精神、劳模精神和工匠精神作为一个精神系统应成为中国特色社会主义文化建设的应有之义。其次,劳动精神、劳模精神和工匠精神的核心都是"劳",是"劳"在不同价值层面的结合与体现,是全体劳动者共同遵循和倡导的劳动价值准则,它使社会和个体在价值层面达成和谐统一。其中,"劳动精神是人通过劳动创造促进自我类本质不断生成与化解阻碍自我类本质的消极力量相统一的人类专属品格"[①],体现出劳动者的敬业、创造、合作、奋进等劳动品质和伟大精神。"工匠精神强调精业与敬业,认为个体在工作中应追求精益求精的负责态度与勇于探索的创新精神;劳模精神则强调乐业与勤业,认为个体应追求职业与个体社会的内在统一。"[②]可以说,劳动精神、劳模精神和工匠精神存在相互包容的关系,具有价值层面的内在统一性。再次,劳动精神、劳模精神和工匠精神与社会主义核心价值观都具有中国特色社会主义文化建设的内涵意蕴,与社会主义核心价值观在目标追求上是高度统一的,是社会主义核心价值的应有之义。社会主义核心价值观从个体层面规定了劳动者应当具备的敬业、诚信等劳动品质和价值准则,与劳动精神、劳模精神、工匠精神的内涵具有高度契合性和内在统一性。

总之,新时代劳动教育落实立德树人根本任务,必须重视劳动精神、工匠精神

---

① 何云峰,万婕.劳动精神的主体性阐释[J].思想理论教育,2020(6):14.
② 庄西真.倡导劳模工匠精神 引领劳动价值回归[J].中国职业技术教育,2017(34):106.

和劳模精神的培育,发挥其对劳动教育的精神激励和价值引领作用。作为新时代所倡导的具有一定影响力的价值主张,用劳动精神、劳模精神和工匠精神来引领劳动教育不仅会产生持久和显著的影响力,还能发挥凝聚价值共识的作用,从而实现对当前市场经济条件下劳动教育异化现状的超越。只有在劳动精神、工匠精神和劳模精神的引领下,劳动教育才能回归人本身,因为劳动精神、工匠精神和劳模精神作为个人的精神系统,展现的是人作为人的存在,而人只有以人的形式出场才能感受幸福、创造和谐人际关系、获得价值感,才能促进个体自我发展和实现人的自由自觉的活动。因此,弘扬劳动精神、劳模精神和工匠精神必然成为新时代劳动教育的重中之重。

第三节 系统推进大中小学劳动教育的一体化

统筹推进大中小学劳动教育一体化建设是一项复杂的系统性工程,需要按照纵向推进、横向联结、循序渐进的逻辑理路,坚持立德树人根本任务,贯彻阶段性、层次性、规律性原则,加强系统性研究,整体设计劳动教育的课程体系、教学体系、师资队伍体系、评价体系等,最终形成横向协同、纵向深入的劳动教育育人体系。

一、系统推进大中小学劳动教育一体化的依据和缘由

2018年习近平在全国教育大会上提出,要努力构建德智体美劳全面培养的教育体系,形成更高水平的人才培养体系。这一指示高度突出了劳动教育在人才强国、教育强国战略中的地位。2020年,《关于全面加强新时代大中小学劳动教育的意见》指出:"把劳动教育纳入人才培养全过程,贯通大中小学各学段,贯穿家庭、学校、社会各方面,与德育、智育、体育、美育相融合,紧密结合经济社会发展变化和学生生活实际,积极探索具有中国特色的劳动教育模式,创新体制机制,注重教育实效,实现知行合一,促进学生形成正确的世界观、人生观、价值观。"①《意见》对劳动教育融入人才培养全过程、推进大中小学一体化建设的必要性和紧迫性做出明确指示,对实施大中小学劳动教育一体化提出明确目标要求和具体举措,是推进大中小学劳动教育一体化的政策依据和指导性文件。

这里必须指出的是,当前劳动教育的大中小学一体化建设在很多学校还没有得到应有重视,劳动教育大中小学一体化开展的广度和深度都不够充分,还存在许

---

①中共中央,国务院.中共中央国务院关于全面加强新时代大中小学劳动教育的意见[N].人民日报,2020-03-27(2).

多亟待解决的问题,而这些问题已经成为推进劳动教育大中小学一体化的障碍和瓶颈。

首先,大中小学劳动教育一体化建设的顶层设计不够。虽然党和国家出台了推进大中小学劳动教育一体化的相关政策和文件,提出了具体要求,但在具体实施过程中,相比思想政治理论课和其他学科的大中小学一体化建设来说,劳动教育大中小学一体化的顶层设计显得比较滞后,在组织领导、育人体系、制度体系等方面一体化的顶层设计还不够。

其次,大中小学劳动教育一体化在课程建设上衔接不够。劳动教育课程建设是有效推进劳动教育的核心,构建大中小学劳动教育一体化课程体系是劳动教育有效实施的根本保证,这就需要我们在人才培养目标、课程标准、教学模式、教学内容、评价方式等方面进行一体化设计和系统性构建,打造立体课程。但是,由于劳动教育课程体系没有纳入大中小学一体化建设的系统架构之中,各个学段的劳动教育课程存在碎片化、另起炉灶、各自为政的现象,各个学段之间缺乏有效贯通与衔接。

再次,大中小学劳动教育一体化的系统研究成果不够。近年来,劳动教育的研究成果不断丰富,但针对大中小学劳动教育一体化的研究还处在起步阶段,有价值的研究成果不多,还不能为大中小学劳动教育一体化建设提供学科和学理上的有效支撑,更不能为大中小学劳动教育一体化建设提供有效理论指导和决策建议。

最后,大中小学劳动教育一体化建设在师资队伍、体制机制等方面存在断裂和脱节现象。在教学上,没有针对各个学段的劳动教育构建相互衔接、层层递进的体制机制;在教师队伍一体化建设中存在相互隔离、贯通不畅等问题,没有形成一体化的教师培养、相互交流沟通机制,缺乏集体备课、听课、评课等常态化的交流机制;在管理上,没有形成区域内跨学科、跨学段、跨学校的联动管理与运行机制,无法实现区域内的劳动教育资源的有效整合和合理使用。

上述大中小学劳动教育一体化建设中存在的种种问题表明,在推进大中小学劳动教育一体化的进程中缺乏系统思维和创新思维理念,劳动教育育人空间开发受限,劳动教育的资源整合和育人合力发挥不充分,劳动教育的整体性设计功能无法体现出来。

推进大中小学劳动教育一体化,应遵循劳动教育自身的特点和规律,遵循学生成长成才的规律。一方面,个体劳动意识和劳动习惯的养成、劳动能力和劳动素养的提升、正确劳动价值观的培育绝不是参加几次劳动或者上几次劳动理论课就能完成的,更不是一朝一夕的事情,需要遵循劳动教育的一般规律和学生个体成长成才的规律,必须经由小学阶段到中学阶段再到大学阶段这样一个系统化、一体化的整体性设计和培养过程。另一方面,劳动教育综合育人功能的发挥必须依托其他四育,并融入其他四育的人才培养和教育全过程,形成德智体美劳全面发展的育人体系和完整的人才素质结构。德智体美劳全面发展是一个循序渐进、螺旋式前进的过程,不同学段学生的认知能力、思维水平、实践能力等存在较大差异,需要从小学开始分阶段、有步骤开展,需要从小学、中学到大学进行整体布局和系统规划。同样,劳动教育在这一过程中要想发挥作用,必须与其他四育同向同行,协同推进,既要突出各学段的特色,又要强调层次性,抓好整体性,要打通大中小学劳动教育一体化的纵向通道,引导学生成长成才,唯有如此,人的全面发展目标才能有效达成。

二、系统推进大中小学劳动教育一体化的价值意蕴

推进大中小学劳动教育一体化是党和国家人才培养的重要一环,也是为党育人、为国育才的必然逻辑,是贯彻落实立德树人根本任务的内在要求。2019年习近平在学校思想政治理论课教师座谈会上强调,要"扎根中国大地办教育,同生产劳动和社会实践相结合,加快推进教育现代化、建设教育强国、办好人民满意的教育,努力培养担当民族复兴大任的时代新人,培养德智体美劳全面发展的社会主义建设者和接班人"①。这一指示蕴含着劳动教育对建设教育强国、推进教育现代化、培养时代新人、实现中华民族伟大复兴的重要意义和特殊价值,为新时代推进劳动教育一体化指明了方向。

推进大中小学劳动教育一体化是贯彻落实立德树人根本任务的客观需要。习近平强调:"培养什么人,是教育的首要问题。我国是中国共产党领导的社会主义国家,这就决定了我们的教育必须把培养社会主义建设者和接班人作为根本任务,培养一代又一代拥护中国共产党领导和我国社会主义制度、立志为中国特色社会主义奋斗终身的有用人才。这是教育工作的根本任务,也是教育现代化的方向目标。"②教育的这一根本任务为新时代劳动教育提供了基本遵循。

作为教育的重要内容和人才培养体系的重要组成部分,劳动教育的目标是通

---

① 习近平.用新时代中国特色社会主义思想铸魂育人 贯彻党的教育方针落实立德树人根本任务[N].人民日报,2019-03-19(1).
② 习近平.坚持中国特色社会主义教育发展道路 培养德智体美劳全面发展的社会主义建设者和接班人[N].人民日报,2018-09-11(1).

过劳动实践,教育引导学生体验劳动的艰辛,感受收获的喜悦,培养热爱劳动、热爱劳动人民的情感,积极践行爱国、敬业、诚信、友善等社会主义核心价值观;教育引导学生树立正确的劳动观,熟练掌握劳动知识与劳动技能,全面提高劳动素养,自觉成长为社会主义建设的有用之才。因此,从劳动教育的目标规定来看,劳动教育同样肩负着为党和国家服务的重要职责,肩负着为社会主义现代化建设培育时代新人的重要使命。劳动教育立德树人重大职责的落实仅仅靠某一个学段是无法实现的,必须从娃娃抓起,在小学开始培养学生热爱劳动的意识和习惯,掌握基本的生活技能;中学阶段应该让学生掌握一定的劳动知识和劳动技能,懂得劳动对自身的意义和价值;大学阶段要让学生养成积极的劳动习惯和劳动态度,用正确的劳动价值观引领个体成长,懂得个体劳动与社会劳动的关系,增进对"劳动实现人生梦想"和"劳动托起中国梦"的深刻体认。因此,只有将劳动教育置于大中小学一体化的整体视域中,从小学到中学再到大学层层深入、前后贯通,协同推进各方面的育人合力,劳动教育的立德树人功能才能有效发挥。

推进大中小学劳动教育一体化是造就德智体美劳全面发展的时代新人的必由之路。造就德智体美劳全面发展的时代新人,需要一体化推进大中小学德智体美劳纵向上的贯通发展和横向层面的协同发展,需要各方面教育协同发力,不能偏废任何一个方面,更不能割裂任何一个学段,否则会造成劳动教育的断带和孤立。而唯有如此,才能不断地为国家培养适应时代要求和发展变化的高素质劳动者,为全面建设社会主义现代化国家和实现中华民族伟大复兴提供更多支持。劳动教育与德智体美具有内在关联性,劳动教育必须与德智体美其他四育密切结合、协同发力并从中汲取养分,劳动教育才有意义和价值。离开其他四育,劳动教育就有可能演化为简单的劳动,变为谋生的手段和生存的工具,劳动教育也就成为有劳无育的育人空场。

统筹推进大中小学劳动教育一体化,需要德智体美四育在各个学段发挥好劳动教育的载体和平台作用。劳动教育是德智体美四育的依托和载体,德育需要通过劳动教育促使学生养成良好的道德品格和劳动美德;智育只有借助劳动教育才能启迪学生智慧,展现真理的魅力和价值;体育需要与劳动教育结合在一起才能帮助学生强身健体;美育只有依靠劳动才能不断发现美、感受美和创造美。劳动教育与其他四育既互相联系又具有自身特点,德智体美劳全面培养的教育体系是造就全面发展的时代新人的必要条件。培养德智体美劳全面发展的时代新人,需要从小学到中学再到大学"五育并举"整体上层层深入、协同推进,才能发挥以劳树德、以劳增智、以劳健体、以劳育美的功能。

统筹推进大中小学劳动教育一体化是实现个体自由发展和自我完善的必然逻辑。劳动教育是展示自我和肯定自我的重要媒介,是个体成长和促进个体全面发展的基础,也是个体自我意识形成和走向自立自强、自由发展的基础。马克思认为:"任何一个存在物只有当它用自己的双脚站立的时候,才认为自己是独立的,而且只有当它依靠自己而存在的时候,它才是用自己的双脚站立的。靠别人的恩典为生的人,把自己看成一个从属的存在物。"①这表明人通过劳动不仅获取生存和生活所必需的物质资料,通过劳动实现个体的对象化,更重要的是,通过劳动和劳动教育可以充分释放身体内在潜能,不断构建自身多样化的生命活动,创造丰富的生活世界和精神世界,不断提高自己的生存层次和生命质量,实现人生的意义和价值,从而达成生命的圆融和个体人格的不断完善。人的生命的圆融和人格的不断完善是一个过程,是在劳动中持续不断地修正和历练完成的。正如塞缪尔·斯迈尔斯所说:"没有什么东西比懒惰和贪图享受更容易使一个民族奴颜婢膝的了,也没有什么比辛苦劳动的人们更高尚的了。"②

劳动教育是完善个体人格、丰富个体生命活动的发力点和催化剂,劳动教育应和其他学科教育一样,不仅要遵循个体自身的学习认知规律和成长成才规律,还要遵循劳动教育自身发展的规律,统筹构建大中小学劳动教育的一体化目标和内容体系,制定适合不同学段特点的劳动教育课程标准和教学实施方案,增强不同时段劳动教育的针对性,既要体现阶段性特点,又要遵循整体性布局,不断提高大中小学劳动教育一体化建设的整体效果。劳动教育切忌不能犯急性病,更不能追求"功利化"而采用冒进的方式一步到位。

三、系统推进大中小学劳动教育一体化的实施理路

人的劳动素养的生成和正确劳动价值观的形成不是一蹴而就的,需要一个循序渐进的培养过程。劳动教育必须坚持全面、发展、联系的观点,加强对不同学段的学生认知能力和成长规律的研究和分析,将大中小学不同学段的劳动教育作为一个整体,遵循由低到高、由简到繁、由浅入深的教育规律,做好大中小学劳动教育一体化的顶层设计,做好课程建设、实践教学建设、师资队伍建设等相互间的衔接与沟通,层层深入,有序推进。

---

①马克思.1844年经济学哲学手稿[M].北京:人民出版社,2000:91.
②斯迈尔斯.品格的力量[M].刘曙光,译.北京:北京图书馆出版社,1999:86.

（一）加强大中小学劳动教育一体化的顶层设计

系统推进大中小学劳动教育一体化，必须强化系统思维和整体思维，树立大劳动观和方法论。统筹推进大中小学劳动教育一体化建设的顶层设计，是构建"五育"并举高质量人才培养体系的重要课题，是新时代全面提升人才培养质量、实现人的自由全面发展的前提和根本保障。

统筹推进大中小学劳动教育一体化应在党和国家的统一领导下，教育主管部门、学校、社会等共同参与，形成各个层面统一谋划，各个部门齐抓共管、协同推进的工作格局。由中共中央、国务院共同颁布的《关于全面加强新时代大中小学劳动教育的意见》是党和国家关于劳动教育的指导性文件，《意见》从总体要求、劳动教育体系的构建及组织实施、劳动教育实践、劳动教育的组织保障等方面对大中小学劳动教育一体化做了较为清晰的部署和安排。贯彻落实《意见》的具体要求和安排，首先，需要各级各类教育主管部门、学校、社会、家庭加强对《意见》的学习，深入领会其精神实质和各项要求，提高认识和站位，形成大中小学劳动教育一体化的思想共识。其次，各级各类教育行政部门要切实加强对劳动教育大中小学一体化的统一规划，自上而下层层设置大中小学劳动教育一体化工作委员会，加强总体规划和资源整合力度，制定大中小学劳动教育一体化的各级规章制度，从场地、设备、师资、经费、办公条件等方面给予保障和支持。再次，各级各类学校要自觉遵守教育行政部门的各类政策，严格落实教育行政部门大中小学劳动教育一体化的各项规定，并制定具体的实施计划和实施方案。为更好地推进大中小学劳动教育一体化的实施，各级各类学校要加强研讨，应成立大中小学劳动教育一体化的劳动教育理论研究机构、课程建设机构、教材开发机构、实践基地等联盟，经常性开展各类学术研究和集体备课、成果交流汇报等活动，让大中小学劳动教育一体化更具针对性和实效性。最后，还要加强大中小学劳动教育一体化的检查监督，强化责任、狠抓落实，对于未能较好执行的单位，责令限期整改，确保落实到位。

（二）注重大中小学劳动教育一体化的课程设计

劳动教育课程建设是有效开展劳动教育的"内核"，也是劳动教育的硬性要求。《意见》提出："整体优化学校课程设置，将劳动教育纳入中小学国家课程方案和职业院校、普通高等学校人才培养方案，形成具有综合性、实践性、开放性、针对性的劳动教育课程体系。"①根据《意见》指示和要求,深入推动大中小学劳动教育课程改革与创新,构建大中小学劳动教育一体化的课程体系,是实现全员育人、全过程育人、全方位育人的现实逻辑,也是提高人才培养质量的有效路径。大中小学劳动教育一体化课程建设应按照横向配合、纵向贯通的整体化思路树立劳动教育的大课程观,系统设置课程标准和教学内容。

首先,大中小学劳动教育一体化的课程建设应将劳动教育的内涵建设融入学科体系和课程体系之中,通过课程建设,"深化对劳动科学的研究,提高劳动人才培养质量,提升学生对劳动科学化的多维度认识"②。在课程标准和课程目标设置上要注重整体性和系统性,应突出各个学段的主题,理清贯通各学段的主线,强化内在的逻辑关系。

其次,在教材建设中要注重吸纳不同学段的专家和教师参与,倾听不同方面的意见和建议,凝聚思想共识,通过一体化的价值引领,实现劳动教育各课程要素的互联互通、协同发力,充分发挥协同育人效应,实现资源优化和共建共享;在教材建设中还要充分利用地方劳动教育资源优势,传承区域优秀劳动文化和行业工匠精神等特色资源,提升大中小各学段劳动教育社会文化资源的融入度,精心打造具有学段区分度的校本教材。

再次,在教学内容的设计上,既要关照不同学段学生的成长成才规律和对知识的吸纳能力,科学规划教学内容,体现层次性和差异性,避免简单重复现象,还要注重不同学段、不同层次教学内容的匹配和衔接,打通各学段之间的课程壁垒,防止脱节和断链。劳动教育大中小学一体化课程建设的价值意蕴就在于课程建设衔接上的循序渐进、教学内容上的守正创新、教学方法上的因材施教、教学效果上的不断提升和教学目标上的同频共振。

最后,劳动教育课程建设在中小学阶段还要与德智体美其他课程的一体化相融合,在大学阶段要加强与专业课程以及思想政治教育、创新创业教育等课程的融合,推动劳动教育课程建设与学术研究、产教融合、智库建设、社会实践的深度联结,推动劳动教育与其他各育的协同发展。

(三)创新大中小学劳动教育一体化的实践教学设计

实践教学是劳动教育拓展性课程,要引导学生在实践中学知识、悟真理、提本

---

① 中共中央,国务院.中共中央国务院关于全面加强新时代大中小学劳动教育的意见[N].人民日报,2020-03-27(2).
② 李珂,蔡元帅.陶行知劳动教育思想对新时代加强大学生劳动教育的启示[J].思想教育研究,2019(1):109.

领、强意志。劳动教育必须坚持知行合一,注重实践,加强劳动教育实践是有效提高劳动教育实效性的重要环节。第一,需要家庭、学校、社会加强联络,实现要素整合和资源共享,共建共享大中小学劳动教育实践活动。大中小学劳动教育一体化实践教学设计要以学校为主导,以家庭和社会为支撑,构建融家庭生活劳动、生产劳动、社会服务活动等为一体的劳动教育实践类型体系。第二,劳动教育一体化实践教学要围绕美好家庭建设、学校建设、校企合作、创新创业、城市发展、乡村振兴、共同富裕等主题谋划和建设体现学段衔接要求的劳动教育实践活动,实现劳动教育实践教学的精准定位。第三,在劳动教育一体化的实践教学设计中,应将培育劳动精神融入大中小学劳动教育实践教学一体化建设的始终,构建一体化的特色实践衔接机制。第四,不同学段实践活动的内容应有所区分。小学阶段应围绕劳动与生活,强化学生生活中最基本的劳动能力的培养与锻炼,激发学生的劳动情感;中学阶段应围绕劳动与道德、劳动与技能,强化劳动道德体验和劳动技能的掌握;大学阶段应围绕劳动与社会、劳动与国家,强化学生使命担当,培养学生的家国情怀,提高学生服务社会的意识,形成正确劳动价值观。

要创新大中小学一体化的劳动教育实践活动设计,打造出适合不同学段的闭环式劳动实践体验活动,实现理论与实践的相互融合,点亮劳动教育的生活底色和实践底色,引领学生健康成长,做新时代最美奋斗者。

(四)注重大中小学劳动教育一体化的师资队伍建设

统筹推进大中小学劳动教育一体化的关键在于劳动教育师资队伍建设。当前劳动教育的师资队伍建设还存在诸多不足,主要表现为劳动教育教师的数量不足,教师的学历结构、职称结构、年龄结构不够优化,劳动教育教师专兼职结合不充分等。加强劳动教育大中小学一体化师资队伍建设,为大中小学劳动教育一体化的实施提供切实保障,必须从以下几个方面做起:

一是建设大中小学一体化的劳动教育课程开发教师队伍。大中小学一体化的课程建设必须配备一流的高素质的专业教师队伍,一流的高素质的教师队伍是高质量课程建设和高质量人才培养的保障。

二是构建大中小学一体化的劳动教育理论研究团队,打造新时代劳动教育的智库。劳动教育理论研究成果能为有效开展劳动教育提供学术支持和思想引领,大中小学劳动教育一体化建设需要一批长期奋斗在科研一线的专家学者,他们是有效开展劳动教育、实现大中小学一体化建设的根本保证。

三是建设大中小学劳动教育一体化的教师培训培养机构,打造一体化的教师成长锻炼机制。教师是一种特殊的职业，必须始终保持对知识的渴望和对学习的兴趣，只有与时俱进地实现自身的成长和不断发展，才能跟上时代步伐，提升自身的专业化水平和教学能力。因此，要经常性地设置一体化的、由不同学段的劳动教育教师共同参加的培训学习与交流活动，不同学段的劳动教育教师之间能够角色转换，必要的时候，可以实施交叉挂职锻炼，体验劳动教育循序渐进、螺旋式上升的发展规律和内在要求，培育教师在不同学段的适应能力。

四是为进一步提高自身的工作能力，劳动教育教师要时常融入社会，进入企事业单位挂职锻炼，在社会实践中不断吸取营养，获取对劳动和劳动教育的深刻体验和认识。

五是构建大中小学劳动教育一体化的专兼职教师队伍，开展各种类型的教学研究、交流等结对帮扶工作。要组建包括校内教师与校外社会知名活动家、企业家、劳动模范、大国工匠等在内的专兼职师资队伍，建设名师工作室、劳模工作室、技能大师工作室，并通过定期开展专题报告、交流学习、班队活动等方式引领学生成长成才。

第四节　构建家校协同、校际互通、校社联动的协同育人机制

2020年，由中共中央、国务院颁布的《关于全面加强新时代大中小学劳动教育的意见》提出，家庭要发挥在劳动教育中的基础作用，学校要发挥在劳动教育中的主导作用，社会要发挥在劳动教育中的支持作用。[1] 可见，劳动教育不能由学校单打独斗唱"独角戏"，家庭和社会也不能成为"旁观者"，要克服把劳动教育看作是学校的事，把学生劳动素质不高、劳动效果不佳归结于学校的劳动教育没有做好等错误观念。家庭和社会也要承担相应的职责，发挥在劳动教育中的保障、补充及支持作用。劳动教育自身的特点也决定了劳动教育必须实现家庭、学校、社会的多元协同。劳动教育既是生存教育和生活教育，也是职业教育和成人教育，劳动教育为个体未来生存和生活奠定基础，为个体适应未来所从事的职业培养相应的劳动技能和各方面的劳动能力，培育实现个体自由全面发展的劳动素养和劳动精神。这是一项极其复杂的育人工程，这一工程必须由家庭、学校和社会组成一根完整链条共同来承担，缺失任何一个环节，链条必然断裂，都会制约劳动教育的有效开展。

---

[1] 中共中央, 国务院. 中共中央国务院关于全面加强新时代大中小学劳动教育的意见[N]. 人民日报, 2020-03-27(2).

新时代劳动教育的新形态、新内涵也对家庭、学校和社会提出新要求,虽然学校是开展劳动教育主导渠道,但劳动教育绝不是只靠学校就能够独立完成的,仅仅依靠教师群体也无法实现学生德智体美劳的全面发展,必须多方协同、内外联动,打造劳动教育的共同体。

要加强劳动教育的资源整合,科学构建灵活多样、多种形式相结合的劳动教育育人方式方法。具体来讲,劳动教育协同育人机制应在政府及教育行政机构的牵头与科学指导下,引导家庭、社会、企业及其他机构积极参与学校劳动教育,构建家校协同、校际协同、校社协同的劳动教育协作机制,探索家校协同、校际协同、校社协同的人才培养新模式,完善家庭、学校、社会、企业、各类社会团体协同育人新格局,共建共享、优势互补,形成劳动教育的合力。

一、构建家校协同配合劳动教育机制

家庭是孩子人生的第一所学校,父母是孩子最好的启蒙教师,学校劳动教育的有效开展离不开家长和家庭的配合与支持。首先,父母在家庭生活中所表现出的劳动习惯、劳动态度及劳动价值观都对孩子有潜移默化的启发和教育引导作用,因此,家长无论在工作还是在生活中都要做好自己,通过自己的诚实劳动、辛勤劳动和合法劳动向孩子传递劳动光荣、劳动伟大、劳动美丽、劳动幸福的劳动价值观,让孩子在耳濡目染中学会劳动、热爱劳动。其次,要建立学校与家长的沟通联络机制。学校可以有针对性地对家长开展劳动教育指导和培训,为学生制订家庭劳动教育培养计划和清单,如帮父母洗一次碗、帮家长打扫一次家庭卫生、独立清洗自己的衣服、独立做一道美味的菜等,让孩子体验劳动的乐趣,培养孩子的家庭责任感。家长应将孩子每天的劳动情况及时向教师汇报,教师则将孩子在家庭的劳动表现纳入学校劳动教育评价体系。再次,建立劳动教育家长委员会。家长委员会主要起沟通学校教育与家庭教育的桥梁作用,此外,还要参与学校劳动教育的监督、检查、评价等工作。一方面,劳动教育家长委员会可以充分调动家长参与劳动教育的积极性,督促孩子积极参与劳动,培养孩子热爱劳动的情感和习惯;另一方面,劳动教育家长委员会通过分享家庭劳动中的成功经验,可以调动更多的家长重视对孩子的劳动教育,有助于消解长期以来家长只重视孩子的学业而淡化孩子劳动意识、劳动习惯和劳动能力培养的错误观念,促使家长与学校一起成为孩子人生道路上的引路人。

二、构建校际协同劳动教育育人机制

学校作为劳动教育的主渠道和第一责任人,校际协同育人是充分开发劳动教育资源、提升人才劳动素养的必然要求。首先,校际协同包括在不同学段之间构建纵向协同育人机制,即构建大中小学劳动教育一体化协同育人机制,开展不同学段学校间的沟通与交流,实现"手拉手""心连心""面对面""点对点"式的结对帮扶,建立劳动教育不同主体间的帮扶协作机制。具体来讲,就是在不同学段之间强化师资力量的沟通与交流,加强不同类型学校间经费、场地、设施等方面的优势互补,尤其是职业院校和普通高校要充分利用自己的人力、物力、财力等资源优势和场域优势对区域内中小学开展联建活动,与中小学实现资源共享、优势互补。其次,校际协同还包括同一类型学校之间建立横向协同育人机制,如普通高校之间的协同、职业院校之间的协同、中学之间的协同和小学之间的协同等。同一类型的学校之间因办学目标、人才培养等方面具有同质性、同源性和同构性,劳动教育应在教育教学理念方面强化联通,在专业建设和课程开发方面加强互通,在科学研究和理论建设方面加强融通,在教育实践和资源建设方面实现贯通等,充分发挥各自的特色和优势,创新劳动教育的新模式。

三、构建校社之间的协同育人机制

"教育与生产劳动相结合"是马克思、恩格斯设想的未来社会——共产主义社会劳动教育的重要原则,也是新时代劳动教育的重要特征。随着社会的发展变化,生产劳动的内涵和外延都发生了重大变化,生产劳动已从传统的纯粹的生产实践领域延伸到数字化领域、科学技术创新领域以及社会服务、公益性劳动、休闲消费等社会实践的各个领域。因此,学校劳动教育要想持续、有效、深入地开展,必须融入社会这个大课堂,把学校小课堂与社会大课堂有效结合起来,推动劳动教育与社会力量深度结合,实现学校劳动教育与社会力量的融合发展。构建学校与社会的协同育人机制应做好以下几个方面的工作:

首先,加强学校劳动教育与各类实践教育基地的资源共享与开发。充分利用青少年校外教育基地、少年宫、科技馆、展览馆等各类实践教育基地,并将其作为劳动教育的校外拓展与延伸。通过实践教育基地开展劳动教育,让学生充分感悟劳动模范和道德模范的高尚品德,有利于强化学生自强自立的劳动意识,培养热爱劳动、勤俭节约、吃苦耐劳的劳动美德,陶冶劳动情操,铸就坚强劳动意志。尤其要让学生深入改革开放的前沿阵地,深切感受改革开放取得的巨大成就和社会主义现代化建设的伟大生动实践,在社会大课堂里接受锻炼与教育,努力成为担当民族复兴大任的时代新人。

其次,深化产教融合机制。校企合作、产教融合作为一种重要的教学模式已经被很多学校所采纳。校企合作、产教融合能为学生劳动教育提供师资、场地、企业文化等各类劳动教育资源,劳动教育则可充分借助产教融合这一优势资源,把劳动教育融入专业实践与实训活动中,使劳动教育与专业教育、实习实训、专业服务、创新创业等实现紧密结合,在专业教育和职业体验中培养学生的劳动意识、劳动技能和劳动素养。更为重要的是,产教融合通过让学生参与力所能及的生产劳动、服务性劳动和技术技能培训类劳动等,对学生开展职业启蒙教育,能够帮助学生树立职业理想,丰富职业体验。通过产教融合开展综合性、过程性、实践性的教育活动和职业规划教育、职业发展教育活动,还能让学生了解产业发展的最新情况和劳动形态的新变化,掌握企业岗位所需要的劳动知识与劳动能力,引导学生合理规划自己的职业生涯,为学生未来职业发展和充分就业奠定坚实的基础。

再次,加强学校与社区服务机构、慈善机构和社会实践相关部门的联络,引导学生参加公益性劳动。积极参加公益性劳动是学生主动走向社会、服务社会的自觉自愿选择,对于培养学生全心全意为人民服务的观念,锻造学生关心集体、服务社会、关爱孤寡老人、团结互助的劳动品德具有较好的促进作用。学校应与社区服务机构、慈善机构和社会实践相关部门等建立常态化的劳动服务机制,引导学生深入社区、养老院、敬老院等,扎根社会基层和生活一线,掌握必要的社会服务技能,要有计划地对学生进行思想政治教育,使他们理解公益性劳动的社会价值和意义,引导学生积极主动地参与公益性劳动。

最后,建立学校与工会、共青团、妇联等社会组织的联络与沟通机制。工会、共青团、妇联在劳动教育中具有独特的作用。工会作为群众性组织,其主要职责是引导广大职工辛勤劳动、诚实劳动、创造性劳动,弘扬劳动精神、劳模精神和工匠精神。工会在弘扬社会主义劳动文化中发挥了积极引导作用,与劳动、劳动者之间具有内在的天然的联系,在劳动教育方面具有天然优势。共青团和妇联作为青年的群众性组织和妇女的群众性组织,在开展青少年劳动教育和妇女劳动教育方面承担着重要职责,具有开展劳动教育的组织优势、资源优势和阵地优势。在新时代,学校劳动教育要加强与工会、共青团和妇联组织的联络,要充分发挥工会、共青团、妇联在劳动教育方面的资源优势,把工会、共青团、妇联的活动纳入学校劳动教育规划之中,促使劳动教育主体多样化、活动丰富化、效果显著化,夯实学校劳动教育的社会基础。

总之,构建劳动教育的协同育人机制,能够把学校、社会、企业、行业联系起来,不断完善劳动教育的平台和载体,联合开发校内校外劳动教育的实践基地;能够发挥劳动教育的人际协同、资源共享、场所共建、职责共担等协同优势,形成自我劳动教育、家庭劳动教育、学校劳动教育和社会劳动教育的合力育人体系;能够建立劳动教育的统筹协调机制和组织沟通机制,调动各方面的积极性,提升社会各行各业对劳动教育的认同感,充分认识到劳动教育对人的成长、社会进步、国家繁荣发展的价值与意义,使劳动教育真正成为国家人才强国战略、创新驱动发展战略的奠基石和重要支撑。

第五节 新时代劳动文化的重塑

劳动教育作为教育的一种形态,具有文化传承、文化发展与文化创造的使命与功能,能够满足人的文化价值诉求。肖绍明认为:"劳动教育是一种重要的文化实践,它通过'劳力'与'劳心'、体力劳动教育和脑力劳动教育相结合,以人的和谐、自由全面发展的文化价值为旨归,满足人的物质文化与精神文化需求。"[①]但是,当前社会出现的躺平、佛系、内卷、泛娱乐化等"反劳动"青年亚文化现象,严重抑制了年轻人的干事创业热情,背离了马克思主义劳动价值观和社会主义核心价值观,与国家倡导的实干兴邦、劳动铸就中国梦的价值理念背道而驰。因此,劳动教育应拒斥内卷、躺平、佛系、泛娱乐化等"反劳动"文化,要积极倡导劳动幸福的价值理念,弘扬优良劳动文化传统,发展社会主义先进劳动文化,在全社会塑造健康的、充满活力的、积极向上的主流劳动文化,唤醒广大劳动者的劳动热情,激发劳动精神自觉、精神自强和精神自信,不断满足人的精神文化价值诉求,为劳动教育落实立德树人根本任务提供精神支持。

一、拒斥"反劳动"文化,倡导劳动幸福

"反劳动"文化又被称为青年亚文化,是当前比较流行的文化思潮。作为一种后现代性新的文化符号,"反劳动"文化是青年群体面对竞争激烈的劳动就业环境表达内心焦虑、释放不满情绪的符号性表现方式。近年来,"反劳动"文化利用数字媒体技术及互联网已经浸染和渗透到青少年的生活世界和劳动世界,形成对主流价值观和意识形态的严重冲击。内卷、躺平、佛系、泛娱乐化等是"反劳动"文化的典型表征。

"内卷""躺平"等是近年来网络中产生的流行语,慢慢成为了年轻人的自嘲方

[①] 肖绍明.劳动教育的文化研究[J].华东师范大学学报:教育科学版,2022(2):17.

式。根据美国学者吉尔茨对"内卷"的研究,内卷可以理解为"一种民族国家、地域社会的发展模式在经历一定时期从量到质的增长,乃至达到最高值之后,就因为这种发展模式的自身阈值极限而开始向下减缓,从而出现即使其他要素投入不断增加,但是人均产值会出现递减的下降效应"[①]。当前社会流行的"内卷",意指各行各业因就业、生存、住房、教育、医疗等各种压力而带来的非理性竞争行为,导致各个行业内部及劳动者个体无限的精神内耗和心理焦虑,蚕食了个体劳动者通过劳动收获的幸福感、获得感和愉悦感。在"内卷"状态下,劳动不是自由自觉的主动行为,而是充满不确定性、压迫感和焦虑感的行为。"躺平"则是因劳动环境过度的"内卷化"而衍生的另一种社会心态及生活方式。"躺平"标志着一部分人主动退出"内卷"模式,而是追求较低水平生活和消费方式,对生活缺乏目标和积极进取的动力。追求"躺平"的人不想努力工作,不想结婚生子,更不想追名逐利,只求有口饭吃。在学者张丽军看来,"'躺平'是一种貌似彻底顺从、完全投降的姿态下,带着抵制'割韭菜''非暴力''不合作'软抵抗的性质意义,甚至出现'躺平即正义'这种更深层的精神价值维度诉求"[②]。"佛系"与"躺平"有着相似的心理状态,和"躺平"相比,"佛系"的人用一种看透人生、超凡脱俗、追求平和的心态来对待生活及工作,实际上是以逃避现实、趋乐避苦的方式追求内心的安宁。"佛系"以消极的生活方式解构着劳动对生命的价值及意义,消解着青年用劳动创造幸福的价值观。"泛娱乐化"思潮近年来非常流行。"泛娱乐化"借助数字媒体技术把娱乐渗透进社会生活的各个方面,用戏谑、调侃、恶搞等方式狂欢娱乐或宣泄情绪,以无原则、无底线的娱乐至死的形式博取人的眼球、麻痹人的精神、消耗人的能量,以娱乐为导向重构人的价值追求,塑造出的是一种及时行乐、放纵自我的"单向度的人和碎片化的人"。"泛娱乐化"抵制诚实劳动、辛勤劳动、勤俭节约等优良劳动美德,追求轻快刺激和视觉享受,在轻快的表象下制造出极具破坏力的能量,使人价值迷失,幻想一夜暴富,并通过互联网把这种不良的价值导向植入人们生活中,意图用资本主义的意识形态替代社会主义的意义形态。

内卷、躺平、佛系、泛娱乐化都是"反劳动"文化,"具有反物质主义、反消费主义、追求极简主义、追求生态自然主义积极意识的一面,是对当代人类社会贪婪、奢

[①] 张丽军.从觉醒、佛系、躺平到新觉醒:百年中国青年问题的现实流变与未来路径[J].广州大学学报:社会科学版,2022(4):60.

[②] 张丽军.从觉醒、佛系、躺平到新觉醒:百年中国青年问题的现实流变与未来路径[J].广州大学学报:社会科学版,2022(4):60.

华、穷奢极欲的物质消费主义、金钱拜物教的反叛、背离和挑战"①。但是,作为一种"反劳动"文化,其消极意义远远超过积极的一面,它很容易使人陷入虚无主义、自然主义的泥潭,追求好逸恶劳、趋乐避苦的生活和生存方式。新时代的"巨婴"和"反智"就是这一方面的典型代表。这种"反劳动"文化使人丧失了积极进取、勇于拼搏的奋斗精神,消磨着劳动者的奋斗意志和劳动热情,消解和解构着社会主义的劳动价值观,增强了人的无意义感,导致人无所事事、碌碌无为。

内卷、躺平、佛系、泛娱乐化等"反劳动"文化的出现有着极其复杂的原因。从心理层面来看,内卷、躺平、佛系、泛娱乐化等"反劳动"文化使劳动者的内心既充满对现实美好生活的向往与渴望,同时又惧怕竞争,不敢面对生活压力,缺乏积极进取的奋斗精神,在这种复杂的矛盾心理驱使下最终选择对现实生活的臣服与消极抵制。从社会层面来看,内卷、佛系、躺平、泛娱乐化等"反劳动"文化与拜金主义、享乐主义、消费主义等有紧密的关联,受拜金主义、享乐主义、消费主义的影响,当代部分青年的劳动价值理性丧失而工具理性张扬,"反劳动"文化既是对拜金主义、享乐主义、消费主义崇拜而带来的无奈的心理状态,也是一种对物质主义的抵制和对现实无奈的接纳。在张晶、秦在东看来,"美好憧憬与平庸现实的落差弱化了其奋斗信念,自我确证与社会期待的偏差蚕食了其奋斗意志,时代要求与自我实现的张力消减了其奋斗自觉,导致青年丧失了主观能动性,让渡了奋斗自主权,这与中国儒家文化所提倡的'现世事功'思想相区隔,亦与习近平提出的'奋斗幸福观'相背离,这正是对劳动精神中'奋斗'实践语义的消解"②。

拒斥内卷、躺平、佛系、泛娱乐化等"反劳动"文化最有效的方式就是倡导劳动幸福的价值观,唤起劳动在人的意义世界和价值世界的复归,克服资本逻辑、消费逻辑、娱乐逻辑宰制下的劳动意义"物化"现象。劳动幸福是人对劳动的一种主观体验,是幸福生活和美好生活的组成部分,是劳动者对自身的劳动期待与劳动结果的一致性追求。在具体的实践中,劳动幸福应该包括良好的工作环境和劳动条件,劳动者以饱满的劳动热情参与劳动,人与人之间在劳动过程中结成良好的人际关系,劳动者能够自由支配自己的劳动产品,劳动之余有较多的闲暇时间,让劳动者充分实现身心放松和生活自足。

劳动幸福的理论源泉在于劳动是人的本质力量的自我确证和人本身的对象化

---

① 张丽军.从觉醒、佛系、躺平到新觉醒:百年中国青年问题的现实流变与未来路径[J].广州大学学报:社会科学版,2022(4):60.
② 张晶,秦在东.当代青年的劳动价值观危机及破解理路[J].思想教育研究,2022(1):100.

活动。马克思曾经说过,当人的劳动还仅仅为满足于基本的生存需要成为谋生手段的时候,劳动不是幸福的而是痛苦的,只有当劳动成为人自身的目的和人的本质需要,使人摆脱了被奴役和被剥削的状态,劳动才能够给人带来愉悦感和满足感,劳动才真正幸福。劳动自由和劳动权利是劳动幸福的前提条件。劳动权利和劳动自由在于人摆脱异化劳动的控制和束缚,劳动成为人的对象化活动,实现了人的本质力量的自我确证;劳动服从于人的自我需要,而不是外化于自己的产物;劳动是自愿的,是人超越纯粹的、动物性的"自然的人"的存在,而与动物的本能性适应活动区分开来;劳动使人成为真正意义上的、有尊严的、体面的人。从这一层面上讲,劳动是幸福的同义语或代名词。

劳动幸福不仅在于劳动能够满足人的生存、生活各方面的需要,还在于劳动能够创造物质财富和精神财富,为社会发展贡献力量。随着社会的进一步发展,劳动不仅能为中国式现代化的实现奠定物质基础,使人民群众的美好生活需要得到满足,解决当前我国发展不平衡不充分的问题,还将有利于实现共同富裕。习近平总书记曾经说过,幸福不会从天降,美好生活靠劳动创造。习近平进一步指出:"劳动是财富的源泉,也是幸福的源泉。人世间的美好梦想,只有通过诚实劳动才能实现;发展中的各种难题,只有通过诚实劳动才能破解;生命里的一切辉煌,只有通过诚实劳动才能铸就。"①列宁指出:"劳动者如果自己不解放自己,谁也不会把他从贫困中解放出来的。"②

劳动幸福意味着在真正的人的共同体中,劳动成为自由自觉的活动。自由自觉的劳动是马克思"真正的共同体"思想的显著特征。马克思在《共产党宣言》中为人类社会摹画了一个扬弃异化劳动后的美好社会,这个社会没有剥削,没有压迫,人人平等,每个人都作为劳动的主体而存在,在真正的共同体中,人的劳动是基于公平正义原则建立普遍的交往关系,即实现人与自然、人与人之间的和谐共生,劳动使人获得真正的解放从而成为自由自觉的活动,在共同体中彰显人的个性本质并实现人的全面发展。正如马克思所说:"在真正的共同体的条件下,各个人在自己的联合中并通过这种联合获得自己的自由。"③自由自觉的劳动是劳动幸福的前提和保证,人只有实现了劳动的自由自觉才能实现劳动幸福。正如学者周书俊

---

① 习近平.在同全国劳动模范代表座谈时的讲话[N].人民日报,2013-04-29(2).
② 中共中央马克思恩格斯列宁斯大林著作编译局.列宁全集:第7卷[M].北京:人民出版社,1986:118.
③ 中共中央马克思恩格斯列宁斯大林著作编译局.马克思恩格斯选集:第1卷[M].北京:人民出版社,1995:119.

所说:"劳动自由是人自身的本质的体现,同时又是每一个人的自由、全面、充分发展的条件。"①

当前我国已经建立实现人民当家作主的社会主义民主政治制度,社会主义民主政治制度的不断完善为劳动者创造了优越的劳动条件,为劳动者充分发挥自我以实现美好生活的愿望提供了各方面的保障;同时,也保障了劳动者的劳动自由和劳动权利,有利于实现劳动者的主体性。因此,拒斥内卷、躺平、佛系、泛娱乐化等"反劳动"文化,倡导劳动幸福是全面建设社会主义现代化国家、实现中华民族伟大复兴的重要课题。

二、传承中华民族优秀的劳动文化

中华民族有着五千年的文明历史,中华民族历经沧桑、饱受磨难而不衰的根源在于孕育了源远流长、丰富多彩的历史文化,培育了中华民族天人合一、厚德载物、和而不同、勤劳勇敢、自强不息等价值理念、道德规范和行为方式。中华优秀传统文化是中华民族的基因和精神动力,也是民族精神和中国精神的重要内容,中华优秀传统文化深深融入整个民族的血脉之中,成为民族最深沉的历史文化记忆。习近平总书记在党的十九届六中全会上提出"两个结合",即马克思主义基本原理与中国具体实际相结合、马克思主义基本原理与中华优秀传统文化相结合,充分说明了中华优秀传统文化在马克思主义中国化时代化历史进程中具有独特地位,彰显了中华优秀传统文化的独特育人价值。"中国传统文化以其精神性的力量渗透于人们的经济社会生活之中,影响着人们日常生活的基本活动。"②

中华优秀传统劳动文化熔铸于民族生活的各个方面,古代神话故事中蕴含的劳动文化、农耕时代的耕读文化以及工匠文化等是中华优秀传统劳动文化的重要组成部分。

中国古代的神话故事中蕴含了丰富的劳动教育元素和教育资源。这些神话故事通过塑造一系列的英雄人物展示了人类改造自然、征服自然的伟大壮举和对幸福美好生活的向往,热情讴歌劳动精神。如传说中的女娲补天、精卫填海、夸父追日、大禹治水、愚公移山等,这些神话故事体现了祖先不惧艰险、锲而不舍、自强不息、攻坚克难等精神追求,"实现了对流淌在民族血液里的奋斗精神的人格化塑造,将抽象的奋斗精神具体化、生动化,为中国人民树立起了劳动典范,鼓励着中国人

---

①周书俊.劳动自由是劳动幸福的本质属性[J].上海师范大学学报:哲学社会科学版,2020(1):41.
②余玉花.论中华优秀传统文化在当代中国马克思主义发展中的作用[J].思想理论教育,2021(9):26.

民为美好生活目标不懈奋斗"①。

耕读文化是中国两千多年农耕历史所积淀的极其特色的传统文化。耕读是一种半耕半读的生活方式,耕读文化则强调耕与读相结合,如果只读不耕,势必造成"治官则不了,营家则不办"。中国古代许多思想家都高度重视耕读,如颜元、张履祥、曾国藩等都把耕读作为立身安命与传家之本。颜元曾提出,"人人都应该劳动,上自天子、下至庶人,皆有所事,早夜勤劳;人人要乐于劳动,甘恶衣粗食,甘艰苦劳动"②。曾国藩则提出"以耕读二字为本,乃是长久之计"。从当前来看,中国古代的耕读文化开启了教育与生产劳动相结合的先河。

工匠文化在中国有着悠久的历史。《考工记》是春秋战国时期有关手工业工艺技术和工匠文化的典籍,书中对木工、金工、皮革、陶瓷各个工种的制造工艺和技术规范都有明确记载,在中国工艺史和科学史上有着非常重要的地位。另一部体现中国古代工匠文化的著作是明末清初科学家宋应星所著的《天工开物》,该书是中国古代一部综合性的科学技术文献,被称为17世纪的工艺百科全书。中国古代涌现出很多著名工匠,如春秋战国时期的木匠祖师爷鲁班、战国时期的水利工程专家李冰父子、隋朝时期的桥梁工匠李春等都是工匠文化的杰出代表。此外,中国古代还有许多源远流长的工匠文化故事,如《庖丁解牛》中的"臣之所好者,道也,进乎技矣"和《诗经·卫风·淇奥》中的"如切如磋,如琢如磨"等体现了敬业、专注、求精的工匠精神,韩愈在《师说》中所写的"巫医乐师百工之人,不耻相师"体现了匠人之间相互学习和对技术无限追求的精神。

中华优秀传统文化所蕴含的自强不息、勤劳勇敢、勤俭节约、敬天惜时、革故鼎新等价值理念、道德规范,是中华民族生生不息、薪火相传、兴旺发达的动力源泉,是我们今天开展劳动教育的宝贵精神财富。

自强不息一词早在《周易》中就有记载:"天行健,君子以自强不息。"意指天的运行刚健有力,君子应当遵循天道,刚健有为,发奋图强,永不停息。自强不息作为中华优秀传统文化和中华民族的重要基因,被世世代代中国人所传承并不断发展,成为中华民族生生不息、能够傲然屹立于世界民族之林的精神力量源泉。自强不息作为一种被推崇的劳动精神,我国明清之际著名思想家颜元对其内在价值意蕴有着深刻的认识。他认为自强不息的劳动精神有利于促进经济的发展和国家的强

---

① 宋吉玲,尤宝媛.中华优秀传统文化在劳动教育中的价值及其实现[J].教育探索,2022(2):3.
② 孙培青.中国教育史[M].修订版.上海:华东师范大学出版社,2000:280.

盛，还可以涵育人的高尚品德，教化于人，起到正心、修身、去除邪念等作用。颜元指出："吾用力农事，不遑食寝，邪妄之念，亦自不起。"[①]今天，自强不息仍然是富国安邦的民族精神之源，是激励中华儿女孜孜以求、踔厉奋发、永不言败和实现中华民族伟大复兴的动力源泉。

勤劳勇敢、勤俭节约是中华民族传统美德和劳动精神的基本底蕴。勤劳勇敢、勤俭节约的核心在于"勤"，意指中华民族勤于劳动、善于劳动、勇于劳动的精神追求和坚韧品格，如"天道酬勤""民生在勤，勤则不匮""业精于勤"等都是中华民族几千年的历史文化积淀和劳动精神标识，是一代又一代中国人不懈奋斗的内在动因。颜元认为："人不做事则暇，暇则逸，逸则惰，则疲。"[②]换句话说就是，只有劳动才能使人勤奋，才能使人克服怠情、疲沓。"俭"是勤的延伸，体现了对劳动成果的尊重和善取的生活态度。"勤"和"俭"相辅相成，互为补充。中国的古圣先贤们也时常教育后代要勤俭节约、克勤克俭。李商隐在《咏史》一诗中写道："历览前贤国与家，成由勤俭破由奢"，意思是说纵览前贤治国治家的经验教训，成功多因勤俭，衰落多为奢侈。再如《朱子家训》中所说："一粥一饭，当思来之不易；半丝半缕，恒念物力维艰"，教育子女要勤俭节约。

敬天惜时是中国的先辈们在长期的劳动中养成的顺时而为、及时耕作的劳动品格，意思是说大自然有其自身的运行规律，人的劳动要遵循自然规律，惜时用心，不要错过最佳劳动时机，否则将事倍功半，效果不尽如人意。荀子曾提出"无夺农时""守时力民"等劳动观点，也即只有顺应自然规律进行生产劳动，才能充分发挥劳动者的积极性和主动性，取得较好的劳动效果。

革故鼎新的本意是破除旧的，建立新的。革故鼎新体现了中华民族求通求变求新的思维方式和实践理念，中华民族的历史主动精神和历史创造精神既体现了认识和实践的辩证统一关系，也是中华民族生生不息、绵延不绝的生存哲学。中华民族在几千年的历史文化发展中不断通过劳动实践积极探索改进劳动工具，更新劳动方法，在观念、器物、制度、文化各个层面获得许多有世界影响力的成就。例如，在思想政治领域有商鞅变化、王安石变法等；在发明创造方面也是成绩斐然，中国传统科学技术曾经长期在世界上居于领先地位，四大发明作为中华文明的象征和骄傲被世界广为传诵及应用；在文化层面的影响力更是巨大，唐诗、宋词、四大名

[①] 孙培青.中国教育史[M].修订版.上海：华东师范大学出版社，2000：280.
[②] 孙培青.中国教育史[M].修订版.上海：华东师范大学出版社，2000：280.

著等都是留给后世的文化瑰宝。这些也都体现了中华民族开放包容的价值理念和主动创造的开拓精神。

中华优秀传统劳动文化博大精深,传承并发展中华优秀传统劳动文化要树立辩证思维和历史思维,一方面要强化马克思主义劳动观的指导地位,另一方面要把中华优秀传统劳动文化积极融入时代发展潮流之中,回应并关切现实中的发展问题。首先,要用马克思主义的立场、观点和方法对中华优秀传统劳动文化进行科学归类,加强对中华优秀传统劳动文化的合理化选择与运用;其次,中华优秀传统劳动文化只有实现创造性转化和创新性发展,才能成为时代发展的精神资源,因此,必须用发展的观点来看待中华优秀传统劳动文化,有针对性地把中华优秀传统劳动文化与新时代的劳动问题密切结合起来并使它们发生有效的化学反应,充分释放其合理性和价值性,产生强大正能量,形成辐射效应,如此才能在中华优秀传统劳动文化的传承与发展中增进对社会主义核心价值观和劳动观的认同;再次,要用现代性话语讲好中国古代劳动者的故事,赋予传统劳动文化新的内涵,"将其中具有时代价值但内容陈旧的表达赋予新时代的思想内涵和现代化的表达方式,不断补充、拓展、完善其时代内涵,增强其在劳动教育中的影响力"[①]。

三、发展社会主义先进劳动文化

社会主义先进劳动文化无论是内涵方面还是外延方面都是社会主义先进文化的重要内容,二者是包含与被包含的关系。社会主义先进文化是在马克思主义指导下,"从根本上适应并不断促进先进社会生产力的发展,以实现和维护广大人民的最根本利益为基本立足点;同时,面向现代化、面向世界、面向未来的、民族的、科学的、大众的社会主义先进文化形成了强大的民族凝聚力与自信心,培养了有理想、有文化、有道德、有纪律的公民,为社会主义现代化建设提供有力的思想保障、精神指引与智力支持。"[②]作为社会主义先进文化的重要组成部分,社会主义劳动文化是以马克思主义劳动观为指导,在社会主义建设和改革开放的伟大劳动实践中形成的能够促进生产力发展、以满足广大劳动人民日益增长的物质文化需要和美好生活需要为基本目标、以实现人的自由全面发展为宗旨的精神文化内容。劳动精神、劳模精神、工匠精神都是社会主义建设中形成的精神文化符号和先进劳动

---

① 宋吉玲,尤宝媛.中华优秀传统文化在劳动教育中的价值及其实现[J].教育探索,2022(2):5.
② 田鹏颖,王圆圆.马克思唯物史观视阈中的劳模精神——兼论劳模精神在中国特色社会主义文化中的地位[J].广西社会科学,2017(11):196.

文化的典型代表。

　　社会主义先进劳动文化在社会主义革命和建设、改革开放等不同时期表现出不同的时代特征，形成并呈现出一系列的精神谱系，这些精神谱系成为社会主义建设在不同时期经典性的历史文化记忆，是民族精神和时代精神的精髓和灵魂，深深扎根并流淌在中华民族的血脉之中，不断推进着中华民族从站起来到富起来再到强起来的伟大历史进程。新中国成立初期，在社会物质条件极其困难的情况下，中国共产党号召全国人民发扬自力更生、艰苦奋斗的优良传统，克服重重困难，进行了一系列社会主义的伟大创举，涌现出一大批鼓舞人奋进的劳动精神，如铁人精神、红旗渠精神、"两弹一星"精神、雷锋精神等，在这些精神的激励下，广大劳动人民脚踏实地、奋发努力、负重前行，为社会主义建设奠定了坚实的物质基础。改革开放以后，党号召人民解放思想、实事求是、与时俱进、开拓创新，以"空谈误国，实干兴邦"的劳动价值观引导广大劳动者在伟大的改革创新实践中把改革开放深入推向前进，形成了尊重劳动、尊重知识、尊重人才、尊重创造的劳动氛围，极大地激发了广大劳动者的劳动热情和创造活力。在此期间涌现出的女排精神、抗洪精神、航天精神等成为这一时期的时代精神的真实写照。中国特色社会主义进入新时代，习近平总书记高度重视劳动创造和劳动教育，并将劳动与党员干部的作风建设紧密联系，提出劳动是共产党员永保政治本色的重要途径、永保政治肌体健康的重要手段，也是共产党员发扬优良作风、自觉抵御"四风"的重要保障；提出用劳动托起中国梦；提出社会主义是干出来的，新时代也是干出来的；提出在全社会营造出劳动最光荣、劳动最崇高、劳动最伟大、劳动最美丽的良好氛围。新时代的女排精神、科学家精神、脱贫攻坚精神、抗疫精神等是社会主义先进劳动文化的集中体现，张桂梅、袁隆平、钟南山等大批劳动模范是新时代先进劳动者的杰出代表，这些精神谱系和模范代表激励着广大劳动者积极投身中国特色社会主义建设伟大事业，攻坚克难、埋头苦干，坚定不移地推进中华民族伟大复兴历史进程。社会主义伟大实践中涵育的一系列劳动精神谱系是对不同时期社会主义劳动价值观的高度体认，也是对新时代社会主义核心价值观的深入践行，有利于增进文化自觉，形成文化自信，提升社会主义先进文化的感召力和吸引力。

　　社会主义先进劳动文化作为社会主义精神文明建设的重要内容，具有精神层面的思想引导和价值引领属性。社会主义先进劳动文化以其强大的感召力和影响力能够引领人们自觉抵制拜金主义、享乐主义和消费主义的不良影响，摈弃在社会主义建设中冒出的不劳而获、好逸恶劳、好吃懒做、拈轻怕重等错误劳动价值观。

社会主义先进劳动文化所传递的积极向上的劳动精神力量能够促进青少年树立尊重劳动、热爱劳动的观念,形成正确的劳动价值判断;能够凝聚全体劳动人民的价值共识,引导全体人民依靠辛勤劳动、诚实劳动和创造性劳动实现自己的人生理想和人生目标。劳动精神、工匠精神、劳模精神作为社会主义先进劳动文化的集中体现,具有榜样示范和精神激励作用。劳动精神、工匠精神、劳模精神展现了广大普通劳动者在中国共产党的领导下热爱劳动、无私奉献、爱岗敬业、争创一流的劳动情怀,生动诠释了社会主义建设在不同时期所彰显的时代精神,体现了社会主义核心价值观的内在要求,拓宽了社会主义核心价值观的内涵,激发了广大劳动者的主体精神和主人翁意识,同时还培育出劳动者良好的社会心态,开创出勇于拼搏、开拓进取、争先创优、团结合作的劳动新格局,营造出和谐劳动关系,为实现经济高质量发展和中国式现代化提供了巨大精神支持。

弘扬社会主义先进劳动文化是增强文化自信、形成文化自觉的必然逻辑,也是中国式现代化建设的基本要义。社会主义先进劳动文化是培育正确劳动观的深厚土壤,弘扬社会主义先进劳动文化应强化多渠道、多种方式的宣传教育。一是整合各类媒体资源优势,抢占宣传阵地。要借助各类互联网平台如微博、微信、抖音等加强思想政治教育,大力宣传新时代的劳动精神、工匠精神、劳模精神,倡导劳动光荣、奋斗幸福、创造伟大的劳动价值观,唱响全社会热爱劳动的主旋律,激发广大劳动者积极践行社会主义核心价值观。尤其要大力宣扬劳模的感人事迹,劳模身上所体现出的精神风貌和优良劳动品格,能够引导和鼓舞广大劳动者在劳动实践中始终保持昂扬向上、奋发有为的精神状态。二是强化对各类负面信息和不良劳动文化的监督管理。近年来,社会上一些别有用心的人常常利用自媒体平台监管漏洞恶意传播一夜暴富、好逸恶劳、不思进取等不良思想,混淆是非曲直,甚至营造娱乐至死的舆论气氛,引导青年追求躺平、佛系的生活方式,消解人的精气神,严重污染了社会主义劳动生态,干扰了人们的价值判断。宣传部门和自媒体平台要充分发挥监管职责,及时清理和过滤不良信息,营造风清气正的劳动环境。三是组织多样化的劳动教育文化活动,如大国工匠进校园、劳动模范进社区以及"手拉手·心连心"劳动文化节等活动,教育引导广大青年热爱劳动、努力奋斗,通过劳动创造美好生活,实现人生价值。

本章结语:新时代劳动教育落实立德树人根本任务是一项系统性、复杂性建设工程,要用系统思维、辩证思维和历史思维统筹推进。在原则性方面运用辩证唯物主义和历史唯物主义世界观和方法论,全盘考虑思想性与政治性、内容与形式、工具与价值、特殊性与普遍性的统一,要为劳动教育定准基调、夯实好地基,确保劳动教育的社会主义性质和社会主义方向,为劳动教育提供基本遵循;要用系统思维统筹推进大中小学劳动教育一体化进程,构建大中小学劳动教育一体化实践保障机制;要用整合思维加强劳动教育资源的有效整合,构建劳动教育协同育人机制,为劳动教育提供物质保障;要用辩证思维和历史思维推进劳动文化建设,坚持传承中华优秀传统劳动文化和弘扬社会主义先进劳动文化的有机统一,实现中华优秀传统劳动文化的创造性转化和创新性发展;要在劳动教育的内容建设上强化问题意识,实现劳动教育内容的与时俱进和不断创新。

附录　新时代高职院校劳动教育调查问卷

亲爱的同学,你好!欢迎参与新时代高职院校劳动教育调查,请你认真完成这份调查问卷,非常感谢!

你的学校名称是＿＿＿＿＿＿＿＿＿＿＿＿＿＿＿＿

你所学的专业是＿＿＿＿＿＿＿＿＿＿＿＿＿＿＿＿

你 的 性 别 是＿＿＿＿＿＿＿＿＿＿＿＿＿＿＿＿

一、职业院校劳动教育课的开设情况

1. 你所在的学校是否已开设专门的劳动教育理论课和实践课?　　(　　)

　　A. 已开设　　　　B. 未开设

2. 你认为职业院校是否有必要开设专门的劳动教育课?　　(　　)

　　A. 有必要　　　　B. 没必要　　　　C. 开不开都行

3. 你的专业课老师在带领学生进行专业技能训练和专业实训时,是否重视学生劳动精神和劳动素质的教育?　　(　　)

　　A. 非常重视　　　　　　　　B. 重视

　　C. 一般　　　　　　　　　　D. 不重视

二、劳动认知

4. 你对"一屋不扫,何以扫天下"是否认同?　　(　　)

　　A. 非常认同　　B. 认同　　C. 不认同

5. 你对"民生在勤,勤则不匮"是否认同?　　(　　)

　　A. 非常认同　　B. 认同　　C. 不认同

6. 你对"生活靠劳动创造,人生也要靠劳动创造"是否认同?　　(　　)

　　A. 非常认同　　B. 认同　　C. 不认同

7. 你对"劳动就是体力劳动,劳动教育就是教育学生热爱并参加更多的体力劳动"是否认同?　　(　　)

A. 非常认同　　　B. 认同　　　C. 不认同

三、对劳动教育与未来职业和就业的关系的认识

8. 你选择报考职业院校的原因是什么？（　　）

  A. 主动自愿　　　　　　　　B. 家长安排

  C. 考试成绩　　　　　　　　D. 随便填报

9. 你认为作为职业院校的学生，学好专业技术是否意味着人生就有前途？

（　　）

  A. 非常有前途　　　　　　　B. 有前途

  C. 可能有前途　　　　　　　D. 没有前途

10. 你对"劳心者治人，劳力者治于人"是否认同？（　　）

  A. 非常认同　　B. 认同　　C. 不认同

11. 你对"三百六十行，行行出状元"是否认同？（　　）

  A. 非常认同　　B. 认同　　C. 不认同

12. 你未来选择职业时首要考虑的因素是什么？（　　）

  A. 职业兴趣　　　　　　　　B. 薪酬待遇

  C. 社会地位　　　　　　　　D. 实现自己的人生目标

13. 大学毕业后，你是否愿意接受一份以体力劳动为主且薪酬一般的工作？

（　　）

  A. 乐于接受，干一行爱一行

  B. 勉强接受，边干边找新工作

  C. 不能接受，继续找工作

  D. 不能接受，继续上学或考公务员、事业编

14. 有媒体曾经报道北大学子大学毕业后选择摆摊卖肉，你是否支持他的这种做法？（　　）

  A. 非常支持　　B. 支持　　C. 不支持

15. 在下列职业中，你认为最理想的职业是什么？（　　）

  A. 公务员或者事业编制人员

  B. 国企员工

  C. 外企、民企白领或高级技术人员

D. 各类企业中的体力劳动者或者普通技术人员

E. 自主创业者

F. 其他

四、对劳动品德与职业道德的认识

16. 你对"一粥一饭当思来之不易,半丝半缕恒念物力维艰"是否认同? （   ）

    A. 非常认同　　B. 认同　　C. 不认同

17. 在餐厅用餐期间,当看到别的同学把吃剩的饭菜倒掉时你会怎么做或有什么想法? （   ）

    A. 上前进行劝阻

    B. 不劝阻,但内心对其表示鄙视

    C. 能够理解,因为自己也曾倒过饭菜

    D. 这是别人的事,与我没有关系

18. 烟台大学餐厅 7 名保洁员坚持 5 个月吃学生剩饭,以提醒学生节约粮食,你对此事是否认同? （   ）

    A. 非常认同,这种行为对教育学生珍惜劳动成果有很大的说服力

    B. 认同,这种行为对教育学生珍惜劳动成果有一定的说服力

    C. 不认同,他们是故意摆拍,没有意义

    D. 不认同,他们想吃是他们自己的事

19. 某历史学博士选择送快递和外卖来谋生,你认为这种行为有尊严吗? （   ）

    A. 非常没尊严　　　　　　　B. 没有尊严

    C. 有尊严,职业无贵贱　　　D. 无所谓

20. 你对"职业无贵贱,任何职业都值得尊重和鼓励,任何一份职业都很光荣"是否认同? （   ）

    A. 非常认同　　B. 认同　　C. 不认同

21. 你能说出几个全国劳动模范或大国工匠的名字? （   ）

    A. 1 个　　　　　　　　　　B. 2 个

    C. 3 个及以上　　　　　　　D. 一个也说不出

22. 劳模精神、工匠精神、劳动精神对你学好专业知识和未来的发展是否有意义? （   ）

    A. 非常有意义　　B. 有意义　　C. 没有意义

五、关于劳动实践参加状况

23. 大学期间,你是否经常参加家务劳动、社会服务活动和志愿者活动?
（　　）
  A. 经常参加 B. 偶尔参加 C. 从不参加

24. 你参加家务劳动、社会服务活动和志愿者活动的个人意愿是什么?（　　）
  A. 主动自愿参加的   B. 学校规定让参加的
  C. 父母让参加的   D. 因为其他目的参加的

25. 大学生参加公共劳动、社会服务活动和志愿者活动对提升个人能力和未来的职业发展是否有价值?（　　）
  A. 非常有价值 B. 有价值 C. 没有价值

26. 大学期间,你是否参加学校组织的就业创业、技能竞赛、科技创新等活动?
（　　）
  A. 经常参加   B. 偶尔参加
  C. 不参加   D. 从不参加,而且有抵触心理

27. 在大学期间,除了学校要求必须获取的技能证书外,你还取得了几项职业技能证书(包括技能大赛获奖证书)?（　　）
  A. 1项   B. 2项
  C. 3项及以上   D. 无

六、关于劳动价值观

28. 你对"新时代是属于奋斗者的时代,只有努力劳动才能成就自我价值"是否认同?（　　）
  A. 非常认同 B. 认同 C. 不认同

29. 你对"劳动光荣、劳动美丽、劳动崇高、劳动伟大"是否认同?（　　）
  A. 非常认同 B. 认同 C. 不认同

30. 你身边的同学对成为网红和明星的意愿如何?（　　）
  A. 特别想过   B. 偶尔想过
  C. 顺其自然   D. 从未想过

31. 在学习之外,你的父母是否注重对你劳动习惯的培养与训练?（　　）
  A. 只重视学习,不让参与家务劳动
  B. 只重视学习,对参不参与家务劳动没有要求
  C. 既重视学习,也重视劳动锻炼
  D. 既不重视学习,也不重视劳动锻炼

32. 社会上哪些现象对你的劳动价值观的形成影响比较大？（多项选择）
   （   ）

   A. 房价过高,努力工作也买不起房子
   B. 教育成本过高,努力工作也养不起孩子
   C. 社会上的明星、网红收入巨高,甚至能一夜暴富
   D. 社会环境急功近利,体力劳动者的社会地位较低
   E. 学校只重视学习成绩,不够重视对学生的诚实劳动、辛勤劳动、创造性劳动素质的培养
   F. 享乐主义、功利主义、拜金主义盛行

33. 学校的劳动教育中,影响学生正确劳动价值观形成的因素有哪些？（多项选择）
   （   ）

   A. 学校只重视学生的成绩和各类荣誉的获得,不重视劳动教育
   B. 学校的劳动教育课有名无实,存在虚化和形式化现象
   C. 学校的校园文化没有体现对劳动教育的重视
   D. 个别学生存在投机取巧行为
   E. 专业课老师把掌握专业技术的实验实训教育等同于劳动教育

七、劳动教育的实施途径

34. 你认为当前应该通过哪些途径提升大学生的劳动素质和劳动能力？（多项选择）
   （   ）

   A. 家庭教育,家长应该让学生经常参加家务劳动
   B. 学校教育,学校要开设劳动教育理论课和实践课
   C. 社会教育,社会要加强对劳动精神、工匠精神、劳模精神的宣传
   D. 自我教育,大学生应该培养自身吃苦耐劳、勤奋勇敢的劳动品质
   E. 实践教育,大学生应该经常参加一些实践性的活动

参 考 文 献

（一）汇编文献

[1] 中共中央马克思恩格斯列宁斯大林著作编译局. 马克思恩格斯选集：第1-4卷[M]. 北京：人民出版社，1995.

[2] 中共中央马克思恩格斯列宁斯大林著作编译局. 马克思恩格斯全集：第42卷[M]. 北京：人民出版社，1979.

[3] 中共中央马克思恩格斯列宁斯大林著作编译局. 马克思恩格斯文集：第1-10卷[M]. 北京：人民出版社，2009.

[4] 中共中央马克思恩格斯列宁斯大林著作编译局. 列宁选集：第1-4卷[M]. 北京：人民出版社，1992.

[5] 中共中央马克思恩格斯列宁斯大林著作编译局. 列宁全集：第2,7,18,55卷[M]. 北京：人民教育出版社，1984-1990.

[6] 毛泽东. 毛泽东选集：第1-4卷[M]. 北京：人民出版社，1991.

[7] 毛泽东. 毛泽东文集：第7卷[M]. 北京：人民出版社，1999.

[8] 刘少奇. 刘少奇选集[M]. 北京：人民出版社，1982.

[9] 邓小平. 邓小平文选：第1-2卷[M]. 北京：人民出版社，1994.

[10] 江泽民. 江泽民文选：第1-2卷[M]. 北京：人民出版社，2006.

[11] 胡锦涛. 胡锦涛文选：第3卷[M]. 北京：人民出版社，2016.

[12] 习近平. 习近平谈治国理政[M]. 北京：外文出版社，2014.

[13] 习近平. 习近平谈治国理政：第2-4卷[M]. 北京：外文出版社，2017-2022.

[14] 陶行知. 陶行知全集：第1-6卷[M]. 长沙：湖南教育出版社，1985.

[15] 中共中央文献研究室. 十七大以来重要文献选编：上[G]. 北京：中央文献出版社，2009.

[16] 中共中央文献研究室. 十七大以来重要文献选编：中[G]. 北京：中央文献出版社，2011.

［17］何东昌.中华人民共和国重要教育文献（1949—1975）［G］.海口：海南出版社，1998.

［18］何东昌.中华人民共和国重要教育文献（1998—2002）［G］.海口：海南出版社，2003.

［19］中共中央文献研究室，中央档案馆.建党以来重要文献选编：第 11 册［G］.北京：中央文献出版社，2011.

（二）专著、编著文献

［1］胡锦涛.坚定不移沿着中国特色社会主义道路前进 为全面建成小康社会而奋斗［M］.北京：人民出版社，2012.

［2］习近平.决胜全面建成小康社会 夺取新时代中国特色社会主义伟大胜利［M］.北京：人民出版社，2017.

［3］习近平.高举中国特色社会主义伟大旗帜 为全面建设社会主义现代化国家而团结奋斗［M］.北京：人民出版社，2022.

［4］余玉花，等.转型期中国诚信文化建设研究［M］.北京：人民出版社，2018.

［5］王天一，夏之莲，朱美玉.外国教育史：上、下册［M］.修订本.北京：北京师范大学出版社，1993.

［6］吴式颖，等.马卡连柯教育文集：上、下卷［M］.北京：人民教育出版社，2005.

［7］薛克诚，洪松涛，吴定求.人的哲学——马克思主义人学理论新探［M］.北京：中国人民大学出版社，1992.

［8］罗国杰.中国伦理学百科全书：伦理学原理卷［M］.长春：吉林人民出版社，1993.

［9］陈万柏，张耀灿.思想政治教育学原理［M］.3 版.北京：高等教育出版社，2015.

［10］郑永廷.思想政治教育方法论［M］.修订版.北京：高等教育出版社，2010.

［11］孙培青.中国教育史［M］.修订版.上海：华东师范大学出版社，2000.

［12］刘明合.交往与人的发展——基于马克思主义的视角［M］.北京：中央编译出版社，2008.

［13］李颖.诠释学视角下马克思主义中国化的文化价值［M］.杭州：浙江大学出版社，2020.

[14] 郎晓东.科学实践观视阈下思想政治教育内容研究[M].北京:人民出版社,2016.

[15] 王刚.马克思主义中国化的起源语境研究[M].北京:人民出版社,2011.

[16] 刘向兵,等.新时代高校劳动教育论纲[M].北京:社会科学文献出版社,2019.

[17] 王习胜.思想政治教育人文关怀的理论与方法研究[M].北京:人民出版社,2018.

[18] 孙其昂.社会学视野中的思想政治工作[M].北京:中国物价出版社,2002.

[19] 袁芳.思想政治教育话语创新论的马克思主义审视[M].北京:中央编译出版社,2018.

[20] 王江松.劳动哲学概论[M].上海:上海交通大学出版社,2015.

[21] 李珂.嬗变与审视:劳动教育的历史逻辑与现实重构[M].北京:社会科学文献出版社,2019.

[22] 张子睿,郭传真.劳动教育及其创新进路研究[M].北京:中国书籍出版社,2021.

[23] 张志丹.意识形态功能提升新论[M].北京:人民出版社,2017.

[24] 孟宪平.社会主义核心价值体系建设常态化研究[M].北京:人民出版社,2018.

[25] 张澍军.思想政治教育理论前沿论略[M].北京:人民出版社,2015.

[26] 孙正聿.哲学通论[M].修订版.上海:复旦大学出版社,2005.

(三)译作文献

[1] 马克思.1844年经济学哲学手稿[M].北京:人民出版社,2000.

[2] 亚里士多德.政治学[M].吴寿彭,译.北京:商务印书馆,1965.

[3] 亚里士多德.尼各马可伦理学[M].廖申白,译注.北京:商务印书馆,2003.

[4] 莫利.高等教育的质量与权力[M].罗慧芳,译.北京:北京师范大学出版社,2008.

[5] 黑格尔.法哲学原理[M].范扬,张企泰,译.北京:商务印书馆,1979.

[6] 莫尔.乌托邦[M].戴镏龄,译.北京:商务印书馆,1982.

[7] 康帕内拉.太阳城[M].陈大维,黎思复,黎廷弼,译.北京:商务印书

馆,2011.

[8] 苏霍姆林斯基.帕夫雷什中学[M].赵玮,王义高,蔡兴文,等译.北京:教育科学出版社,1983.

[9] 苏霍姆林斯基.帕夫雷什中学[M].吕玢,译.武汉:长江文艺出版社,2021.

[10] 乌申斯基.人是教育的对象——教育人类学初探:上卷[M].郑文樾,译.北京:人民教育出版社,2007.

[11] 费正清.观察中国[M].傅光明,译.成都:四川人民出版社,1992.

[12] 贝尔.资本主义文化矛盾[M].严蓓雯,译.南京:江苏人民出版社,2007.

[13] 韦伯.新教伦理与资本主义精神[M].黄晓京,彭强,译.成都:四川人民出版社,1986.

[14] 马克思,恩格斯.德意志意识形态:节选本[M].北京:人民出版社,2003.

[15] 斯迈尔斯.品格的力量[M].刘曙光,译.北京:北京图书馆出版社,1999.

(四)期刊文献

[1] 檀传宝.劳动教育的概念理解——如何认识劳动教育概念的基本内涵与基本特征[J].中国教育学刊,2019(2).

[2] 檀传宝.劳动教育的本质在于培养劳动价值观[J].人民教育,2017(9).

[3] 柳夕浪.全面准确地把握劳动教育内涵[J].教育研究与实验,2019(4).

[4] 班建武."新"劳动教育的内涵特征与实践路径[J].教育研究,2019(1).

[5] 班建武.劳动与劳动教育的关系辨析及其实践意义[J].广西师范大学学报:哲学社会科学版,2021(2).

[6] 肖绍明,扈中平.新时代劳动教育何以必要和可能[J].教育研究,2019(8).

[7] 肖绍明.劳动教育的生态自然观[J].教育研究与实验,2021(3).

[8] 肖绍明.劳动教育的文化研究[J].华东师范大学学报:教育科学版,2022(2).

[9] 徐海娇.劳动教育的价值危机及其出路探析[J].国家教育行政学院学报,2018(10).

[10] 徐海娇.意义生活的完整性:人工智能时代劳动教育何以必要与何以可为[J].国家教育行政学院学报,2019(11).

[11] 刘向兵,李珂,彭维峰.深刻理解新时代加强劳动教育的重大意义与现实

针对性[J].中国高等教育,2018(21).

[12] 丁沅.教育与生产劳动结合思想的根本变革——学习马克思教育学说的体会[J].南京师范大学学报:社会科学版,1983(7).

[13] 丁沅.教育与生产劳动相结合的原则及实践构想[J].南京师范大学学报:社会科学版,1993(3).

[14] 丁沅.坚持和发展毛泽东教育与生产劳动相结合的思想[J].南京师范大学学报:社会科学版,1993(12).

[15] 成有信.简论教育与生产劳动相结合[J].河北师范大学学报:教育科学版,2003(2).

[16] 李拣材.论马克思主义教育与生产劳动相结合的思想[J].江西教育学院学报:社会科学版,1996(8).

[17] 卢曲元.论马克思的教育与生产劳动相结合思想[J].湖南师院学报:哲学社会科学版,1983(S1).

[18] 陈荟,桑尔璇.我国教育与生产劳动相结合研究的可视化分析[J].西南大学学报:社会科学版,2021(4).

[19] 程从柱.劳动教育何以促进人的自由全面发展——基于马克思主义劳动观和人的发展观的考察[J].南京师范大学学报:社会科学版,2020(3).

[20] 刘晓.劳动与人的自由全面发展——实践哲学视域对马克思劳动本体论的思考[J].福州大学学报:哲学社会科学版,2020(4).

[21] 梁艺超.马克思人的全面发展对大学生劳动教育的理论支撑[J].青年与社会,2020(10).

[22] 陈杜鹃.马克思人的全面发展理论对大学生劳动教育的启示[J].劳动哲学研究,2021(1).

[23] 陈志强.劳动与教育相结合是人的全面发展的必由之路[J].劳动哲学研究,2022(1).

[24] 张世豪,罗建文.论劳动教育与新时代人的全面发展[J].思想理论教育导刊,2019(11).

[25] 贺善侃.充分认识劳动教育纳入国民教育体系的战略意义[J].贵阳学院学报:社会科学版,2020(2).

[26] 张芮昕,赵春雨.新时代劳动教育与人的全面发展[J].青海教育,2020(12).

[27] 孙亮洁.论劳动如何促进人的自由而全面发展——基于马克思主义经典著作视角[J].新经济,2021(10).

[28] 朱磊.早期空想社会主义劳动教育思想及其当代价值[J].广西师范大学学报:哲学社会科学版,2016(2).

[29] 张俊峰.列宁教育与生产劳动相结合思想探析[J].福建师大福清学报,2015(3).

[30] 宋才发.对列宁关于教育与生产劳动相结合思想的再认识[J].教育评论,1987(3).

[31] 胡君进,檀传宝.劳动、劳动集体与劳动教育——重思马卡连柯、苏霍姆林斯基劳动教育思想的内容与特点[J].国家教育行政学院学报,2018(12).

[32] 赵蒙成.劳动教育为何重要——基于实践哲学的考察[J].湖南师范大学教育科学学报,2022(5).

[33] 卢晓东.劳动,在人工智能时代意味着什么?[J].中国高等教育,2018(21).

[34] 任强.劳动幸福的教育意蕴及其实现[J].教育理论与实践,2021(4).

[35] 程德慧.习近平新时代劳动教育观论析[J].职业技术教育,2019(6).

[36] 陈苏谦.培育新时代大学生的劳动精神探析[J].扬州大学学报:高教研究版,2020(3).

[37] 刘复兴,李淼.在新的历史征程上培养担当民族复兴大任的时代新人——新时代党的教育方针政策研究[J].中国人民大学教育学刊,2022(4).

[38] 詹艾斌.论人的主体性——一种马克思哲学视点的考察[J].社会科学研究,2007(2).

[39] 赵伟.试论劳动、劳动教育和职业教育的关系[J].中国高教研究,2019(11).

[40] 何云峰,宗爱东.中小学劳动教育的现状、问题及对策[J].青年学报,2019(1).

[41] 何云峰,万婕.劳动精神的主体性阐释[J].思想理论教育,2020(6).

[42] 张志丹.解构与超越:当代物质主义的哲学追问[J].南京师范大学学报:社会科学版,2017(1).

[43] 王洋.高校劳动教育现状与推进策略[J].沈阳师范大学学报:社会科学版,2020(4).

[44] 徐长发.新时代劳动教育再发展的逻辑[J].教育研究,2018(11).

[45] 顾海良.新时代高校思想政治教育的理论指导和发展理念——学习习近平新时代中国特色社会主义思想[J].思想理论教育导刊,2018(1).

[46] 庄西真.倡导劳模工匠精神 引领劳动价值回归[J].中国职业技术教育,2017(34).

[47] 李珂,蔡元帅.陶行知劳动教育思想对新时代加强大学生劳动教育的启示[J].思想教育研究,2019(1).

[48] 张丽军.从觉醒、佛系、躺平到新觉醒:百年中国青年问题的现实流变与未来路径[J].广州大学学报:社会科学版,2022(4).

[49] 张晶,秦在东.当代青年的劳动价值观危机及破解理路[J].思想教育研究,2022(1).

[50] 余玉花.论中华优秀传统文化在当代中国马克思主义发展中的作用[J].思想理论教育,2021(9).

[51] 周书俊.劳动自由是劳动幸福的本质属性[J].上海师范大学学报:哲学社会科学版,2020(1).

[52] 宋吉玲,尤宝媛.中华优秀传统文化在劳动教育中的价值及其实现[J].教育探索,2022(2).

[53] 田鹏颖,王圆圆.马克思唯物史观视阈中的劳模精神——兼论劳模精神在中国特色社会主义文化中的地位[J].广西社会科学,2017(11).

(五) 报纸文献

[1] 习近平.坚持中国特色社会主义教育发展道路 培养德智体美劳全面发展的社会主义建设者和接班人[N].人民日报,2018-09-11(1).

[2] 胡锦涛.在全国优秀教师代表座谈会上的讲话[N].人民日报,2007-09-01(1).

[3] 习近平.把思想政治工作贯穿教育教学全过程 开创我国高等教育事业发展新局面[N].人民日报,2016-12-09(1).

[4] 习近平.用新时代中国特色社会主义思想铸魂育人 贯彻党的教育方针落实立德树人根本任务[N].人民日报,2019-03-19(1).

[5] 习近平.在纪念五四运动100周年大会上的讲话[N].人民日报,2019-05-01(2).

[6] 习近平.在"七一勋章"颁授仪式上的讲话[N].人民日报,2021-06-30

（2）．

［7］习近平．在庆祝"五一"国际劳动节暨表彰全国劳动模范和先进工作者大会上的讲话［N］．人民日报，2015-04-29（2）．

［8］中共中央，国务院．中共中央国务院关于全面加强新时代大中小学劳动教育的意见［N］．人民日报，2020-03-27（2）．

［9］习近平．在同全国劳动模范代表座谈时的讲话［N］．人民日报，2013-04-29（2）．

［10］习近平．在知识分子、劳动模范、青年代表座谈会上的讲话［N］．人民日报，2016-04-30（2）．

［11］田海林．培养担当民族复兴大任的时代新人［N］．人民日报，2022-10-28（9）．

［12］陈宝生．全面贯彻党的教育方针 大力加强新时代劳动教育［N］．人民日报，2020-03-30（12）．

（六）其他文献

［1］《中国百科大辞典》编委会．中国百科大辞典［M］．北京：华夏出版社，1990．

［2］中国社会科学院语言研究所词典编辑室．现代汉语词典［M］．7版．北京：商务印书馆，2016．

［3］中华人民共和国教育部．大中小学劳动教育指导纲要（试行）［EB/OL］．http://www.gov.cn/zhengce/zhengceku/2020-07/15/content_5526949.htm．

［4］全国人民代表大会常务委员会．全国人民代表大会常务委员会关于修改《中华人民共和国教育法》的决定［EB/OL］．http://www.gov.cn/xinwen/2021-04/29/content_5603947.htm．

［5］廖婷．公立初中学生劳动素养问题研究——以广东省河源市源城区为例［D］．广州：广州大学，2018．

［6］高等教育数字局．从2021年全国高等教育统计数据看中国职业教育困境［EB/OL］．https://baijiahao.baidu.com/s?id=1726293328034871351&wfr=spider&for=pc，2022-3-3．

后　记

　　本书是江苏高校哲学社会科学研究重大项目"习近平关于劳动教育的重要论述研究"（项目编号：2020SJZDA148）最终研究成果。这项成果是在国家坚持"五育并举"的教育方针、全面加强劳动教育的背景下获得的，也是本人为新时代劳动教育研究尽一点微薄之力。

　　"培养什么人、怎样培养人、为谁培养人"是教育的根本问题。2018年，习近平总书记在全国教育大会上强调，要把立德树人作为教育的根本任务，努力培养德智体美劳全面发展的社会主义建设者和接班人。劳动教育作为培养德智体美劳全面发展的人才的重要一环，其基础性、战略性、全局性地位不断凸显，强化劳动教育的重要性不言而喻。

　　那么，何谓劳动教育？新时代的劳动教育又发生了哪些变革？如何开展新时代的劳动教育？这些问题需要我们从理论与实践两个维度来探索。首先，在理论方面，本书先从立德树人、劳动、劳动教育的关系着手，在对相关概念阐明之后，明确提出新时代劳动教育应以马克思主义劳动观为指导，并深入探讨其科学内涵、本质特点及时代价值；然后对新中国成立以来中国共产党的劳动观及劳动教育观进行深刻剖析，提出了新时代劳动教育的价值及意义，为进一步研究新时代劳动教育奠定了理论基础。其次，在实践方面，本书采用了实证研究方法，以高职院校为基础，先通过多种维度查找问题，并深入分析问题存在的根源；然后基于理论与实践的分析，对于新时代劳动教育的开展进行了一系列思考，并提出了具体明确的实践路径。

　　在完成本书写作的时候恰好迎来了我的55岁生日，坦率地说，写作的过程艰辛而充实，既是一场学术上的远征，也是对我身体的一次严峻考验。多少个日夜，我一边忍受着更年期病痛的折磨，一边坚持不懈地研究与写作，因为在我学术追求的道路上从来没有放弃二字。

　　特别要感谢我的恩师余玉花教授，她就像是我学术道路上的明灯，指引我穿越茫茫知识海洋，引领我不断攀登学术高峰。在本书写作过程中，余老师给予了我无微不至的帮助,更是在我迷茫时给予了耐心的指导和积极鼓励。她的悉心教诲,让我懂得了学术探索的艰辛,也树立了追求真理的信念。

感谢我的家人,他们始终是我前行道路上最强的援军。感谢我的同事魏彬、贾奎、葛小凡、杨敬等同志,正是在他们的支持与帮助下,我才能够顺利完成研究任务。还要感谢南京工业职业技术大学马克思主义学院的领导,在项目研究中给予了我很多支持与帮助。

百发失一,不足谓善射;千里跬步不至,不足谓善御;伦类不通,仁义不一,不足谓善学。学术研究的道路只有起点,没有终点,新时代劳动教育的开展不会一蹴而就,而是任重道远。面对未来,人生五十有加,风雨兼程,学路漫漫,只争朝夕。